# Spionage und Landesverrat in der Schweiz

Karl Lüönd

# Spionage und Landesverrat in der Schweiz

Band 2

RINGIER

© 1977 by Ringier & Co AG, Zürich
Alle Rechte vorbehalten
Ohne ausdrückliche schriftliche Genehmigung
des Verlages ist es nicht gestattet, das Buch
oder Teile daraus zu kopieren oder zu vervielfältigen
Gedruckt in der Schweiz bei C. J. Bucher AG, Luzern
ISBN 3 85859 062 2

# Inhalt

• Dieser Punkt kennzeichnet spezielle Beiträge in Kästchen

| | |
|---|---|
| Feldpost, Brieftauben, Pferdekuranstalten | 40 |
| 72 Stunden für den Grenzschutz | 41 |
| So beurteilen die Deutschen unsere Armee | 41 |
| • Verfolgungsjagd per Autostopp | 42 |
| Zu hoher Eintrittspreis! | 43 |

## Verräter Verschwörer Versager

| | |
|---|---|
| Augenzeugenbericht: Die letzten Stunden der Verräter | 10 |
| Verrat von Sprengobjekten | 10 |
| • Befehl und Gewissen | 10 |
| Verführer und Verführter | 11 |
| Falscher Soldat entlarvt die Verräter | 12 |
| Die Hinrichtung | 12 |
| Warum sie erschossen werden | 16 |
| HD hilft deutsche Karten bereinigen | 16 |
| Das Reduit im Fadenkreuz der Spionage | 16 |
| • «Betet für mich!» | 16 |
| Einbruch ins Platzkommando | 17 |
| «Die Todesstrafe war selbstverständlich!» | 17 |
| Die Verbrechen des Majors | 18 |
| Verhängnisvolle verwandtschaftliche Beziehungen | 18 |
| Walther Bringolf: Meine schwersten Stunden | 18 |
| Gefreiter lädt die Deutschen zu Besichtigungen ein | 19 |
| Sabotagekurse in Stuttgart für Schweizer Verräter | 19 |
| Ernst S. – ein relativ kleiner Fisch | 20 |
| • Ernst S., von links gesehen | 20 |
| Die Armee im Schatten | 21 |
| Geheimtinte, Schwarzsender, Minox... | 22 |
| «Heil Hitler» im Kreis 4 | 23 |
| «Freund Deutschlands» klaut in der Munitionsfabrik | 23 |
| So billig machen es die Verräter | 24 |
| Arglosigkeit hilft den Deutschen | 24 |
| Zum Beispiel Basel: Verrat im Grenzland | 25 |
| Anpassung und wirksamer Terror | 26 |
| Das Mauseloch der Spionage | 28 |
| • Nazi-Ideologie zerstört Familien | 28 |
| Der Grenzverkehr der Spione und Verräter | 29 |
| 20000 Indizien – 1000 Verhaftungen | 29 |
| • Aus den Erinnerungen eines einfachen Polizisten | 30 |
| «Kraft durch Freude» veranstaltet Spionagekonferenz | 31 |
| Musterpolizist ist ein Verräter | 32 |
| Verrat von Evakuationsplan | 32 |
| Unsere Abwehr: Spitzenleistung nach harzigem Start | 34 |
| • Ein letzter Wunsch bleibt unerfüllt | 34 |
| Abwehr auf (mindestens) zwei Gleisen | 35 |
| Die Methoden der Abwehr | 36 |
| • Dunkle Tage | 36 |
| Verdächtige Offiziere | 38 |
| • Nach dem Gewitter | 38 |
| • «Manchmal bekomme ich recht nette Exemplare...» | 39 |
| Das Wissen der Deutschen – eine Bilanz | 39 |
| Mobilmachung in 80 Minuten | 40 |

## Von der Politik zum Verrat

| | |
|---|---|
| Der Major, der die Schweiz regieren will | 46 |
| Burri tobt: «Ich wurde verschleppt!» | 48 |
| «Guisan, dieser wahnwitzige Verbrecher...» | 48 |
| Den Worten folgen Taten | 49 |
| «Ich nehme keine Schuld auf mich!» | 50 |
| Illegale Kampftruppe von 1800 Mann | 51 |
| Schwarze Listen für den Ernstfall | 52 |
| Politische Soldaten für Adolf Hitler | 53 |
| Franz Riedweg – Arzt, Politiker, SS-Führer | 53 |
| • «Mein eigener Vater zeigte mich an!» | 54 |
| Die Germanische Leitstelle der SS | 56 |
| Pfarrer führt Genickschußlisten | 58 |
| Eine Art schweizerischer Quisling | 59 |
| In drei Schritten heim ins Reich | 60 |
| Barwirsch leugnet alles | 61 |
| Ferienhungrige Amis liefern die Beweise | 61 |
| • Barwirsch will 1,69 Millionen Entschädigung! | 62 |
| Dr. Max Leo Keller – der Mann im Hintergrund | 62 |
| Hess als Protektor | 62 |
| Der höchste Schweizer Nationalsozialist | 63 |
| • «Die Zweihundert» – Legende und Wirklichkeit | 64 |
| • Verbotene Propaganda | 65 |

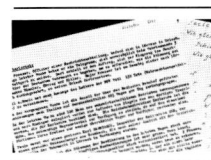

## Mutige Männer – Gefährliche Operationen

| | |
|---|---|
| SS-General wickelt Masson ein | 68 |
| Zwei Kisten – eine Hypothek | 68 |
| Barackenhändler legt die Leitung | 69 |
| General Guisan trifft Schellenberg | 69 |
| Hat Schellenberg einen Angriff auf die Schweiz verhindert? | 70 |
| Meinungskonflikt im Nachrichtendienst | 72 |
| Masson gefährdet die Wiking-Linie | 72 |
| Dr. Mörgeli beschattet das Panoramaheim | 73 |
| Werner Baumanns Flucht aus dem Wehrmachtsgefängnis | 75 |
| Schuhe gegen Nachrichten | 76 |
| Kaltes Blut in der Falle | 76 |
| Agent «Leo» in Deutschland zum Tode verurteilt! | 77 |
| «Leo» wird angeworben | 78 |
| Gefährliches Doppelspiel | 78 |
| Paul, Sondrio und Anna an Nummer 11 | 79 |
| Ergiebiger Ausflug nach Marseille | 81 |
| Der Mann mit dem fotografischen Gedächtnis | 85 |
| Milizsystem macht den Nachrichtendienst stark | 85 |

| | |
|---|---|
| Sx. aus Berlin ausgewiesen! | 86 |
| • Krach um Dr. Meyers Erbe | 86 |
| «Unternehmen Wartegau» – So platzt Görings Sabotageplan | 87 |
| Der Auftrag der Saboteure | 88 |
| Zugführer Stöckli greift ein | 88 |
| «Operation Sunrise» – Geheimdienst für den Frieden | 89 |
| Riskante Reise | 92 |
| Hindernislauf zum Frieden | 95 |

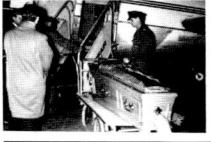

## Die großen Fälle der Nachkriegszeit

| | |
|---|---|
| • Wer ist Igor Mürner? | 98 |
| Fälle, die verborgen bleiben | 99 |
| Militärattachés als legale Spione | 99 |
| Der Mann, der jedes Wort verkauft | 100 |
| Geheimnisverrat aus Arglosigkeit | 100 |
| Spionagelohn auf Reduit-Banken | 101 |
| Wenn der Jäger zum Wild wird | 101 |
| Bundesanwalt auf glitschigem Parkett | 102 |
| Mercier, der Meister der Intrige | 103 |
| Die Affäre fliegt auf | 104 |
| Dramatische Sitzung im Bundeshaus | 104 |
| Bupo-Inspektor weint vor seinen Richtern | 105 |
| Die Moral von der Geschicht' | 106 |
| Divisionärssohn mit Sex verführt | 107 |
| Akten aus Vaters Schrank | 107 |
| Wer hat Felix Moumié vergiftet? | 108 |
| Guerillaführer und Lebemann | 109 |
| Was will William Bechtel? | 109 |
| Die falschen Auslandschweizer | 111 |
| Sogar die Eheringe passen | 111 |
| Ostagent wird sogar Soldat | 113 |
| Ein Fall wie aus dem Büchlein | 115 |
| Wölfe im Schafspelz | 115 |
| Kälins zweites Ich | 116 |
| Jeanmaire: Die Chronik einer Tragödie | 118 |
| Ein Haudegen läuft ins Messer | 120 |
| Schwere Schuld – harte Strafe | 122 |
| Wie ist so etwas möglich? | 123 |
| Die Sache mit den NATO-Geheimnissen | 124 |
| Sensationelle Bloßstellung der Sowjets | 124 |
| • Privatkrieg unter Schweizer Spionen | 126 |

## Die Spionage der Zukunft

| | |
|---|---|
| Lange Finger, lange Ohren | 130 |
| Konkurrenzmanöver und Kriminalität | 131 |
| Fast nichts ist unmöglich | 132 |
| «Die Blumen sind verwelkt» – der Fall Frauenknecht | 133 |
| Gewarnt und nicht geflohen | 134 |
| • Schweizer Spionage – Schweizer Abwehr | 134 |
| Der Trick mit dem Abfall | 135 |
| • Was tun, wenn Sie betroffen sind? | 136 |
| Frauenknecht: «Ich glaube, ich bin ein guter Schweizer!» | 137 |
| Das Spiel geht weiter | 140 |
| Diplomatie im Brennpunkt | 140 |
| • Scharf auf Ausweise | 141 |

# Verräter
# Verschwörer
# Versager

Die geheimsten Kapitel
in der
Geschichte des Aktivdienstes

A ls Fridolin B. das Todesurteil vernahm, schnellte er von der Anklagebank empor und rief mit erhobener Rechter ‹Heil Hitler!›. Sein letzter Wunsch war, der Rhein möge seine Asche nach Deutschland tragen. Andere Landesverräter starben in tiefster Verzweiflung im Kugelhagel der Hinrichtungskommandos. 17 Männer wurden während des Aktivdienstes wegen Landesverrats mit dem Tode bestraft. Ihre Tötung bedeutete für die Schweizer Wehrmänner von damals die Vernichtung von Feinden durch die kämpfende Truppe.

*Stehend nehmen in Basel vier Verräter die Urteile entgegen. Es ist der 30. November 1946. Der Mann links außen ist Detektiv Josef Böswald, der für die Nazis arbeitete.*

«Sie müssen, wenn Sie künftig auf mich zu reden kommen, niemals von mir sprechen als von einem Landesverräter im Stile des Judas Ischariot. Die dreißig Silberlinge haben nämlich bei mir gefehlt! Ebenso zuletzt die Verzweiflung. Ich bin nichts anderes als ein Typ meiner Zeit... Träume, wer träumen mag. Krieg ist das Losungswort, Sieg klingt es fort. Mir war es Deutschland! Und als es die Ostfront nicht war, da wurde es die Schweiz. Nun bin ich zur Ruhe gekommen auf dem Hochgericht. Aber nicht etwa erschreckt, denn noch jetzt bin ich frei, unbegrenzten Muts, verschwenderisch eigenen Bluts, und so habe ich alles ausgeschlagen, was mich noch hätte retten können, um wie Ikarus einen jähen Absturz zu erleben und unterzugehen.»

> Landesverräter Fridolin B., 22 Jahre, einige Tage vor seiner Erschießung im Abschiedsbrief an seinen Lehrmeister

★

«Ich habe nämlich begonnen, anders zu denken, und fühle mich zufrieden und froh, denn es mußte alles so kommen, sonst hätte ich nie eingesehen, auf welchen Pfaden ich wandle. Ich versuchte aber doch immer wieder zu arbeiten; der Hauptfehler war, daß ich mit den Weibern zuviel fuhrwerkte, das hat mir viel gute Kraft genommen, und der Mangel an solcher ließ mir auch nichts gelingen. (...) Ich habe das Gefühl, daß für mich bessere Zeiten beginnen, ein neuer Abschnitt in meinem Leben.»

> Landesverräter Ernst S., 22 Jahre, im Brief an den Polizisten, der ihn verhaftet hatte. S. rechnete mit ein paar Jahren Zuchthaus, wurde aber zum Tode verurteilt und hingerichtet.

★

«Als Nationalsozialist schwöre ich, dieser meiner Weltanschauung zeit meines Lebens treu zu sein. Sollte es sich als notwendig erweisen, will ich auch für diese Idee sterben. Ich verpflichte mich, nur den von meinen nationalsozialistischen Führern gegebenen Befehlen Folge zu leisten. Ich bin jederzeit zum Kampfe für das neue, nationalsozialistische Europa bereit. Ich will weder ruhen noch rasten, bis mein Heimatland, die Schweiz, den Anforderungen meiner Weltanschauung genügt. Heil Hitler!»

> Eidesformel des KFDS (offiziell: Klub für den Sport; richtig: Kämpfer für Deutschlands Sieg), geleistet von 15 jungen Schweizern 1941 an einer geheimen Feier in Zürich

---

Die Schweizer Landesverräter im Aktivdienst sind ein Stück unbewältigte Vergangenheit. Kein anderes Thema der Zeitgeschichte weckt noch nach Jahrzehnten so viele unkontrollierte Gefühle: die Wut und den Zorn der Aktivdienstgeneration, Reflexe der Sippenhaft gegen unschuldige Angehörige, klassenkämpferische Aggressionen und Angst. Gemeine, gewöhnliche, niederdrückende Angst, die aus den Stimmen der Wissenden klingt, wenn sie verraten: «Bei uns haben sie auch einen erschossen!»

«Bei uns» – das war im Eigental bei Kriens und im Bremgartenwald bei Bern, in Uetendorf und in Jonschwil, bei der Ziegelei Allschwil, im Sihlwald und noch an einigen anderen abgelegenen Orten: in Steinbrüchen und Waldlichtungen, meist in der Morgendämmerung und unter strengstem Ausschluß der Öffentlichkeit.

17 Männer zwischen 20 und 46 Jahren wurden in den Jahren 1942 und 1944 von Kameraden aus ihren eigenen Einheiten erschossen, soweit die Verurteilten dienstpflichtig waren. Unter ihnen befanden sich fünf kaufmännische Angestellte bzw. Kaufleute, davon mindestens einer arbeitslos, ein Hilfsarbeiter, ein Student, ein Schüler, ein Mechaniker, zwei Bäcker, ein Reisevertreter, ein Gärtner, ein Bundesbeamter, ein Maler, ein Bahnarbeiter und ein Zahntechniker. 16 waren Schweizer, einer Liechtensteiner, je drei waren Offiziere, Unteroffiziere und Zivilisten, fünf waren gewöhnliche Soldaten, zwei HD-Pflichtige, einer Gefreiter.

16 weitere Verräter und Agenten wurden in Abwesenheitsverfahren zur Höchststrafe verurteilt, ein einziger davon begnadigt. Ausnahmslos alle Verurteilten hatten für die Deutschen gearbeitet.

«Die Kleinen hängt man, die Großen läßt man laufen.» Dieses bittere Wort ist immer wieder zu hören, wenn die Rede auf die Erschossenen kommt. Wer möchte das, aus sicherem zeitlichem Abstand zurückblickend, rundweg bestreiten? Allein in den großen Landesverräterprozessen unmittelbar nach dem Zweiten Weltkrieg wurden über hundert Männer verurteilt, deren Verbrechen zum Teil weit schwerer wogen als die der 17 Unglücklichen. Aber diese Täter hatten das Glück, unentdeckt zu bleiben, bis die unmittelbare Bedrohung gewichen und ein Verräter wieder «bloß» ein Angeklagter war, nicht auch noch ein Feind, den es zu vernichten galt. Und die Anpasser an höchsten Stellen, im Bundesrat und in der Armee? Hätte man denn Gesinnungsdelikte einführen und mit der Todesstrafe ahnden sollen? Die Grenze zwischen juristisch faßbarem Verrat und politisch-geistiger Anpassung ist nur für einfache Denker eine klare und scharfe Linie. In Wirklichkeit ist dieses Grenzgebiet politisch-juristisches Niemandsland im Zwielicht. Die geschriebenen Normen des (Not-)Rechts waren und sind auch heute noch nicht in Deckung zu bringen mit dem vielfältig schattierten Rechtsempfinden des Volkes. Kritik aus heutiger Sicht und ohne Rück-Sicht auf die damalige unmittelbare Bedrohung, die Angst und Aggressionen schuf, wäre einfach, Nachdenklichkeit scheint angemessener.

Diese Nachdenklichkeit erstreckt sich auch auf viele aufsehenerregende Strafurteile nach dem Waffenstillstand, die im Hochgefühl der bestandenen Prüfung und in Anbetracht angestauter Vergeltungsbedürfnisse ergangen sind. Die inzwischen in langer Friedenszeit gefestigten rechtsstaatlichen Grundsätze wurden häufig gedehnt, vereinzelt mißachtet. Auch damals erwiesen sich Rechtsprechung und Strafen als Produkte der Zeit, der Umwelt und – wie anders bei Verratstatbeständen? – vor allem der Politik. Auch in der Schweiz von damals galt, wenngleich in den Folgen ungleich milder, der Grundsatz, wonach die Unterlegenen immer unrecht haben und schuldig sind.

Unbestritten bleibt in all diesen problematischen Verfahren, daß die von Nazideutschland systematisch gezüchtete und ausgebeutete Verräterei in der Aktivdienstzeit eine ständige ernste Bedrohung der Sicherheit des Landes war und daß ihr Umfang in jeder Beziehung bestürzende Ausmaße annahm. Überzeugte und Verführte, Erwischte und Erpreßte, Gescheite und Dumme verstrickten sich in den Schlingen der allgegenwärtigen totalitären Intrige.

Die Taten der Verräter ändern nichts daran, daß das Volk und seine Armee die Bewährungsprobe der fast sechs Kriegsjahre bestanden haben. Das berechtigt zur Hoffnung, dieses Volk werde früher oder später in Ernst und Gelassenheit seine ganze Vergangenheit bewältigt haben.

*Ein zensurierter Text, der Schicksal bedeutet: Mit solchen knappen Zeitungsmeldungen wurde das Schweizervolk informiert.*

## Schweiz
### Die Begnadigungsgesuche der drei Landesverräter abgewiesen

* Bern, 20. Januar. (Privattel.) Die Geheimsitzung der Vereinigten Bundesversammlung, die um 8 Uhr 30 begonnen hatte, war um 12 Uhr mittags zu Ende. **Ohne Diskussion sind die drei Begnadigungsgesuche der zum Tode verurteilten Landesverräter abgelehnt worden.** Nach Schluß der Sitzung wurde der Presse folgende **amtliche Mitteilung** übergeben:

Die Vereinigte Bundesversammlung hat in ihrer Sitzung vom 20. Januar die Begnadigungsgesuche des Oblt. R■■■■ Charles Otto, geb. 1913, von Basel, des Lt. ■■■ Otto Peter, geb. 1917 in Olten und des früheren Motorfahrers Ph■■■ Erwin, geb. 1912 in Basel, die von einem Militärgericht wegen fortgesetzter verräterischer Verletzung militärischer Geheimnisse zum Tode verurteilt wurden, **abgewiesen**.

Die Vereinigte Bundesversammlung erachtet es auch in diesem Falle als notwendig, die **Oeffentlichkeit** durch die Bekanntgabe ihres Entscheides und der Gründe für die Verurteilung kurz **aufzuklären**.

Die drei Verurteilten waren die **Hauptpersonen einer umfassenden Spionageorganisation**, wobei Oblt. R■■■■ als **Leiter und Zentralstelle** tätig war, während die beiden andern teils die Sammlung militärischer Nachrichten direkt besorgten, teils die Aufträge an weitere Mitschuldige erteilten. **Sie erkundeten in mehrmonatiger Tätigkeit einen wichtigen Ausschnitt unseres Verteidigungssystems**, wobei insbesondere auch **Mitteilungen über kriegsmäßige Stellungen der eigenen Truppenkörper** gemacht wurden. Diese Orientierungen wurden noch vertieft durch Angaben geheimer Natur aus dem Gebiete der Bewaffnung, der Vorratshaltung und anderer militärischer Verhältnisse.

Die Verurteilten haben durch diese Preisgabe militärischer Geheimnisse, abgesehen von der Schwächung unserer Abwehrorganisation, **das Leben ihrer Kameraden für den Fall kriegerischer Verwicklungen gröblich aufs Spiel gesetzt und ihren Fahneneid schmählich verletzt**. Erschwerend fällt ins Gewicht, daß sie sich ihre verräterischen **Handlungen bezahlen ließen**. Die volle Strenge des Gesetzes mußte angesichts dieser Schwere der Verletzung und des Verschuldens Platz greifen.

Die abweisenden Entscheide wurden mit folgenden **Stimmenzahlen** gefällt: R■■■■ 209 Stimmen gegen 10, K■■■ 191 Stimmen gegen 23, Ph■■■ 198 Stimmen gegen 13.

20/1/43.

# Augenzeugenbericht: Die letzten Stunden der Verräter

Am Löwengraben in Luzern war ein Maschinengewehrnest aufgebaut, sorgfältig getarnt vor den Blicken der Passanten. Das Schußfeld stadteinwärts, zur abweisenden grauen Fassade des Zentralgefängnisses, war frei. Anonyme Anrufer und Briefschreiber hatten mit einer gewaltsamen Befreiungsaktion gedroht. Der Abteilungskommandant, damals Lehrer und 42 Jahre alt, sagt, er habe das nicht eigentlich ernst genommen, aber gedacht: sicher ist sicher. Vierzehn Tage später sollte dieser Offizier einen Brief ohne Unterschrift erhalten, in dem es hieß:
«Sie haben die Todesurteile an unseren Kameraden F. und Z. vollzogen. Die Ortsgruppe Luzern der NSDAP wird das Schandurteil an den beiden zu rächen wissen. Machen Sie sich auf eine Kugel aus dem Hinterhalt gefaßt.»
Als die schwerbewaffneten Wachen vor dem Gefängnis aufgezogen wurden, saßen in einer hermetisch abgeriegelten Zelle die Fouriere Werner Z. (geboren 1916) und Jakob F. (geboren 1918) wortlos brütend auf ihren Pritschen. Niemand weiß heute mehr, warum man die beiden Männer in dieser Stunde beisammenließ. Es war Dienstag abend, der 10. November 1942. Die beiden Landesverräter hatten noch etwa zwölf Stunden zu leben.
Der Abteilungskommandant im Grade eines Oberstleutnants und der Abteilungsarzt hatten einen schweren Gang zu tun. Der Offizier, der sich an alle Einzelheiten noch ausgezeichnet erinnert, berichtet:
«Ein Motorfahrerkurier hatte mir aus Bern einen von Bundesrat Kobelt unterzeichneten Brief gebracht. Darin hieß es, die Vereinigte Bundesversammlung habe die Gnadengesuche der beiden Verurteilten abgewiesen, und ich hätte das Urteil zu vollstrecken. Dies mußten der Arzt und ich den beiden Fourieren jetzt mitteilen.
Ich sagte: ‹Guten Abend, es tut mir leid, aber es ist ein militärischer Befehl gekommen.›
Die beiden Männer wußten sofort, was das hieß.
Ich fragte sie noch, ob sie einen letzten Wunsch hätten. F. konnte nicht mehr antworten, er war ganz in sich zusammengesunken. Z. dagegen bewahrte Haltung und sagte einen wichtigen Satz, der vielleicht seine Motive erklärt. Er meldete sich militärisch korrekt an: ‹Herr Oberstleutnant, Fourier Z.! Denken Sie daran: Wir wollten mit unserem Verrat die Schweiz vor dem Bolschewismus retten!› Wörtlich sagte er das.
Ich sagte ihm: ‹Schauen Sie, das ist jetzt vorbei.› Die Unterredung dauerte etwa eine Viertelstunde. Wünsche äußerten die beiden nicht mehr. Aber ich spürte, daß sie Angst vor dem Sterben hatten. Zuletzt fragte mich Fourier Z.: ‹Werden wir auch gleich tot sein?›
Ich erwiderte: ‹Hört, Männer. Wir haben monatelang miteinander Dienst getan. Ihr braucht keine Angst zu haben. Ich garantiere euch, daß ihr sofort tot sein werdet.›»
Auch andere noch lebende Zeugen von damals bestätigen den Eindruck des Oberstleutnants, daß die Sinneskräfte der Todeskandidaten auf eine gewisse Teilnahmslosigkeit gesunken waren. Alle bestritten aber energisch die Gerüchte, F. und Z. seien durch Drogen beruhigt worden.

## Verrat von Sprengobjekten

Erst viel später erfuhren die Offiziere, die Kameraden und die Untergebenen der beiden Fouriere, weswegen die Todesurteile ergangen waren: Zusammen mit

---

### Befehl und Gewissen

«Ob als Lockvögel Geld oder Frauen oder beides eine Rolle spielten, weiß ich nicht mehr. Daß F. Zutritt zu wichtigen Plänen und geheimen Vorbereitungen unserer Landesverteidigung fand, war die Folge der wenig überlegten Organisation und der ‹bünzlihaften› Finanzierung der hohen Stäbe unserer Armee.
Wichtige Posten mit Leuten, die zum Gradsolde ihre Dienste anboten, zu besetzen — wenn auch nur vorübergehend —, bedeutete im Grunde ein Ausliefern wichtiger militärischer Geheimnisse an Leute, deren Zuverlässigkeit weder erprobt noch geprüft war.
Das Schicksal von F. beschäftigte mich im Moment sehr. Zuerst überlegte ich, ob ich im Hinblick auf die unglücklichen Verstrickungen, in die er geraten war, zu seinen Gunsten intervenieren sollte. War hier Mitleid am Platze? Bei näherer Überlegung mußte ich das verneinen. Als erwachsener Mann, als Unteroffizier mußte er die Folgen seines Tuns tragen. (...)
Konnte bei den gegebenen Umständen eine Verweigerung des Befehls, die Exekution auszuführen, im Hinblick auf irgendwelche persönlichen Gründe plausibel gemacht werden? Durfte ich mich als Kommandant dieser Einheit vor der unangenehmen Pflicht drücken? Hätte ich dies aus religiösen Gründen tun dürfen? Das Gebot ‹Du sollst nicht töten› stand auch vor meinem Gewissen. Aber war es nicht so, daß dieses Gebot nie absolut verstanden worden ist, daß es immer Fälle gegeben hat, wo von Staates wegen und kirchlicherseits Ausnahmen festgelegt waren?
Ich denke hier vor allem an die Notwehr. Und war dieses Urteil des Militärgerichtes in der damaligen Situation unseres Landes nicht auch Notwehr? Dann kam dazu, daß ich dem Urteil innerlich beipflichtete und es aus der gegebenen Lage sogar als notwendig empfand. Ich sah darin kein Unrecht. Deshalb war ich bereit, die Verantwortung für die Befolgung dieses Befehls zu übernehmen.»
*(Aufzeichnungen des Kompaniekommandanten)*

einem in Zürich lebenden deutschen Kaufmann und Naziagenten hatten sie die Köpfe einer Spionagegruppe gebildet. Insbesondere verrieten F. und Z. die an einer kriegsmäßigen Mobilmachungsübung beteiligten Divisionen des 2. Armeekorps sowie die in ihren Räumen gelegenen Sprengobjekte, nämlich exponierte Straßenstellen, Brücken, Bahnübergänge, Unterführungen und Stauwehre (jeweils mit genauen Angaben der Koordinaten), ferner die Standorte der Sprengstoffmagazine von Meiringen, Giswil und Hirsegg.

Werner Z. und Jakob F. vermittelten genaue Informationen über 17 Objekte an Reuß- und Emme-Übergängen sowie über 25 Minenobjekte an wichtigen Zugängen zum Reduit, unter anderem an der Lopperstraße. Die Angaben waren so vollständig, daß sie auch die Namen, Adressen und Telefonnummern der jeweiligen Objektchefs und deren Stellvertreter umfaßten. Im Falle eines Angriffs auf die Schweiz hätten vorgeschobene deutsche Minenräumkommandos und/oder Angehörige der Fünften Kolonne anhand dieser geheimen Informationen die von der Schweiz vorbereitete Zerstörung strategisch wichtiger Verkehrsbauten verhindern und den Vormarsch der deutschen Divisionen ins Reduit beschleunigen können.

**Verführer und Verführter**

Jakob F., Sohn einer kinderreichen Arbeiterfamilie aus dem Luzernbiet, war arbeitslos. Er teilte das Schicksal vieler junger Aktivdienstsoldaten, die für die meist nur einige Wochen oder zwei, drei Monate betragenden Ablösungszeiten keine Stelle finden konnten. Jakob F. hatte nach zwei Jahren Sekundarschule, dem Welschlandjahr und einigen Aushilfsstellen einfach zu wenig Zeit gehabt, im Berufsleben Fuß zu fassen.

*Kurz nach den kritischen Tagen des Juni 1940 regelte der Bundesrat alle Einzelheiten der Vollstreckung von Todesstrafen.*

Außerdem mußte er seine Eltern unterstützen.

Zur gleichen Zeit wurden im 2. Armeekorps Unteroffiziere mit Kenntnissen in der Administration gesucht, die freiwillig bereit waren, während ihrer Ablösungsphasen zum Gradsold Bürodienst zu leisten. Jakob F. kam das Angebot gerade recht, er meldete sich und wurde genommen, denn seine militärischen Führungszeugnisse waren gut.

Fourier F. wurde dem Minenbüro des Korps zugeteilt, das in einem streng abgeschirmten Zimmer des Luzerner Hotels National stationiert war. Diese Dienststelle verwaltete sämtliche Pläne und Unterlagen für die zu sprengenden Objekte; sie war so geheim, daß selbst Stabsoffiziere nur mit Sonderbewilligungen Zutritt hatten. Jakob F. verrichtete hier Büroarbeiten unauffällig und zur Zufriedenheit seiner Chefs.

Heute weiß man, daß ihn sein Kamerad Werner Z., der bei der Truppe verblieben war, zum Verrat anstiftete. Z. war ein gutaussehender, glänzend qualifizierter Unteroffizier und arbeitete im Zivilleben als kaufmännischer Angestellter in einem Zürcher Bürofachgeschäft. Er stammte aus einer hablichen Berner Familie, hatte immer Geld, und die Mädchen liefen ihm nach.

«Wenn wir einen brauchten für eine Sondermission oder für einen schwierigeren Auftrag, haben wir den Z. geschickt», erinnert sich der Abteilungskommandant. «Er war ein flotter Typ, einer der besten Unteroffiziere, die wir je gehabt haben.» Niemand ahnte, daß Werner Z. ein überzeugter Anhänger des Dritten Reichs war.

Der schüchterne Jakob F., der sich kaum je etwas leisten konnte, stand ganz im Bann dieses selbstsicheren und erfolgreichen Kameraden. Manchmal soll Z. ihm mit Geld ausgeholfen oder ihm eine Mädchenbekanntschaft vermittelt haben. Als Z. Gegendienste verlangte, konnte sich F. nicht entziehen. Er begann Informationen zu kopieren, die über Z. zu dem in Zürich sitzenden deutschen Führungsoffizier gelangten.

Das alles begann damit, daß Z. seinen Kameraden einmal ganz unverfänglich fragte, ob denn die Sprengobjekte überhaupt geladen seien, wenn es jetzt «chlöpfen» würde. In seiner Harmlosigkeit verneinte Fourier F. Im Lauf der Zeit stellte Z. immer mehr solcher Fragen nach Munitionsdepots und Sprengobjekten, nach Truppenstandorten und der Zusammensetzung der Sprengstoffe. Die 150 Franken, die Z. seinem Kameraden gab, betrachtete F. als Darlehen. Gelegentlich übergab er seine Informationen auch Z.s Braut; als Belohnung durfte er dann mit ihr ausgehen. Entgeistert beteuerte Jakob F. in den Einvernahmen nach der Verhaftung, er habe nicht im Traum an Landesverrat gedacht und nie so etwas im Sinne gehabt. Wenn es ihm wirklich um Verrat gegangen wäre, hätte er mehr, vielleicht 4000 bis 5000 Franken verlangt, dann wäre ihm geholfen gewesen.

11

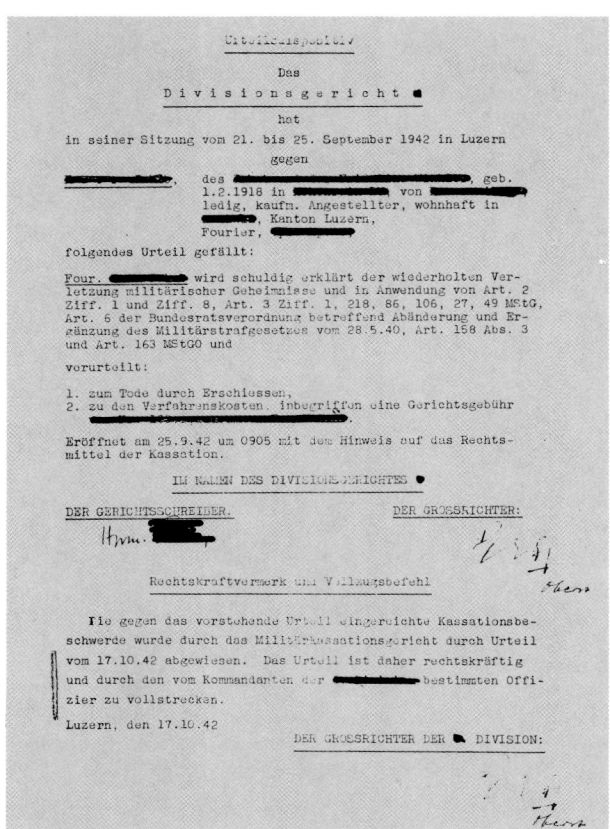
Zum erstenmal veröffentlicht: das Originaldispositiv eines Todesurteils, wie es unmittelbar vor der Hinrichtung auf der Richtstätte verlesen werden mußte.

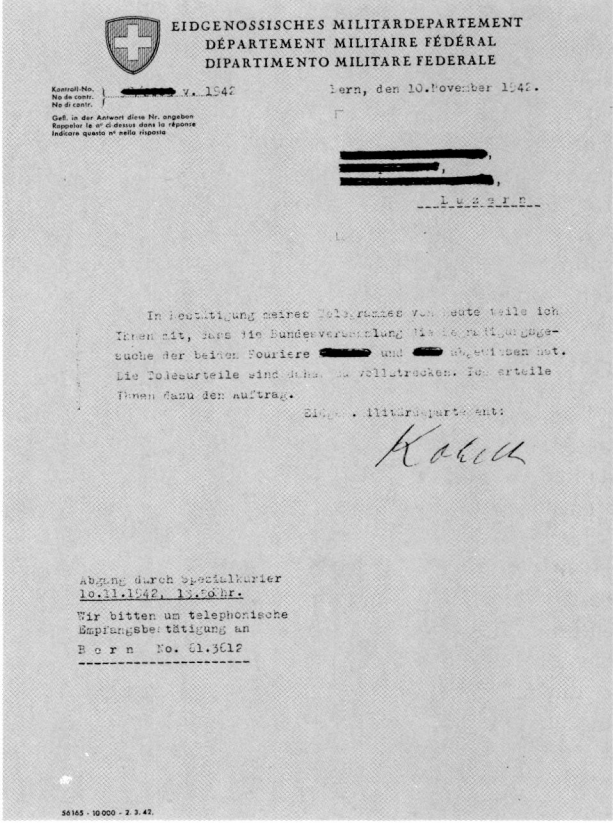
Zum erstenmal veröffentlicht: der Brief von EMD-Vorsteher Bundesrat Karl Kobelt an einen Truppenkommandanten. Der Brief wurde von einem Motorradkurier überbracht.

## Falscher Soldat entlarvt die Verräter

Auf Wegen, die nicht rekonstruierbar sind, kam die Spionageabwehr dem Handel mit Geheimdokumenten auf die Spur. Zumindest der Kompaniekommandant der beiden Fouriere war nicht ahnungslos: Im Spätherbst 1941, ein ganzes Jahr vor Prozeß und Hinrichtung, meldete sich ein Mann beim Kommandanten, der sich im Sonntagsurlaub befand. Er wies sich als Angehöriger des Sicherheitsdienstes der Armee aus; in Zivil war er Detektiv in Zürich. Er eröffnete dem Kommandanten, daß gegen die beiden Fouriere ein schwerer Verdacht wegen Landesverrats bestünde. Um sie zu überführen und Beweismaterial beizubringen, müßten die beiden beschattet werden.

Die beiden Männer kamen überein, daß der Detektiv am Montag unter falschem Namen und mit einem präparierten Dienstbüchlein bei der Einheit einrücken und als Gehilfe dem Magazinbüro zugeteilt würde, wo die beiden Verdächtigen als Magazinfouriere Dienst taten. Nach acht Tagen wurde Z., zwei Tage später auch F. verhaftet. So weit die Darstellung des Hauptmanns.

## Die Hinrichtung

Der Oberstleutnant schildert die Urteilsvollstreckung:
«Ich mußte die Hinrichtung vorbereiten und durchführen. Als Schauplatz wählte ich eine Waldlichtung ob Kriens, am Eingang zum Eigental. Es war ein großer, schöner Platz, den man gut absperren konnte.

Einige Minuten nach sieben Uhr brachte die Heerespolizei die beiden Verurteilten. Sie trugen Exerzierblusen und Waffenröcke ohne Gradabzeichen. Die Knöpfe waren abgeschnitten worden, um Querschläger zu vermeiden. Eine Kopfbedeckung trugen die beiden nicht. Es war ein nebliger Novembermorgen, es rieselte leicht.
Da meldete mir ein Adjutant, die beiden wollten sich um keinen Preis die Augen verbinden lassen. Ich ging zu ihnen und bat: ‹Tut uns doch den letzten Gefallen und laßt euch die Augen verbinden, es geht alles viel, viel schmerzloser. Übrigens müssen wir das machen, es ist Vorschrift.›
Da gaben sie schweigend nach. Sie sagten nichts mehr. Im Abstand von drei bis vier Metern wurden sie an junge Bäumchen gebunden.

In ihren letzten Tagen erhielten F. und Z. viel Post: Trostbriefe, aber auch Schmähschreiben und Verdammungsurteile, die ihnen natürlich nicht ausgehändigt wurden. Die Angehörigen hatten Besuchserlaubnis und machten davon regen Gebrauch.

Als Hinrichtungskommando nahm ich anderthalb Züge, für jeden Verurteilten zwanzig Mann. Die wurden alle kommandiert, es gab keine Freiwilligen und keine Dispensierten. Es ist auch keiner gekommen, der sich dispensieren lassen wollte. Wir standen schließlich schon monatelang im Dienst und hatten harte Zeiten. Allein in meiner Abteilung hatte ich in dieser Zeit ein halbes Dutzend Todesfälle gehabt, durch Unfall und Krankheit. Einer ist ertrunken, einer ist mit dem Motorrad über ein Straßenbord hinaus gerast, weil er Verspätung hatte. Er war der einzige Sohn seiner Eltern. Wochen- und monatelang waren die Männer von zu Hause weg. Jede Nacht dröhnten die amerikanischen Bomber, die nach Mailand unterwegs waren, über Luzern hinweg. Das war eben die Stimmung damals, und aus dieser Stimmung muß man diese Hinrichtungen und unsere Härte begreifen.

Wie ich diesen Morgen erlebt habe? Nun, ich hatte einen unangenehmen Befehl auszuführen. Die ganze Sache war ja weder eine Freude noch ein Stolz für die Abteilung, obwohl wir nichts dafür konnten. Wahrscheinlich habe ich in der Nacht nicht gut geschlafen, ich weiß es nicht mehr. Der Befehl war klar: pro Verurteilten 20 Mann, Distanz neun Meter, das vordere Glied – zehn Mann kniend – schießt auf die Brust, das hintere – stehend – auf den Kopf.»

Erst in den letzten Augenblicken vor der Hinrichtung bekamen die Schützen ihre verurteilten Kameraden zu sehen. Das Verfahren war am Abend zuvor im Hof des alten Schlachthauses von Luzern, das direkt neben der Kaserne lag, geübt worden. Mit leiser Stimme verlas der Großrichter die Urteile. Jemand hatte die Ceinturons der Verurteilten zehn Zentimeter höher geschoben, um das Zielen auf das Herz zu erleichtern.

Der Oberstleutnant erteilte einem Offizier der Einheit, der die Verräter angehört hatten, den Befehl: «Vollziehen Sie das Urteil!» Die Priester murmelten ihre letzten Gebete.

Der Hauptmann kommandierte: «Rechtsum kehrt!» Die Soldaten schnellten um ihre eigene Achse. Jeder hatte einen scharfen Schuß geladen. Jetzt knieten und standen sie vor den Verurteilten, die regungslos blieben und keinen Laut von sich gaben.

«Feuer!»

Alle, die dabei waren, sind sich in ihrer Erinnerung einig: «Es tönte wie ein einziger Schuß.»

Die beiden Hingerichteten sanken zusammen. Der Oberstleutnant und der Arzt traten zu den Leichen. Beide waren tot. Die Leichen wurden eingesargt und, weil es so vorgeschrieben war, in die Anatomie des Kantonsspitals Luzern gebracht, wo ein Protokoll geschrieben wurde: Fourier F.: 17 Treffer, davon sechs im Kopf, elf in der Brust; Fourier Z.: 16 Treffer, davon vier im Kopf, zehn in der Brust und zwei im Bauch.

Vom Eintreffen der Verurteilten bis zum Abtransport der Särge hatte es 25 bis 30 Minuten gedauert. Der Oberstleutnant legt Wert auf die Feststellung, daß keine blinden Patronen abgegeben wurden, wie immer wieder behauptet worden ist.

Später gab es Probleme, weil die Angehörigen es ablehnten, die Toten in ihren Heimatgemeinden bestatten zu lassen. Dank einem Entgegenkommen des damaligen Luzerner Stadtpräsidenten Dr. Max Wey wurden die Särge in einfachen Reihengräbern im Luzerner Friedental beigesetzt.

Der Oberstleutnant: «Zuletzt war ich noch allein mit dem Adjutanten. Ich rauchte die beste Zigarette meines Lebens. Die Männer marschierten ab, hinauf ins Eigental zum Morgenessen. Dann taten sie ihre gewohnte Arbeit. Ich sehe sie noch heute langsam im Nebel verschwinden. Sie sangen leise. Ich werde das Lied nie mehr vergessen: ‹Eine Kompanie Soldaten, wieviel Leid und Freud ist das...›»

*So hat der Zeichner die Erschießung eines Landesverräters rekonstruiert.*

# Schweizerische Armee - Armée suisse - Esercito svizzero

Stab oder Einheit: - Etat-major ou unité:
Stato maggiore o unità:

№

Ort und Datum: - Lieu et date:
Luogo e data:

Verpflegungs-Abteilung
Der Kommandant:

18.10.42

**Kopie**

Herrn Hptm.R.        ,Kdt.Vpf.Kp.
            strasse
Luzern.

Betr.event.Vollzug von zwei Todesurteilen.
================================================

Gestützt auf BRB vom 9.7.40 hat mich der Herr Kdt.der 8.Div.mit dem Befehl über die Vollziehung der Todesurteile an den beiden vom Div.Ger. zum Tode verurteilten Fourieren Z.    und F.    beauftragt.

Sie erhalten hiemit den Befehl als Kdt.der Einheit,der die beiden Verurteilten angehört haben,folgende vorbereitende Massnahmen zu treffen :

1) Rücksprache mit dem Direktor der Strafanstalt,B.Höner,über die Detailvorbereitung des Richtplatzes gemäss der an unserem Augenschein vom 16.10.42 getroffenen allgemeinen Richtlinien. Massgebend sind die im mitfolgenden Schreiben an das Justizdepartement des Kt.Luzern(Vollzugskanton)dargelegten Massnahmen.

2) Zusammenstellung von 4 Detachementen für folgende Aufgaben:

   a) <u>Detachement I</u> : 1 Of.,1 Uof.und 5 Soldaten zur Verfügung von Verwalter Bucher,Zentralgefängnis,für die Bewachung in der Nacht vor der Exekution und den Transport vom Zentralgefängnis in den Hof der kantonalen Strafanstalt am Morgen des Vollzugstages.
   Der Det.Kdt.hat sich am Vortag des Vollzuges um 1800 beim Verwalter zu melden.Das Detachement bringt die beiden Verurteilten in Zusammenarbeit mit der Hepo auf 0545 in den Hof der Strafanstalt.Der Transport erfolgt gefesselt.Auf dem Richtplatz besorgt das Detachement das Anbinden der beiden Verurteilten,meldet Ihnen der Vollzug und entfernt sich vom Richtplatz.

   b) <u>Detachemente II und III</u> : Je 1 Of.,1 Uof.und 10 Soldaten für den Vollzug des Urteils.
   Die Offiziere dieser beiden Detachemente sind gleichzeitig die beiden Offiziere,die gemäss Art.8 des BRB zur Abgabe des tötlichen Schusses kommandiert werden,falls der Tod nicht eingetreten sein sollte.
   Die Uof.der beiden Detachemente haben den Auftrag den beiden Verurteilten die Augen zu verbinden,wenn der Grossrichter das Urteilsdispositiv verlesen hat und die beiden Feldprediger den letzten Zuspruch getan haben.Der Befehl für diese Massnahme wird durch Sie erteilt.
   Die beiden Kommandanten stellen sich hinter ihre Detachemente und überwachen sie in bezug auf die Befehlsausführung gemäss den Kommandos des mit Leitung des Verfahrens kommandierten Offiziers.

   c) <u>Detachement IV</u> : 1 Uof.und 5 Mann für den Ordnungsdienst.
   Das Det.steht um 0530 zur Verfügung von Oblt.Meyer.Adj. Vpf.Abt. und bezieht Posten gemäss dessen Weisungen.

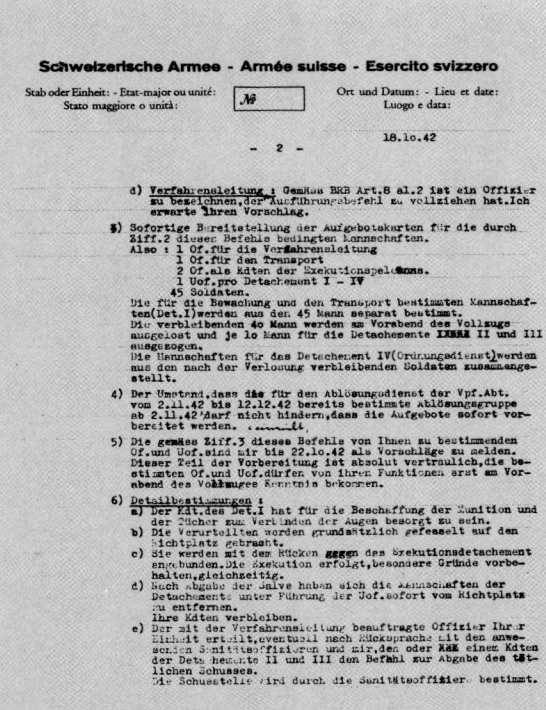
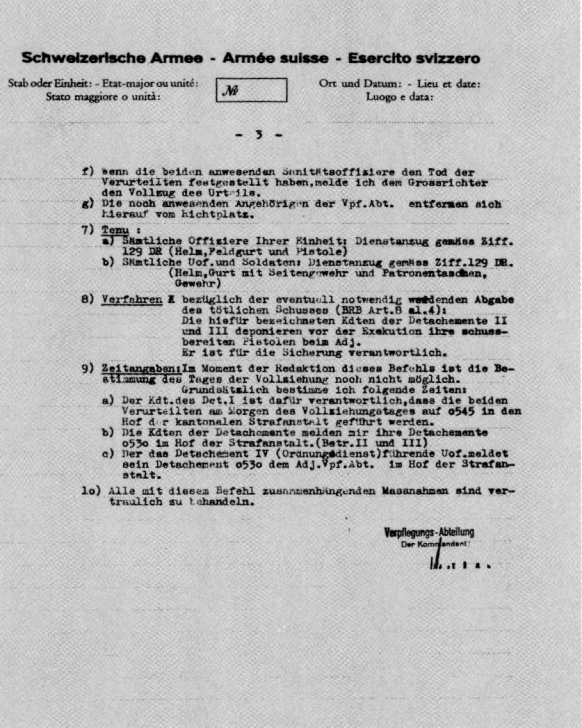
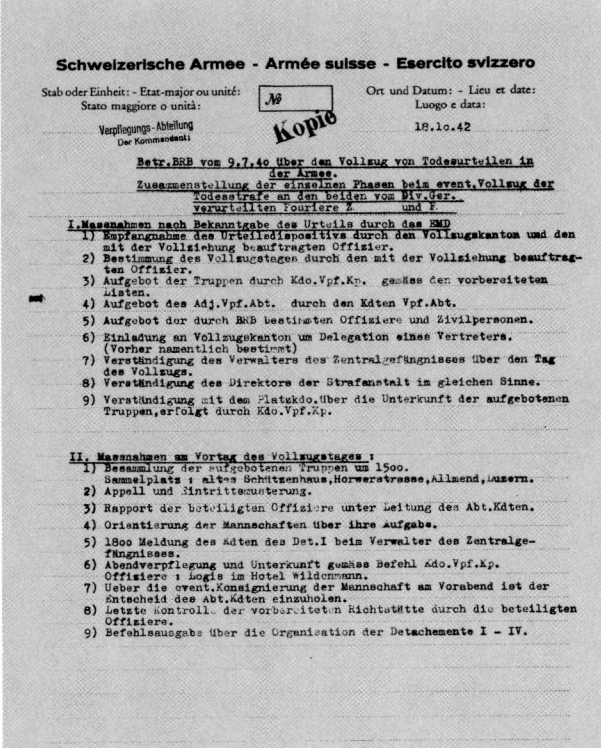

*Es war die bedrückende Pflicht des Kommandanten jeder Einheit, in der es einen zum Tode verurteilten Landesverräter gab, die Hinrichtung bis in alle Einzelheiten vorzubereiten, sie schriftlich zu befehlen und zu leiten.*

*Diese Dokumente aus dem Privatarchiv eines dieser Offiziere regelten alles, was es noch zu regeln gab. Halfen die Geschäftigkeit und die Umsicht, mit der diese Papiere verfaßt wurden, den Betroffenen über die Schrecklichkeit des Bevorstehenden hinweg?*

## Warum sie erschossen werden

Nur mit Mühe konnte der Geistliche dem 22jährigen HD Fridolin B. den letzten Wunsch ausreden. Er wollte unbedingt mit dem Ruf «Heil Hitler!» auf den Lippen sterben. Fridolin B. war der Inbegriff des jugendlichen Idealisten, des Überzeugungstäters, der sich weigerte, ein Begnadigungsgesuch einzureichen, weil er «Recht und nicht Gnade» wollte, wie er seinen Bewachern stolz erklärte.
Als der um ein Jahr jüngere Gymnasiast Kurt R. hingerichtet worden war, erhielt der Einheitskommandant den merkwürdigsten Anruf seines Lebens: Der Vater des jungen Kanoniers bat darum, man möge ihm die Schuhe überlassen, die sein Sohn bei der Erschießung getragen habe; die seien ja noch fast neu! Kurt R. gehörte wie der Kanonier Ernst S. und der Fourier Jakob F. zu den Toren, die aus Not, Arbeitslosigkeit und Bindungssehnsucht in die Fänge der Verführer geraten waren, von denen sie sich materielle Vorteile versprachen.
Daß dies in einer Zeit mit unsicherer Zukunft, finanziell bedrängter Gegenwart, Arbeitslosigkeit und Rationierung ein starkes Werbeargument gewesen ist, bestätigt Oberstkorpskommandant Roger Dollfus, Generaladjutant der Armee, dem die Militärstrafrechtspflege unterstand, in seinem Aktivdienstbericht:
«Zur Zeit, als Deutschland auf der Höhe seiner Macht stand, fanden Lockungen mit erhöhten Stellungen im ‹Neuen Europa› und das Inaussichtstellen gewaltsamer Befreiung bei Bestrafung vielfach ein williges Ohr. Nicht außer acht zu lassen ist auch die verführerische Wirkung der finanziellen Unterstützung der Familien Verhafteter und Bestrafter, die zum Teil bis zum Kriegsschluß fortgeführt worden ist. Neben Gründen dieser Art war für manchen ein wenn auch nicht großer, müheloser Nebenverdienst noch mitbestimmend für den deliktischen Entschluß.»

### HD hilft deutsche Karten bereinigen

HD Fridolin B., der nicht begnadigt werden wollte, hatte seine Bäckerlehre in der Fröntler-Hochburg Schaffhausen gemacht und war ein paarmal zu Versammlungen der Nationalen Front gegangen. Dabei lernte er den Reallehrer Carl Meyer kennen, der als Gauführer amtete. Die stramm nationalsozialistische und reichlich hochgestochene Ausdrucksweise dieses Fanatikers schien den stillen jungen Mann vorerst eher abzustoßen, doch hatte Fridolin zu dieser Zeit ein Schlüsselerlebnis, das er mit auffallend vielen ehemaligen Nazianhängern (z. B. Schweizer Freiwilligen in der Waffen-SS) teilte: Er las den «Zarathustra» von Friedrich Nietzsche, war davon hingerissen und wurde offenbar direkt zu den Taten beflügelt. In einem Abschiedsbrief schrieb Fridolin B.:
«Furchtlos, erfüllt von beispiellosem Schwung, gehe ich in den Tod. Der Grund meines Mutes ist Nietzsches Zarathustra. Die Einzigartigkeit jener Botschaft über den freien Tod, von Krieg und Kriegssold, von der großen Sehnsucht – ach, was sage ich noch –, der ganze Zarathustra von A bis Z ist ein Leitfaden für heilige Neinsager, für die großen Verachtenden, die Verehrende sind...»
Wie fast alle deutschen Spione und Spionagegruppen es zwischen 1941 und Mitte 1943 taten, beteiligte sich der Bäcker an der Auskundschaftung des entstehenden Reduits in der Innerschweiz. Von Oktober bis Dezember 1941 durchstreifte er die Linie Sihltal–Zug–Goldau–Sattel–Ägerisee–Hütten–Biberbrugg–Einsiedeln–Euthal–Ibergeregg–Schwyz und notierte die Bunker, Feldbefestigungen, Tankfallen und -sperren sowie die Minierung der Brücken, wobei er vor allem prüfen mußte, ob die Karten von der AST Waldshut des Wehrmacht-Nachrichtendienstes noch stimmten. Nach seinen Angaben wurden die Karten später bereinigt.

### Das Reduit im Fadenkreuz der Spionage

Beinahe alle großen Spionagegruppen, deren Tätigkeit mit Todesurteilen quittiert wurde, versuchten die schweizerische Alpenfestung in allen Einzelheiten auszukundschaften. Ein Blick in deutsche Militärarchive wird noch zeigen, daß diese gefährliche Arbeit recht erfolgreich war; es ist schlechthin erstaunlich, wieviel

---

### «Betet für mich!»

«Meine lieben Eltern und Geschwister!
Ich muß zur Feder greifen um einige liebe Worte mit Euch meine Lieben zu berichten. (...) Wie geht es Euch? Ich hoffe gut und es seien alle gesund. Die Behandlung und die Kost hier sind gut, aber wißt ich habe immer so ein furchtbares Heimweh nach ... Ich bin durch einen Kameraden in eine sehr unangenehme Sache verwickelt. Ich kann Euch nicht schreiben was es ist. (...) Ich weiß nur daß es überhaupt keine Kameraden gibt, auch im Militärdienst nicht. Jeder schaut den andern wenn möglich ins Unglück zu stürzen. Ja nun, es ist jetzt schon so. Hoffen wir daß die ganze Sache doch nicht zu schlimm werde. Ich habe Gottvertrauen und bete viel und ich bitte Euch betet recht viel für mich damit die Sache gut gehe. Ich wünsche Euch allen meine Lieben eine schöne Ostern und ganz besonders meinem lieben Mueti und dem lb. Vater und bitte Euch nochmals betet für mich, damit ich nicht ganz unglücklich werde.»
*Aus einem Brief von Fourier Jakob F.*

die Deutschen über das große neue Verteidigungssystem der Schweiz herausgefunden haben! Dem Trompeter Heinrich R. (geb. 1906, Gärtner) wurde die Durchforschung des Anmarschgeländes von der Nordwestgrenze her übertragen, beginnend mit den Talsperren bei Zurzach, übergehend zu den militärischen Bauten bei Dielsdorf und Regensdorf sowie den Sperranlagen zwischen Glattfelden und Eglisau. R. hatte die Brückenkommandanten in der Rheingegend und in Zürich zu nennen, die Sprenganlagen dieser Brücken und die Lage der Auslösestellen zu erkunden. Weitere Aufgabe war die Rekognoszierung der Artilleriestellungen bei Baarburg, des Militärflugplatzes Alpnachstad und der Festungsbauten am Bürgenstock.

Die Gruppe um den Kantonsschüler und Kanonier Kurt R. (geb. 1922) sowie den liechtensteinischen Staatsangehörigen Alfred Q. (geb. 1920, Maler) klärte die Tanksperren und Bunker samt Bewaffnung und Schußrichtung auf dem Zugerberg ab und lieferte einen als «ganz genau» bezeichneten Plan der Festung Sasso di Pigna am Gotthard. Außerdem erreichten es die beiden, durch eingespannte Funkerpioniere die Codes und andere geheime Details des Chiffrierverkehrs im internen Meldedienst der Funkertruppe zu erlangen. Damit waren Angaben verbunden über die Einrichtung des Funkzentrums Morschach und die von dort ausgehenden Verbindungen zum Armeestab und zu den Armeekorpskommandos, über die Organisation und den Betrieb der Funkstationen und ihrer Materialdepots in Wassen, Altdorf, Brunnen, Luzern, Alpnach, Sarnen, Meiringen, Interlaken und am Sustenpaß.

### Einbruch ins Platzkommando

Der Student R. brach außerdem ins Büro eines Platzkomman-

*Oberstbrigadier Jakob Eugster, Oberauditor der Armee, in der «Schweizer Illustrierten» (Herbst 1945):*

### «Die Todesstrafe war selbstverständlich!»

«Daß bei der Bekämpfung dieser Unternehmen gegen unser Land keine Rücksichten der Schonung des menschlichen Lebens mehr die tatsächliche Anwendung der Todesstrafe verhindern konnten, ist selbstverständlich. Es mußte im Landesinteresse in dem so eingetretenen, beinahe labilen Kriegszustande zur Todesstrafe geschritten werden.

Getreu der Mission des wahrhaft demokratischen Staates, das menschliche Leben zu achten, wirklich ohne äußerste Not nicht zur Vernichtung des Menschen zu schreiten, um der in Blut versunkenen Menschheit gegenüber das Beispiel der Humanität und des Rechtes hochzuhalten, ist die Ausfällung der Todesstrafe bei uns von Garantien der verschiedensten Art umgeben worden. Sie konnte nur ausgefällt werden, wenn von dem mit 7 Richtern besetzten Militärgericht eine Mehrheit von 6 Gerichtsmitgliedern sich für ihre Anwendung aussprach. Gegen das Urteil stand das Rechtsmittel der Kassationsbeschwerde zur Verfügung. Nachher bestand noch die Möglichkeit der Anrufung der Begnadigungsinstanz. Als solche amtete die Vereinigte Bundesversammlung. Zum Begnadigungsgesuch, das vom Verurteilten und mit seiner Zustimmung von seinem Verteidiger oder von seinem Ehegatten eingereicht werden kann, hatten in begutachtendem Sinne der Oberauditor, das Militär- und das Justizdepartement wie der Gesamtbundesrat Stellung zu nehmen. Der Begnadigungskommission der eidgenössischen Räte standen die gesamten Akten zur Verfügung. Die Vereinigte Bundesversammlung selbst wurde durch die Begnadigungskommission in eingehenden Referaten orientiert. Der Entscheid wurde nach eingehender Diskussion gefällt.

Bei der Exekution ist den Verurteilten der Beistand eines Geistlichen beigegeben. Das Erscheinen auf der Richtstätte und der Vollzug sind so geordnet, daß die Exekution sich in ganz wenigen Minuten abwickelt. Die dazu kommandierte Mannschaft sieht den Verurteilten nur während des Augenblicks der Schußabgabe. Das dafür nötige Detachement wird erst unmittelbar vorher dazu befohlen. Seine Aufgabe ist, wie beim Soldaten im Felde, die Vernichtung des Feindes. Des Soldaten unwürdige Maßnahmen wie Beizug von Freiwilligen, nur teilweise Dosierung mit scharfer Munition gibt es nicht. Die Anwesenheit jedes nicht pflichtgemäßen Teilnehmers ist ausgeschlossen. Sämtliche Exekutionen erfolgten ohne den geringsten Zwischenfall.

Nun ist mit der Aufhebung des Aktivdienstzustandes auch die vom Militärstrafgesetz für Kriegszeiten vorgesehene Ordnung betroffen worden. Alle ausgefällten, am 21. August 1945 noch nicht vollzogenen Todesurteile werden automatisch in lebenslängliches Zuchthaus umgewandelt. Mit dem Wegfall der Gefahr eines kriegerischen Angriffs auf unser Land ist die Präventivwirkung der Todesstrafe kein unbedingtes Erfordernis mehr. Die Schweiz will mit dem sofortigen Verzicht auf diese Strafart als Vorbild für die Achtung des menschlichen Lebens wirken.»

ten ein und stahl dort eine Anzahl wichtiger militärischer Dokumente. Im März 1942 nahm er die Zündkapsel zu einer Minenwurfgranate an sich. Er und seine Komplizen holten Erkundigungen über die Geländebeschaffenheit ein, notierten die Hauptmerkmale der Befestigungsbauten, fotografierten, maßen sie und trugen sie auf Karten ein, fertigten Krokis an, erstellten Pläne, gaben Mitteilungen über die Aufgaben der Einheiten, bezeichneten ihre Kantonnemente, interessierten sich für die Ortswehren, für das Alarm- und Signalisationssystem der Armee und hielten die Ergebnisse von Bunkerschießen zu Handen ihrer Auftraggeber bei der Canaris-Abwehr fest. Die Gruppe umfaßte insgesamt 25 Personen und konnte anderthalb Jahre lang arbeiten. Der Vater des hingerichteten Liechtensteiners Q., der ebenfalls verhaftet wurde, weil er Vergrößerungen von topographischen Karten der Gebiete um den Zürich- und den Zugersee besaß, starb während der Haft. Drei andere Verhaftete erhielten Lebenslänglich, die übrigen Zuchthausstrafen bis zu 20 Jahren.

### Die Verbrechen des Majors

Der Höchstgradierte unter den zum Tode verurteilten und hingerichteten Wehrmännern war Major Ernst P. (geb. 1896, Bundesbeamter). Ihm wurde zur Last gelegt, im Winter 1940/41 eine Straßenzustandskarte des ACS im Maßstab 1:400000 mit eingezeichneten Reduitgrenzen, Armeekorps-Abschnittgrenzen, Pneulagern und Pneubeständen an deutsche Agenten ausgeliefert zu haben, außerdem ein Verzeichnis der Benzindepots mit Bestandsangaben in Millionen Litern, eine Liste der Motorfahrzeug-Stellungspläne, geheime Weisungen für die rückwärtigen Dienste und den Geheimbefehl des Generals über die Mobilmachungsübung des 2. Armeekorps vom 10. März 1942. Darin inbegriffen war nach der Darstellung des Generaladjutanten auch ein Verzeichnis der beteiligten Truppen samt ihren Korpssammelplätzen. Ferner verriet Major P. Angaben über die Zahl der Panzerwagen und die Reichweite der Flammenwerfer. P. versuchte sogar, den Aufmarschplan für die erste Truppenaufstellung im Reduit im Fall eines Angriffs in die Hände zu bekommen, um ihn für eine Stunde einer deutschen Agentin zum Fotokopieren zu überlassen. Ergänzt wurde dieser Verrat durch den HD D., der im Büro eines Kriegskommissärs beschäftigt war und dem deutschen Nachrichtendienst

---

### Walther Bringolf: Meine schwersten Stunden

In seinen Lebenserinnerungen schreibt der ehemalige Schaffhauser Stadtpräsident und Nationalrat Walther Bringolf:
«Ich gestehe, daß diese Beratungen über die Bewilligung oder Ablehnung eines Begnadigungsgesuches zum Schwersten gehörten, was ich je als Mitglied des Nationalrates miterlebte. Einige Jahre vorher hatte ich mich im Kampf gegen das Referendum, das gegen das neue Schweizerische Strafgesetzbuch ergriffen worden war, gegen die Todesstrafe ausgesprochen. Ein Gegner der Todesstrafe stand somit in diesen Jahren des Zweiten Weltkrieges wiederholt vor der Entscheidung: Begnadigung oder nicht? Oft lagen erschütternde Briefe von Müttern, Vätern, Schwestern, Brüdern, Frauen oder Bräuten auf dem Tisch des Präsidenten des Nationalrates, die auch uns zugänglich waren. Man las sie, legte sie ergriffen weg und hatte dann in der geheimen Abstimmung, wenn die Debatte geschlossen war, seine Entscheidung zu treffen. Ich war nicht der einzige, der unter einem derartigen moralischen Druck stand. In meiner und in den anderen Fraktionen gab es Männer, die ebenso fühlten und dachten. Und doch galt es, Verrätern das Handwerk zu legen, die in einer schweren Zeit dem einzigen Feind, der unser Land bedrohte, Dienste leisteten.»

---

im Januar und Februar 1942 insgesamt zwölf Originalmeldungen über die Standorte der Stäbe und Truppen dieses Armeekorps übergab; später reichte D. noch Informationen nach über die im Februar 1942 durchgeführten Mobilmachungsübungen samt Angaben über die dabei exerzierten Formen der stillen Mobilisation und über die Transporte auf dem Vierwaldstättersee.

### Verhängnisvolle verwandtschaftliche Beziehungen

Der Fliegeroberleutnant Charles-Otto R. (geb. 1913, Kaufmann), der Artillerieleutnant Otto K. (geb. 1917, Student) und ihre Mittäter, darunter der hingerichtete Zivilist Erwin P. (geb. 1912, Mechaniker), kundschafteten vorerst, wie andere Spione auch, Festungsanlagen aus, in diesem Fall speziell die Bereiche im Hauenstein und im Juragebiet. Beide Offiziere waren überzeugte Nationalsozialisten. Ihre ins Jahr 1941 fallenden Erkundungen befaßten sich außerdem mit den Abwehrmaßnahmen im Aaretal, der Befestigung und den Artilleriestellungen auf Beatenberg, bei Aeschi, am Niesen, auf dem Harder sowie mit den Flugplätzen bei Meiringen und im Oberwallis. Ausführlich verriet Leutnant K. überdies die Reduitstellungen am Simplon sowie die halbpermanenten und somit geheimen Kriegsstellungen der Mot Kan Bttr 77 im Goms. K. trug die Lage des Leitgeschützes auf eine 50000er Karte ein, dazu den Wirkungsraum der ganzen Mot Kan Abt 27 sowie der Batterien 77 und 78 in Richtung Eggerhorn–Rappental wie auch die ungefähre Lage der Kommandoposten der Abteilung. Diesen Einzeichnungen war eine Skizze mit den schußtoten Räumen beigegeben. Dazu kamen Lagebezeichnungen von Bunkern bei Riffelalp in der Nähe von Zermatt und Informationen über das im Ausbau befindliche Fort Naters, einschließlich Einzelheiten über dessen Bewaffnung (Geschützlage, Reichweiten).

Die in dieser Gruppe mitwirkende Postordonnanz Jean Sch. fotografierte zahlreiche militärische Befestigungsanlagen; Sch. wurde zum Tode verurteilt, aber in Abwesenheit. Als Oberleutnant R. verhaftet wurde, besaß er 176 topographische Karten der Schweiz, was auf den Umfang seiner Verfehlungen schließen läßt.

Der Fall des Oberleutnants R. beleuchtet ein weiteres wichtiges

Verratsmotiv: die verwandtschaftlichen Beziehungen zu Deutschland. R.s Schwager war der beim deutschen Konsulat in Basel tätige Josef Boegemann, der in einigen Fällen als Agentenwerber hervortrat. Er hatte keine Mühe, den schweizerischen Fliegeroffizier zu verbotenen Handlungen anzustiften, zumal dieser einen großen Teil seiner Jugend in Deutschland verbracht hatte und schon deshalb der nationalsozialistischen Ideenwelt stärker zugetan war als andere. R. hatte sich schon früh einer rechtsextremen schweizerischen Bewegung angeschlossen. Das unmittelbare, von Boegemann geschickt ausgenützte Motiv war die Verärgerung über beruflichen Mißerfolg und den Abbruch der militärischen Karriere, beides wahrscheinlich eine Folge seiner extremen politischen Einstellung. Im November 1941 wurde R. verhaftet. Während er und seine beiden hauptsächlichen Mittäter, Leutnant K. und der Zivilist P., erschossen wurden und weitere rund 50 in die Affäre verwickelte Schweizer und Deutsche empfindliche Zuchthausstrafen erhielten, verzichteten die Bundesbehörden auf den Strafanspruch gegen Boegemann, «um die Beziehungen zu Deutschland nicht zu erschweren», wie es hieß; der Konsulatsbeamte wurde nach nur fünftägiger Haft über die Grenze heim ins Reich geschickt.

### Gefreiter lädt die Deutschen zu Besichtigungen ein

Hingerichtet wurde auch der Gefreite Hermann V. (geb. 1908, Bäcker), der vom Juni bis zum November 1941 – in einer Zeit, da die deutschen Geheimdienste besonders eifrig Angaben für einen Angriff auf die Schweizer Alpenfestung sammelten – Grenzdienst am Schlappiner Joch zwischen dem Prättigau und dem Montafon leistete. Er erläuterte den deutschen Agenten anhand von Geländeaufnahmen, die sie bereits besaßen, die genauen Standorte militärischer Anlagen und Unterkünfte in den Gegenden des Schlößli- und des Donnersteins und lieferte Informationen über den Bau von Verteidigungsanlagen auf dem Kessigrat, die die besondere Natur und die Bestimmung jeder dieser Anlagen, die Namen der Einheitskommandanten und die vorgesehenen Verteidigungsverfahren umfaßten. Er ließ seine deutschen Verbindungsleute sogar eine Grenzwachthütte besichtigen, die mit einem Maschinengewehr bestückt war. Dazu verriet er die rückwärts gelegene Talsperre bei Laret mit genauen Angaben über den Standort der Bunker, die Lage der Sprengobjekte, die Telefonverbindungen zwischen den Bunkern, die Schußrichtung der eingebunkerten Geschütze usw. Dies und die von Hermann V. angefertigten Geländeskizzen hätten einen Überfall auf Davos und die Churer Gegend erleichtert. Weitere Auskünfte, die aus der Gruppe V. zu den Deutschen gelangten, betrafen Teile der Festung Sargans einschließlich ihrer Versorgungslage, eine Tanksperre bei Wildhaus und in Sihlwald sowie Bunker in Zürich-Leimbach und beim Höckler auf der Zürcher Allmend. Eine Untergruppe dieses Spionagerings unterhielt direkte Verbindungen zum deutschen Konsul Böhme in Davos, der dort 1941 einen Schwarzsender installiert hatte.

Der zu dieser Gruppe gehörende Füsilier Hermann G. (geb. 1897, Zahntechniker), der in die Sarganser Festungsinfanterie eingeteilt war, hatte Skizzen über die innere Festungsorganisation herzustellen und genaue Einzelheiten über die dort stehenden Einheiten, die Bewaffnung, die Verbindungswege sowie über Lage und Schußfelder des Großbunkers Plattis und des östlichsten Wachtpostens der Festung Luziensteig zu liefern.

### Sabotagekurse in Stuttgart für Schweizer Verräter

Als ob bereits Krieg zwischen Deutschland und der Schweiz herrschte, wurden die wichtigsten Angriffsziele des Reduits von verschiedenen Gruppen unabhängig voneinander und mit generalstabsmäßiger Systematik abgetastet und ausgeleuchtet; einmal erhaltene Informationen wurden immer wieder nachgeprüft und bereinigt. Mehrere hingerichtete Landesverräter, zum Beispiel Trompeter Heinrich R. und der Zivilist Hans G. (geb. 1910, Reisevertreter), besuchten zudem noch spezielle Sabotagekurse in Stuttgart. Darüber enthält der Bericht des Generaladjutanten interessante Einzelheiten:

«Die Teilnehmer wurden handschriftlich und durch Handschlag dafür ins Gelübde genommen, daß sie strengstes Schweigen über alles beobachten, was sie in den Kursen wahrgenommen haben. Auf Verletzung dieser Schweigepflicht wurde Todesstrafe angedroht. Ein Teilnehmer an einem solchen Kurs schilderte ihn in folgender Weise: Der Leiter erklärte, wie wichtig die Sabotage als Hilfsmittel der Armee beim Einmarsch in fremde Länder sei. Er erzählte aus Erfahrungen in Österreich, in der Tschechoslowakei und in Polen, daß dort die Sabotage eine große Rolle gespielt habe, indem ihre Vertrauensleute in diesen Ländern die Sprengungen von Brücken, Straßen, Eisenbahnen verhindert hätten. Das Ziel des Kurses sei, befehlsmäßige Sprengung und Brandmittel kennenzulernen und diese anwenden zu können. Zunächst wurden Brandmittel gezeigt. Es wurden Karton- und Blechhülsen mit einer Mischung von Salpeter-Schwefel und in Mirbanöl getränktem Sägemehl gefüllt. Ferner wurden verwendet: Charput Mortum, Aluminiumbronze, Gips. Sodann wurde die Herstellung von Zündsätzen ge-

## Ernst S., von links gesehen

«Ernst S. ist kein Kuriosum. Er ist auch keine Antiquität. Er ist die Lackmusprobe: Er zwingt die Gesellschaft, Farbe zu bekennen. Er macht Strukturen sichtbar. Da lehnt sich einer behutsam auf, verhält sich ein wenig anders als seine Klassengenossen, und schon schlägt die Gesellschaft mit voller Wucht zu. Sie schlägt nach unten, mit Vorliebe nach ganz unten, auf die Lumpenproletarier. S. war normal, unerlaubt normal, aber nicht genormt. Er wollte, wenn auch nur in vorsichtigen Zügen, das Leben genießen. Das war ein ‹Vergehen›, wenn man nicht zu den Privilegierten gehörte und kein Geld hatte. Er wollte sich nicht ohne weiteres verwursten lassen. Das war verdächtig. Mit dem Onanieren fängt es an, mit dem Landesverrat hört es auf. Dazwischen die Weigerung, sich in der Fabrik ausbeuten zu lassen, und der Wunsch, herumzuschlendern. Oder gar die Lust auf eine Flugzeugmechanikerlehre! Die Institutionen, welche diese Gelüste austreiben sollen, sind miteinander verknüpft, die Schule mündet ins Pfarramt, das Pfarramt in die Erziehungsanstalt, die Vormundschaftsbehörde in die nächste Erziehungsanstalt, die Fabrik in die Armee. Parieren oder krepieren. Vom Exekutionspeloton erhält alles rückwirkend seine eigentliche Farbe: Fabrikpeloton, Schulpeloton, Vormundpeloton. Man sage nicht: S. ist die Ausnahme. Der gewaltige Apparat, den es brauchte, um ihn zu dressieren, hat auch andere kujoniert. Schon seine Existenz hat Tausende eingeschüchtert. S. ist vielmehr die Regel für das, was einem Lumpenproletarier oder einem Proletarier passiert, wenn er sich auflehnt. Daß den meisten nichts passiert, beweist demnach, daß sie sich klaglos unterdrücken lassen. Die Institutionen, die S. das Fürchten gelehrt haben, gibt es alle noch. Sie funktionieren meist reibungslos, wenn auch weniger brutal, doch an ihrem Mechanismus hat sich nichts geändert.»

*Niklaus Meienberg*

---

lehrt, mit welchen die Brandmittel zum Brennen gebracht werden konnten. Nach den Zündsätzen wurden Sprengmittel durchgenommen, die aus den obenerwähnten Stoffen zusammengestellt wurden. Am Schluß wurden Zeitzünder-, Spreng- oder Brandbomben hergestellt, und zwar mit Hilfe von Taschenlampenbatterien oder Schwefelsäure. Ferner wurden Zeitzünderbomben verfertigt mit Auslösung auf Druck, so z.B. für Eisenbahnattentate. Nachdem jeder von uns Gelegenheit gehabt hatte, die einzelnen Arten dieser Spreng- und Brandmittel herzustellen, wurden Demonstrationen vorgenommen. Brandmittel wurden in der Nähe der Garage zur Entzündung gebracht, Sprengmittel in der Kiesgrube. Am letzten Tag des Kurses mußten wir eine Brandbombe herstellen mit Zeitzündung durch eine Uhr. Die Brandbombe funktionierte gut. Nach der Rückkehr verschaffte R. sich die Rohmaterialien aus dem Kurs zur Herstellung von Brand- und Sprengmitteln und lagerte sie bei einer Drittperson ‹polizeisicher› ein.»

### Ernst S. – ein relativ kleiner Fisch

Es fällt auf, daß sich in den Jahren 1976 und 1977 die neu aufgeflammte historische und politische Diskussion um den Vollzug der Todesstrafe während des Aktivdienstes ausgerechnet an einem vergleichsweise eher leichten Fall entzündet hat, der weder für die Mehrheit der 33 von Schweizer Divisionsgerichten ausgesprochenen Todesurteile noch für die Schicksale der 17 erschossenen Männer repräsentativ ist: der Fall des Artilleriefahrers Ernst S. (geb. 1919, Gelegenheitsarbeiter).

Niklaus Meienbergs Buch («Die Erschießung des Landesverräters Ernst S.») sowie der von ihm und Richard Dindo gedrehte, im Juni 1977 am Schweizer Fernsehen ausgestrahlte gleichnamige Film haben heftige und langanhaltende öffentliche Diskussionen ausgelöst. Buch und Film stellten nämlich die Taten, für die Ernst S. mit dem Tode büßen mußte, der betont deutschfreundlichen Anpassungshaltung von Persönlichkeiten wie Bundesrat Pilet-Golaz und Oberstkorpskommandant Ulrich Wille sowie den Waffenlieferungen der Oerlikoner Bührle-Werke gegenüber.

Die offizielle Darstellung des Falles S., veröffentlicht im Anhang zum Bericht des Chefs des Generalstabes der Armee an den General über den Aktivdienst, lautet: «Der Kanonier Ernst S., ein Zürcher, wohnhaft gewesen in St. Gallen, wurde am 5. Januar 1942 verhaftet und in der Folge zum Tode verurteilt. Er war von einem dem deutschen Konsulat in St. Gallen zugeteilten Beamten engagiert worden, von August Schmid, der zu lebenslänglichem Zuchthaus verurteilt wurde. S. gelang es, einen Korb mit vier gewöhnlichen 7,5er Granaten und einer Spitzgranate zu stehlen. Er händigte Schmid auch Informationen aus, alles gegen eine Bezahlung von ungefähr Fr. 500.–. Unter diesen Informationen befanden sich Skizzen von Befestigungsanlagen beim Klöntalersee, bei Ziegelbrücke, vom Biberlikopf usw. S. wurde von Schmid auch beauftragt, in der Maschinenfabrik Oerlikon eine Tankbüchse und eine magnetische Mine zu stehlen. Die Verhaftung verhinderte die Ausführung dieser Pläne.»

Die hartnäckigen Gerüchte, wonach es sich um neuentwickelte Granaten mit überdurchschnittlicher Wirkkraft gehandelt habe, wurden nie bestätigt. Immerhin war die Panzergranate ein relativ neuer Geschoßkörper, der für den deutschen Nachrichtendienst von Interesse gewesen sein muß.

Daß auch bei der Vereinigten Bundesversammlung, der Begnadigungsinstanz, die Zweifel an der Angemessenheit des Todesurteils stärker waren als gewöhnlich, geht aus dem Abstimmungsentscheid hervor, der mit 176 gegen 36 Stimmen die Begnadigung ablehnte; es war der höchste Anteil an Gegenstimmen in allen 16 behandelten Begnadigungsfällen.

## Die Armee im Schatten

Der Hotelportier filzte jeden Morgen die Papierkörbe. Der Adjutant-Unteroffizier aus dem Festungsbüro hatte 18 Stempel von Grenzübertritten nach Deutschland im Paß, und das im Aktivdienst! Die Büroordonnanz schrieb mit einer Tinte, die sofort im Papier verschwand. Der Oberst fragte Landsleute aus und gab vor, die Antworten seien für den schweizerischen Nachrichtendienst bestimmt. Die Serviertochter kam mit weiblichen Mitteln ans Ziel.
Im Eigental übte die «Sportschule» Angriff, Verteidigung und Nahkampf. Die Mitglieder der «Fechtgemeinschaft» hatten ein Alarmsystem und grüßten sich mit der gereckten Rechten. In der Munitionsfabrik Altdorf gab es eine Gruppe der frontistischen «Eidgenössischen Sammlung»; an Pfingsten 1941 veranstalteten sie auf einer Bergwiese bei Attinghausen eine Morgenfeier, bei der sogar ein Pfarrer predigte. Zum Schluß wurden zwei deutsche Lieder gesungen, der Hitler-Gruß entboten, und der Abgesandte des Führers befahl: «Abtreten!»
Unter hundert Masken und mit tausend Schlichen tarnten sich die Schweizer, die ihre Heimat verrieten. Es waren Hunderte! Fast ohne Ausnahme arbeiteten sie alle für Hitler-Deutschland. Während des ganzen Aktivdienstes wurden nur vier Spionagefälle zugunsten Italiens aufgedeckt, keiner von ihnen war besonders schwer; Mussolini schien sich ganz auf die

**GENERALADJUTANTUR**
Sektion Heer und Haus

**Wehrbrief Nr. 28**

# Landesverrat
(Spionage und Spionageabwehr)

Die Verurteilungen von Landesverrätern haben die Aufmerksamkeit unseres Volkes auf die **Spionage** gelenkt.

Man stellt sich unter Spionage meist die geheimnisvolle Tätigkeit glänzend bezahlter Dunkelmänner vor, die sich Geheimdokumente aneignen und die einmal in Luxushotels, ein andermal in Spelunken zu tun haben. Film und Roman haben zu dieser romantischen Auffassung beigetragen.

Die Wirklichkeit jedoch ist nüchtern, ja banal; aber gerade wegen seiner Unauffälligkeit ist der Spion so gefährlich. Den Filmspion auf der Jagd nach Geheimdokumenten würde man ohne weiteres erkennen. Dem wirklichen Spion, der sich für tausend Kleinigkeiten interessiert, liefert man aber ahnungslos wichtige Anhaltspunkte!

### I. Was ist Spionage?

Die **Spionage** bezweckt, den Generalstäben ausländischer Staaten **Nachrichten über die Verteidigungsmaßnahmen** unseres Landes **zu verschaffen.**

Gegenstand der Spionage sind:

1. **die militärische Verteidigung in ihrer Gesamtheit:**
Militärorganisation, Ausbildung, Bewaffnung, Kommandoverhältnisse, Befestigungen, Waffen- und Munitionslager.

Die Spionage beschäftigt sich also nicht nur mit den großen streng geheimgehaltenen Tatsachen, die nur wenigen eingeweihten Personen bekannt sind; **sie kümmert sich** vielmehr um alle Fragen, die mit unserer Landesverteidigung zusammenhängen, vor allem um diejenigen, die einen Rückschluß auf den **Wert** der getroffenen Maßnahmen zulassen. Naturgemäß hat ein größerer Kreis von Personen von solchen Vorkehrungen Kenntnis (z. B. alle Mitglieder einer Einheit, alle Einwohner einer Gemeinde, in der sich Befestigungsanlagen befinden). Es ist aber wichtig, daß auch diese Dinge nicht über den Kreis derer hinausdringen, die davon Kenntnis haben müssen. Ein militärisches Geheimnis muß ein Geheimnis bleiben, selbst wenn eine ganze Kompanie darum weiß! Jeder Soldat ist Mitwisser militärischer Geheimnisse und muß sich dessen stets bewußt bleiben.

**Das Ausplaudern scheinbar belangloser Einzelheiten kann verhängnisvoll sein — und sowohl absichtliche wie unabsichtliche Preisgabe militärischer Geheimnisse ist strafbar!**

Bei allen militärischen Tatsachen sind **Einzelangaben** für die Spionage **von Wichtigkeit.** Dabei vermag oft der Einzelne ihre Bedeutung nicht abzuschätzen. Im Zusammenhanglosigkeit, in der er sie weitergibt, kommen sie ihm völlig ungefährlich vor. Die Nachrichtenzentrale des ausländischen Generalstabes aber findet in solchen scheinbar belanglosen und zusammenhanglosen Meldungen die Steinchen, die, zu einem Mosaik zusammengesetzt, ihr wertvollen Aufschluß über unsere militärischen Vorbereitungen verschafft.

**Beispiel:**

In einer Spionagezentrale laufen folgende Meldungen zusammen, von denen jede einzelne belanglos erscheint:

1. Ein Mann des Bat. A. erzählt von Grabarbeiten.
2. Ein Mann des Bat. B. berichtet, daß sie im letzten Dienst in ihrem „Kriegsabschnitt" gewesen seien.
3. Ein Mann der Bttr. X. spricht von einer kombinierten Uebung, die sie mit Bat. A. und B. gehabt hätten; dabei habe sich die neugebaute Seilbahn von Schwapingen zum Pt. 876 sehr bewährt.
4. Ein Mann des Bat. B. erzählt, sie seien in Laferfelden im Dienst gewesen.
5. Von einem Mann der Art. Mun. Kol. Y. wird berichtet, daß er zwischen Redhausen und Schwatzingen einen Unfall gehabt habe.

*Während des ganzen Aktivdienstes hatte die Armeeleitung gegen die Sorglosigkeit im Umgang mit Militärgeheimnissen zu kämpfen.*

Gründlichkeit seiner deutschen Verbündeten zu verlassen. Auch Spionage und Landesverrat zugunsten der Alliierten wurden nur in Einzelfällen bekannt, und dies vor allem nach dem Krieg.
Angeleitet von zugereisten Spionen und geheimdienstlich ausgebildeten Auslandsdeutschen, gedopt mit der aufpulvernden Propaganda, geblendet von der Kette der Blitzsiege einer vermeintlich unschlagbaren Kriegsmaschinerie und beseelt von der menschenfeindlichen Ideologie der nordischen Herrenrasse, taten die Verräter ihr Werk. Viele spät und zufällig entdeckte Fälle sowie die erhalten gebliebenen Aufzeichnungen in deutschen Archiven legen den Schluß nahe, daß auch in dieser entscheidenden Zeit der Schweizer Geschichte die Dunkelziffer groß geblieben ist. Viele wurden erwischt, aber bei weitem nicht alle. Und manche von ihnen dürften heute noch unerkannt unter uns leben – als senkrechte Bürger, gute Christen und pünktliche Steuerzahler...

**Geheimtinte, Schwarzsender, Minox...**

Oberstbrigadier Jakob Eugster, Oberauditor der Armee ab 1941, zog als einer der besten Kenner der Spionageszene im militärischen Bereich folgende Bilanz: «Aus dem Zusammenspiel der Tätigkeit der ausländischen Agenten mit ihren einheimischen Ausführungsorganen und Mitarbeitern ergaben sich häufig weitverzweigte Organisationen. In diesen bildeten die Haupttäter die Zentralpunkte mit wieder eigenen Auskunftsorganen. Zu diesen kamen Stellen für die Auswertung und die Übermittlung der Ergebnisse. Jede derartige Gruppe war so gegliedert, daß sie in ihrem Mitarbeiterkreise auch über Leute in der Truppe, in einzelnen Fällen über Offiziere und Unteroffiziere verfügte. So sehen wir neben Beobachtungen von außen immer auch Informationen und Materiallieferungen von innen, welche die Auswirkung der Spionage ganz wesentlich vertiefen. Die Gruppentätigkeit erstreckte sich in der Regel auf ein Hauptgebiet und darüber hinaus durch Ausnützung persönlicher Verhältnisse einzelner Beteiligter auch noch auf Seitengebiete, z. B. in einem Falle mit Haupterkundungsgebiet Basel – Berner Oberland – Wallis noch in die Innerschweiz und die Ostschweiz, in einem Falle mit Zürich als Zentrale auch auf Abschnitte Graubünden und Aargau und die Umgebung von Biel wie auch die Innerschweiz.
Die Übermittlungslinien führten auf verschiedenen Wegen, z. B. von Zürich aus von derselben Aufgabestelle bald über Schaffhausen, bald über Waldshut oder auch über Basel, wobei die Zwischenempfänger vielfach die Herkunftsquelle und den Endbestimmungsort nicht kannten.
Wie die Organisation der einzelnen Kundschaftergruppen verschieden war, so waren es auch die ihnen zum Gebrauche angewiesenen oder zur Verfügung gestellten Mittel. Allgemein gebräuchlich waren neben der mündlichen Berichterstattung mit Übergabe von Skizzen, Plänen, Drucksachen, Munition usw. der schriftliche Verkehr mit Gebrauch von Geheimtinten auf harmlos erscheinenden fiktiven Korrespondenzen, der Gebrauch von kleinen, in der Hand versteckbaren Fotoapparaten, der Minoxapparate zur Aufnahme von militärischen Anlagen, zur Herstellung von Fotokopien von Karten und Plänen und anderen Dokumenten für die nachherige Vergrößerung im Auslande und schließlich die Nachrichtenübermittlung durch Schwarzsender. (...)
Das Forschungsergebnis gab, im Ausland zusammengestellt und gesichtet, das erstrebte Bild unserer Abwehrbereitschaft, unserer Abwehrmittel und unserer Abwehrmethoden. Das war die deutsche Spionage, mit der unser Land in verschiedenen Garnituren netzartig überzogen, durchleuchtet und durchsetzt worden ist, um sich bestimmte Einbruchspforten mit den erfolgsichernden Mitteln zu öffnen, Mobilmachung und Aufmarsch zu stören und die Kampfkraft durch Zugriff auf Materialreserven, Verkehrs- und Verbindungsmittel zu schwächen, mit einem besonderen eigenen Störungsdienst, um Sabotage zu verüben und sich durch einen wohlausgebauten Senderdienst aus dem Landesinneren auf dem laufenden zu halten.»
In Deutschland gab es nicht nur Sabotage-, sondern auch Krokier- und Funkerkurse, die von kleinen Schweizergruppen besucht wurden, die einander nicht sehen und nicht kennen durften. Die Aufträge lauteten nur Anfängern gegenüber einfach: «Alles, was von militärischem Belang sein könnte.» Die Fortgeschrittenen erhielten genauere Weisungen, etwa wie diese: «Die 7. Division ist heute (24. 2. 42) um 07.00 früh zu einer Alarmübung eingerückt. Die Aufstellung erfolgte in den Räumen Appenzell, St. Gallen, Graubünden (Prättigau), Schwyz und Thurgau. Stellungen sollen bis heute abend 21.00 in den Räumen Mythen, Schwyz, Linthebene, Glarus, Graubünden (Festungsbereich Sargans) eingenommen sein. Es sind zu erkunden: Einheiten, Truppenunterstellung, Bewaffnung, Ausstattung z. B. mit I. K., Stellungsbereich der Truppen, Korpssammelplätze.»
Ein anderer Auftrag lautete: «Ich ersuche um folgende Einzeichnung im Zürcher Stadtplan: 1. Alle Bunker, die Sie wissen. 2. Betonhöckerlinien für Tankhindernisse bei Altstetten, Wollishofen, Schlieren. Alle diese Verteidigungslinien sind im Plan einzuzeichnen. 3. Zweigstelle vom Kriegskommissariat bei der Allmend Brunau einzeichnen. 4. Ter Kommando an der Jenatschstraße. Wer ist Kdt? 5. Alle Elektrizitätswerke der Stadt. 6. Stadthaus mit Waffen und Munition. 7. Neben Bahnhof Selnau an der Stockerstraße vor dem Amtsvormundschaftsgebäude steht ein Felsblock mit Rasen. Auf diesem Platz ist ein Luftschutzkeller. In diesem soll eine Fliegerauswertezentrale sein. Genau einzeichnen. 8. Alle Benzinlager. 9. Alle Fliegerabwehrstellungen, leichte mit 8, schwere mit 8a bezeichnen. Wenn Sie noch mehr wissen, so zeichnen Sie das ein, aber die genannten Sachen mit den Nr., wie sie hier aufgeführt sind. Auch wo Sie Karten erhalten, alles angeben. Es ist für uns wertvoll.»
Die Spionageabwehr machte die Beobachtung, daß 1939 und Anfang 1940 noch vorwiegend Einzelpersonen und kleine Gruppen, später aber große Netze eingesetzt wurden, die nicht nur rein nachrichtendienstliche, sondern zugleich auch politische Aufgaben (Umsturzvorbereitung, Kaderbildung, Propaganda) hatten. Ein

Musterbeispiel für solch einen konspirativen Gemischtwarenladen war die Gruppe Staiger.

### «Heil Hitler» im Kreis 4

Das Hotel Speer hinter dem Zürcher Hauptbahnhof hatte vom Februar 1941 an regelmäßig merkwürdige Gäste. Sie trugen als Erkennungszeichen weiße Stecknadeln am Revers, grüßten grundsätzlich nur mit «Heil Hitler» und nannten sich «Freunde Deutschlands» (wegen des Treffpunkts auch «Kampfbund Speer» genannt). Ihr Chef war der deutsche Schreinermeister Wilhelm Staiger, die Mitglieder kamen aus der ehemaligen «Nationalen Front» und ihren später verbotenen Nachfolgeorganisationen (Eidgenössische Sammlung, Eidgenössische Soziale Arbeiterpartei, Bund Treuer Eidgenossen, Nationale Bewegung der Schweiz usw.). Einmal wöchentlich war Chorprobe im Hotel Speer. Man sang deutsche Volks- und Kampflieder.

*Das Hotel Speer an der Reitergasse in Zürich 4 war der Treffpunkt einer illegalen nationalsozialistischen Vereinigung.*

Aus dem Urteil des Bundesstrafgerichts vom 18. Dezember 1943 geht hervor, daß die «Freunde Deutschlands» nach dem erhofften Sieg über England auf Befehl der deutschen Führung und unter militärischem oder wirtschaftlichem Druck von außen in der Schweiz die Demokratie beseitigen und einen nach dem Führerprinzip aufgebauten nationalsozialistischen Staat errichten wollten.

Ortsgruppen der «Freunde Deutschlands» gab es in Zürich, Attinghausen UR, Thalwil, Baden, Roggwil TG und Rorschach. Als Mittelsmann zur deutschen Führung amtete der als Konsulatsbeamter in Zürich weilende Dr. Wilhelm Gröbl, Obersturmbannführer der SS, der angeblich schon in Österreich vor 1938 illegal für die Nazis gearbeitet hatte. Gröbl verlangte von den Leitern der «Freunde Deutschlands» – immer nach dem Wortlaut des Gerichtsurteils: «In jeder Stadt sollten zweihundert Mann bereit sein, wovon fünfzig ledige; diese könnten sich exponieren und ins Reich verschwinden, wenn die Sache umschlage. (...) Sie müßten abwarten, bis von Berlin aus gemeldet werde, sie könnten nun auftreten.»

Für einzelne «Freunde Deutschlands» blieb es nicht bei Gesang und romantischer Verschwörung.

### «Freund Deutschlands» klaut in der Munitionsfabrik

Joseph W., Mitglied der «Freunde Deutschlands», wurde im Juni 1941 verhaftet: Er und Staiger hatten den Gesinnungsfreund Emil M. veranlaßt, in der Eidgenössischen Munitionsfabrik Altdorf einen Zeitzünder für die 7,5-cm-Flab-Kanone zu stehlen. Das war gelungen. Der Zünder war via Staiger nach Deutschland exportiert worden. Außerdem wurden bei Staiger detaillierte Pläne der Munitionsfabrik gefunden, die auch für andere Verräter und Spione eine bevorzugte Zielscheibe war.

Jakob M., Korporal einer Stabskompanie, Angestellter der Munitionsfabrik und Mitglied der Gotthardfortwache, war ein Agent des gleichen im Panoramaheim in Stuttgart sitzenden Friedrich Strenkert, der die Verrätereien der im Eigental hingerichteten Fouriere F. und Z. fernsteuerte. Mit Hilfe eines Komplizen verschaffte sich M. eine Serie von Ansichtskarten des Gotthardgebiets, in die er wichtige zivile und militärische Anlagen einzeichnete: die Munitionsfabrik Altdorf, Material- und Munitionsdepots, Bahnhöfe, Flugplätze, PTT-Gebäude, Bunker, Kasernen und Festungsbüros. Für den Korporal aus Altdorf war im Panoramaheim zu Stuttgart angeblich sogar immer ein Büro reserviert. Bei der Verhaftung wurden eine topographische Karte 1:50 000 von Altdorf, zwei Panoramafotos von Altdorf und Andermatt sowie Aufzeichnungen mit detailliertem militärischem Inhalt sichergestellt. M. erhielt lebenslänglich Zuchthaus. Mit ihm flog auch ein Urner Telegrafist auf, dem so schwerwiegende Verratshandlungen nachgewiesen werden konnten, daß sie zu einem Todesurteil ausreichten; aber Telegrafist Alois W. hatte sich bereits ins Panoramaheim abgesetzt. Angaben über die Stärke der Wache in der Munitionsfabrik und die Anzahl der sie bedeckenden Flab-Geschütze lieferte der 62jährige Johann Z., Schreiner in diesem Betrieb, einem Liechtensteiner, der als deutscher Agent arbeitete. Er erhielt dafür 20 Franken von den Deutschen und lebenslänglich Zuchthaus von den Schweizern. Z. hatte sich auch bereit erklärt, auf Plänen und Ansichtskarten sämtliche bestehenden und noch im Bau befindlichen militärischen Objekte zwischen der Tellsplatte und dem Talboden der Reuß einzuzeichnen. Doch die Spionageabwehr war schneller.

### So billig machen es die Verräter

Nach den Feststellungen der Spionageabwehr ließen sich alle Verräter, auch die politisch und weltanschaulich motivierten, für ihre Dienste bezahlen, aber die Zuwendungen erreichten oft nicht einmal den Gegenwert der dreißig Silberlinge, die der abtrünnige Apostel Judas für den Verrat Jesu erhalten haben soll.
Ein Korporal im Jura gab für 20 Franken den Standort seiner Kompanie, den Namen seines Kadis und die Lage eines Bunkers preis. Über 1000 Franken sprangen eigentlich nur heraus, wenn die Aufträge länger dauerten und Reisen bedingten. 1000 Franken waren auf die Beibringung der Schweizer Tankbüchse ausgesetzt, für die sich die Deutschen besonders interessierten. Oft wurden die Versprechen nicht einmal erfüllt. Dazu der Bericht des Generalstabschefs:
«Es erwies sich in wiederholten Fällen, daß gewisse deutsche Stellen die Gelder, die sie zur Finanzierung des verbotenen Nachrichtendienstes empfingen, für sich zurückbehalten haben. Diese bildeten für sie eine ihrer Einnahmequellen. Es ist bemerkenswert, daß auf allen Stufen des der Gestapo oder der Nationalsozialistischen Partei unterstellten Spionagedienstes die Bestechlichkeit herrschte. An den höheren Stellen verlegten sich die Leiter auf Kauf und Verkauf von Devisen, Bildern, Besitzungen, Fabriken usw. und konnten auf diese Weise ganz beträchtliche Gewinne erzielen. Die Subalternbeamten bereicherten sich mit dem Schmuggel ihrer Agenten, dem Plündern und Prellen der Flüchtlinge, die die von den deutschen Armeen besetzten Gebiete passieren wollten, um auf Schweizer Gebiet zu gelangen. Vielfach hielt man sie vor dem Grenzübertritt nochmals an, um ihnen auch noch das Letzte wegzunehmen.»
Nicht im Bericht des Generalstabschefs steht, daß die Schweizer Grenzwächter und Soldaten viele dieser Unglücklichen auf Befehl der unnachgiebigen, von Dr. Heinrich Rothmund geleiteten Fremdenpolizei unverzüglich in den sicheren Tod zurückschicken mußten!
An der Westgrenze zum besetzten Frankreich bediente sich die Spionageorganisation der Gestapo (Reichssicherheitshauptamt, Amt IV) mit Vorliebe schweizerischer Uhrenschmuggler, die von den Grenzposten erwischt worden waren. Mit dem Versprechen der Straffreiheit und Zuwendungen in der Größenordnung von 20 bis 40 Franken brachte der Führungsoffizier der Gestapo, ein bei der einheimischen Bevölkerung verhaßter Sadist, fünf Schweizer, darunter einen Unteroffizier, dazu, ausgedehnte Streifzüge zu den Befestigungen im Bielerseegebiet, im Jura, am Chasseral und im Greyerzerland zu unternehmen. Das Quintett flog auf, weil zwei seiner Mitglieder ihren Spionagelohn jeweils sofort geräuschvoll in ausgedehnte Festessen und Trinkgelage zu investieren pflegten. Der Gestapo-Offizier wurde übrigens bei Kriegsende von französischen Widerstandskämpfern erschossen, just als er schutzsuchend auf Schweizer Boden fliehen wollte.

### Arglosigkeit hilft den Deutschen

«Unserem Lande fehlten die Erfahrungen auf dem Gebiete der Spionage und Sabotage, so wie diese in den Jahren 1939–1945 in Erscheinung traten. Zivil- wie Militärpersonen waren auf diese unterirdische Tätigkeit voll List und Verschlagenheit nicht vorbereitet. (...) Unvorsichtigkeit und Nachlässigkeit äußerten sich in verschiedenen Formen, in Schwätzereien, Vergeßlichkeiten, ferner auch in einer ungenügenden Überwachung der militärisch wichtigen Pläne und Dokumente.»
Wie ein roter Faden ziehen sich Klagen wie diese von Generalstabschef Jakob Huber durch sämtliche Berichte über Spionage und Landesverrat während des Aktivdienstes. Die Abwehr führte einen ewigen Kampf gegen vertrauensselige Soldaten, die in Gaststätten und Eisenbahnzügen sorglos über ihre Standorte und Aufträge plauderten. In einem im September 1943 erschienenen Wehrbrief beklagte sich die Sektion «Heer und Haus»:
«In den seltensten Fällen hat der Spion in Erfüllung seiner Aufträge nächtliche Einbrüche, geheimnisvolle Aktendiebstähle auszuführen oder sich an hohe Offiziere anzupirschen. Dem Spion sind alle Mittel recht, seine Informationen werden ihm ja zugetragen! Es genügt meistens, daß er bei laut geführten Gesprächen unauffällig mithört oder daß er sich harmlos ins Gespräch einmischt. Er braucht in vielen Fällen nichts anderes zu tun, als ein General-

abonnement der SBB zu erstehen und ständig solche Züge zu benützen, in denen entlassene oder einrückende Wehrmänner reisen.
Die Spionage ist der Krieg der Gehirne. Es braucht nur ein wenig Gerissenheit, um harmlosen Schwätzern wichtige militärische Angaben zu entlocken.
Beispiel: Der Spion bemerkt einem Wehrmann gegenüber beiläufig, daß er gehört habe, seine Einheit habe Steine klopfen müssen. Der Wehrmann, in seiner Soldatenehre gekränkt, antwortet entrüstet: ‹Nein, meine Einheit hat Bunker gebaut!› Der Spion sagt darauf: ‹Warum nicht gar; Holzbaracken habt ihr erstellt!› Der Wehrmann, zum Widerspruch gereizt, erzählt darauf weitschweifig, wie viele und wie große Bunker sie gebaut hätten. Wie nun der Spion ungläubig seinen Kopf schüttelt, sucht der Soldat die Richtigkeit seiner Angaben dadurch zu beweisen, daß er beschreibt, wo sich die Bunker befinden und wie stark ihre Bestückung ist. – Der Spion weiß nun, was er wissen wollte.»
So einfältig das tönt: Manchmal klappte es auf diese Weise, und nicht selten waren es gerade die Höheren, die den Agenten die Arbeit erleichterten. Dem vom hingerichteten Kanonier R. bestohlenen Platzkommandanten fiel monatelang nicht auf, daß aus seinem Koffer, der im leicht zugänglichen Büro lag, militärische Geheimdokumente verschwunden waren; erst die Spionageabwehr sagte es ihm. In der Conciergewohnung eines Hotels wurden Pläne gefunden, die ein Jahr zuvor in einem Hotelzimmer liegengelassen und nicht einmal vermißt worden waren. Auch der Verratsfall des Adjutant-Unteroffiziers Emil M. läßt nicht auf besonders wirksame vorbeugende Maßnahmen schließen: Als Angestellter im Festungsbüro Kreuzlingen fotografierte er 44 geheime Pläne und bereiste zwei Tage lang das

*Generalstabschef Jakob Huber war der engste Mitarbeiter und Vertraute von General Henri Guisan in der Aktivdienstzeit.*

Grenzgebiet vom Rheintal bis Vallorbe, um Befestigungen zu erkunden. Als Preis für die Pläne, die Befestigungen im Rheintal betrafen, waren 4400 Franken ausgemacht. Emil M., einer der frühesten Verräter, kam 1939 mit nur acht Jahren Zuchthaus davon – einerseits ein Beispiel für die zu Beginn des Krieges oft ungewöhnlich milden Urteile, andererseits ein greller Kontrast zu den späteren Todesurteilen für weit geringfügigere Delikte; Emil M. war immerhin Berufsunteroffizier und Inhaber einer Vertrauensstelle gewesen!

## Zum Beispiel Basel: Verrat im Grenzland

«Um Schweizer Politik, Wirtschaft und Einrichtungen haben wir uns nicht zu kümmern. Wir achten das Gastrecht. Wer sich dieser Anordnung nicht fügt, wird aus der Partei ausgeschlossen.»
*Interne Weisung der Ortsgruppe Basel der NSDAP um etwa 1935*

«Jeder Deutsche wird von gewissen Leuten im Ausland heute noch als Agent der Fünften Kolonne angesehen. Jawohl, wir sind Agenten; wir sind Agenten des Deutschtums, der deutschen Kultur und des Nationalsozialismus. Das mögen sich die Feinde Deutschlands merken!»
*Ein Gauamtsleiter aus Berlin in seiner Rede zur Einweihung des Deutschen Heims in Basel am 7. Dezember 1941*

Heiratsfähige Burschen holen sich ihre Bräute jenseits der Grenze. Der Handel blüht über die Schlagbäume hinweg. Tausende von Arbeitern finden als Grenzgänger eine Stelle, ihre Kinder besuchen die Schulen und Universitäten im Nachbarland. Samstags kauft man ein, wo's billiger ist, sonntags fährt die Familie ins Elsaß oder ins Badische...
Die normalste Sache der Welt, der kleine Grenzverkehr, wurde unter dem Druck der nationalsozialistischen Eiferer zu einer gefährlichen Bedrohung für die Schweizer Grenzgebiete. Es war logisch und unvermeidlich, daß die neue politische Bewegung vor allem in den zur nördlichen Grenze hin gelegenen Regionen die erste und stärkste Verbreitung fand: im Bodenseegebiet, im Rheintal, in Schaffhausen und in Basel.
Greifen wir als Beispiel die Großstadt im Dreiländereck heraus. Die dortige Entwicklung der Dinge hatte ihre fatale Folgerichtigkeit und beweist, daß die Schweizer in den Grenzgebieten keineswegs anfälliger waren für die braune Ideologie; sie waren einfach näher und ausgesetzter: geographisch, wirtschaftlich, menschlich.
Basels Hinterland ist zur Hauptsache französisch und deutsch. Seine hochentwickelte Industrie hätte es schwer ohne Grenzgänger. Als Verkehrsknotenpunkt, Handels- und Wirtschaftszentrum einer Großregion war und ist die Stadt eng mit ihren Nachbarn verbunden. Der Rheinhafen und der Badische Bahnhof (damals Deutscher Reichsbahnhof) bezeugen diese zwangsläufige und nützliche Präsenz der ausländischen Nach-

*Das Mauseloch der deutschen Spionage auf Schweizer Boden: der Badische Bahnhof in Basel. Hier passierten Spione und Meldungen.*

barn in der Schweizer Grenzstadt. Von jeher lebte in Basel eine bedeutende Zahl deutscher Staatsangehöriger. Im Jahre 1920 waren es 28 355 Personen, 20,1 Prozent der gesamten Wohnbevölkerung. Dieser Anteil nahm in den folgenden Jahren nur zum Schein ab; wenn es 1935 bloß noch 16 871 (10 Prozent) und 1939 11 202 (6,6 Prozent) waren, dann deshalb, weil der Stadtkanton mit den Einbürgerungen in der Zwischenkriegszeit recht großzügig verfuhr: Von 1920 bis 1932 erlangten 9328 deutsche Männer und Frauen das Schweizer Bürgerrecht, 2363 deutsche Frauen mit 115 Kindern wurden durch Heirat Schweizerinnen.

Viele der Eingebürgerten waren Teilnehmer des Ersten Weltkriegs, die sich beizeiten dagegen absichern wollten, nochmals für ihr Land das Leben riskieren zu müssen. Das zweite Hauptmotiv, das sich in einer deutlichen neuen Einbürgerungswelle zwischen 1930 und 1933 ausdrückte, war sicher die dunkle Vorahnung dessen, was mit dem aufkeimenden Nationalsozialismus auf Deutschland zukommen sollte. Damit ist auch gesagt, daß die Gleichstellung von Deutschen mit Nationalsozialisten schon damals so falsch war, wie sie es in der Folge immer geblieben ist.

Das Wesen und die Gefühle des Menschen freilich fragen nicht nach Paß und Bürgerrecht: Was man im Elternhaus und in der Schule gelernt hat, bleibt einem ebenso wie das natürliche Geflecht von Verwandtschaftsbeziehungen und Bekanntschaften. Die bis zur Perfektion gestraffte Organisation und Kontrolle der «Auslandsdeutschen» durch die nationalsozialistische Bürokratie unter Führung des deutschen Konsulats zogen reichlich Nutzen aus dieser Tatsache. Eine große Zahl ungeschriebener Familientragödien war die Folge.

**Anpassung und wirksamer Terror**

Innert kürzester Zeit nach Hitlers Machtergreifung baute der Stab des deutschen Konsulats in Basel, unterstützt von einem harten Kern von Nazis der ersten Stunde, das ganze bekannte System auslandsdeutscher Organisationen auf, das alle Volksschichten und Lebensbereiche erfaßte: NSDAP und Deutsche Arbeitsfront, Deutscher Turn- und Sportverein, Hitlerjugend, Bund Deutscher Mädel, Auslanddeutsche Frauenschaft usw. bis hin zur Kriegsgräberfürsorge. Die Mitgliederzahlen folgten ziemlich genau der Erfolgskurve Hitlers. Noch 1938 war nach Schätzungen der Basler Regierung nur jeder zwölfte Deutsche organisiert. Doch der Kriegsausbruch setzte dem Abseitsstehen und der Liberalität vieler Auslandsdeutscher in der Schweiz und besonders im «reichsnahen» Basel ein Ende: Von wenigen hundert schnellte die Mitgliederzahl in den Erfolgsjahren des Blitzkriegs (1940/41) auf stolze viertausend empor. Jeder dritte Deutsche war jetzt erfaßt. Das war eine Folge der Anpassung, aber auch der straffen Überwachungs- und Werbemethoden, die alle Formen des Terrors einschlossen.

Der am 27. Februar 1940 im Restaurant Brauner Mutz gegründete «Deutsche Turn- und Sportverein» lieferte krasse Beispiele dafür. Viele Auslandsdeutsche ließen sich durch den statutarisch festgelegten Vereinszweck der «leiblichen und charakterlichen Erziehung durch planvoll betriebene Leibesübungen und Pflege des deutschen Volksbewußtseins» anlocken, zumal hinzugefügt wurde, der Verein enthalte sich jeglicher Politik. Warum nicht! mag sich da manch einer gedacht haben.

Schnell zeigte dieser Turnverein aber sein wahres Gesicht: Ihm war von draußen das Ziel gesetzt, alle wehrfähigen deutschen Männer zu erfassen. In späteren Versammlungen war – Statuten hin oder her – plötzlich die Rede von der hoffnungslosen Lage der demokratischen Völker, von den Garanten und Repräsentanten des siegreichen neuen Deutschland und von den Fahnenträgern der nationalsozialistischen Idee. Jeder Versammlungsbesucher hatte einen Fragebogen auszufüllen, der zugleich eine Beitrittserklärung war. Bei der Tür stand eine Wache, die jeden, der den Fragebogen nicht wunschgemäß ausgefüllt hatte, am Verlassen des Saals hinderte. Natürlich waren die «Truppendienste» und «Morgenappelle», die Aufmärsche und Geländespiele keineswegs nur turnerisch-sportliche Übungen, sondern dieselbe Mischung von militärischem Drill und weltanschaulich-politischer Schulung, mit der zum Beispiel auch Konrad Henlein im Sudetenland die Machtübernahme der Nazis vorbereitet hatte. 20 Mitglieder des Turn- und Sportvereins wurden in der Folge wegen direkter Spionage zum Nachteil der Schweiz in Untersuchung gezogen.

Die «Deutsche Arbeitsfront», nach außen hin eine «Leistungsgemeinschaft», die im Sinne der neuen völkischen Ideologie Gewerkschaften und Unternehmerverbände ersetzen sollte, erwies sich in Basel als Spitzel- und Terrororganisation. Der Parteigenosse Gustav Stotz entfaltete, wie der

*Dokumente schweizerischer Anpassung im Alltag. Mit dem deutschen Gruß «Heil Hitler» boten eine Fleischkonservenfabrik und ein Getränkehändler dem «Deutschen Heim» in Basel ihre Ware an. Geschäft ist Geschäft…*

Bericht des Basler Regierungsrates später enthüllte, folgende Tätigkeit:

«An Hand eines Stadtplans teilte er zunächst Basel in die Gebietswaltungen Kleinbasel, Basel-Ost und Basel-West auf. Dazu kamen die Ortsgruppen Riehen, Bettingen und Chrischona. An der Spitze einer Gebietswaltung oder Ortsgruppe stand je ein Ortsobmann. Die Gebietswaltungen wiederum wurden in (im ganzen 47) Zellen und jede von ihnen wieder in drei bis vier Blocks aufgeteilt. Jede Zelle erhielt einen Zellenwart oder Zellenobmann, jeder Block einen Blockobmann. Diese Funktionäre wurden z. T. aus dem geschulten Mannschaftsbestand des Deutschen Turn- und Sportvereins ausgezogen oder aus Leuten beschafft, die sich bei früheren Werbeaktionen ausgezeichnet hatten. Für die Tätigkeit der Zellenobmänner wurde ein eigener Begriff, das sogenannte ‹Betreuen›, geschaffen, der soviel bedeutete, daß sich der einzelne Zellenobmann um das Wohl und Wehe der ihm unterstellten Volksgenossen zu kümmern, der politischen Gesinnungsbildung nachzuhelfen und Meldungen an die Leitung weiterzugeben hatte. Den Blockwaltern fiel die Aufgabe des Einkassierens der Monatsbeiträge für die Deutsche Kolonie und die Deutsche Arbeitsfront zu.»

Das Zentrum der vielfältigen auslandsdeutschen Umtriebe in Basel war neben dem Konsulat ab 7. Dezember 1941 das «Deutsche Heim» an der St.-Alban-Vorstadt 12. Das von einer nazifreundlichen Stiftung erworbene und um einen Saalneubau mit 300 Plätzen erweiterte Haus umfaßte insgesamt 32 Versammlungsräume und Büros, die den Geschäftsstellen der Partei, der «Deutschen Arbeitsfront», ferner der Mütterschule, der Arbeitsgemeinschaft der deutschen Frauen im Ausland, der NS-Volkswohlfahrt, der Hitlerjugend, der NS-Sportgruppe und später auch der Wehrmachtsabteilung des deutschen Konsulats Unterschlupf boten. Im Saal gab es eine Kinoapparatur, auf der 1942 nicht weniger als 125 Filme vor total 15 200 Besuchern abgespielt wurden. Im gleichen Jahr fanden 190 Veranstaltungen im «Deutschen Heim» statt.

## Das Mauseloch der Spionage

Neben dem Konsulat und dem «Deutschen Heim» war besonders der Badische Bahnhof der damaligen Deutschen Reichsbahn ein Brennpunkt der Spionage und des unerlaubten Grenzverkehrs. Die Basler Behörden hatten vom Bund schon bei Kriegsausbruch verlangt, diesen deutschen Knotenpunkt auf Schweizer Boden unter schweizerisches Hoheitsrecht zu stellen, waren aber damit nicht durchgedrungen.

Obwohl die Schweiz gemäß dem Staatsvertrag zu einer Kontrolle dieses gut 16 Kilometer langen Gebiets berechtigt gewesen wäre, war sie praktisch unmöglich: Sie hätte ein ständiges Aufgebot von rund 1500 Mann erfordert, ohne daß Gewähr dafür geboten gewesen wäre, daß nicht doch an verabredeten Stellen Material und Meldungen aus fahrenden Zügen geworfen worden wären oder Unberechtigte im Gleis- und Schuppengewirr des Bahnhofs die Grenze passiert hätten.

Fast machtlos mußte die Schweizer Abwehr zuschauen, wie die Deutsche Reichsbahn diesen Stützpunkt hemmungslos zum Hauptquartier der deutschen Spionage und Propaganda ausbaute. Dazu die Basler Regierung: «Die Deutschen nützten die ihnen durch die vertraglichen Vereinbarungen gebotenen Vorteile vom Beginn des Krieges an sofort nach allen Seiten aus. Den Kontrollbeamten von Zoll und Bahn wurden Gestapo-Funktionäre beigegeben.

---

### Nazi-Ideologie zerstört Familien

«Die nationalsozialistische Bewegung der Kriegsjahre, als Ganzes gesehen, ging nicht bloß in die Breite. Sie hatte auch ihren Tiefgang. Die ehemals guten Beziehungen zwischen der schweizerischen Bevölkerung und den in Basel lebenden Deutschen wurden immer mehr getrübt. Viele Deutsche, die in Basel aufgewachsen waren und hier ihre Schulbildung genossen hatten, sind derart nazifiziert worden, daß sie zu erklärten Feinden ihres Gastlandes wurden und selbst den Basler Dialekt gegen die schriftdeutsche Sprache vertauschten. Ehen von Schweizern mit deutschen Frauen gingen vielfach in die Brüche, weil die Frauen der politischen Bearbeitung durch ihre deutsch gebliebenen Verwandten unterlagen und zu Besucherinnen der Veranstaltungen im ‹Deutschen Heim› wurden, bis sie die Versammlungspolizei dabei ertappte.

Es kam vor, daß der aus dem Militärdienst heimkehrende Schweizer Soldat seine deutschstämmige Frau vor dem ‹Deutschen Heim› in Empfang nehmen mußte und daß sich die Ehetragödie vor den Augen der Polizei abspielte. Umgekehrt haben verschiedene ehemalige Schweizerinnen, die mit Deutschen verheiratet sind, nicht bloß begeistert in der ‹Deutschen Frauenschaft› mitgemacht, sondern dort auch Ämter übernommen. Vielfach ist auch von angestammten Schweizern gegen die bundesrätliche Verordnung verstoßen worden, die es Schweizern verbot, an einer ausschließlich für Ausländer bestimmten Veranstaltung vornehmlich politischer Natur teilzunehmen. Es handelte sich hier fast immer um schweizerische Rechtsextremisten. Sie wurden jedoch von der Versammlungspolizei stets angehalten und in der Folge entweder verwarnt oder dem Gericht überwiesen.»

*Aus dem Bericht des Regierungsrates des Kantons Basel-Stadt über die Abwehr staatsfeindlicher Umtriebe in den Vorkriegs- und Kriegsjahren sowie die Säuberungsaktion nach Kriegsschluß (4. Juli 1946).*

*Am Steinenring, links von der Pauluskirche, befand sich das deutsche Generalkonsulat in Basel. Es war wie alle deutschen Vertretungen ein Spionagenest.*

Auf den Bureaux der Beamten wurden nachrichtendienstliche Meldungen gesammelt und Agenten instruiert. Die Aktenkästen wurden mit nationalsozialistischen Propagandavorräten gefüllt. Die Restaurationslokale wurden zu einem Tummelplatz der gegen die Schweiz konspirierenden Nationalsozialisten. Die Telefonapparatur des Bahnhofs wurde aufs modernste ausgebaut und mit besonders geheimgehaltenen Verbindungslinien versehen.»

Rund hundert der insgesamt 650 zum Teil in Basel wohnenden Angestellten der DRB wurden im Verlaufe des Aktivdienstes unter Spionageverdacht verhaftet. Die Polizei schätzte, daß etwa die Hälfte der im DRB Beschäftigten ihre Stellung zu verbrecherischen Handlungen zum Nachteil der Schweiz mißbrauchten.

**Der Grenzverkehr der Spione und Verräter**

Von diesen 650 DRB-Angestellten waren 200 bis 250 Schweizer, die zum größten Teil dienstpflichtig waren. Viele von ihnen ließen sich willig in den Dienst der nationalsozialistischen Spionage stellen. Da die militärischen Dispensationsgesuche dieser Bähnler fast anstandslos bewilligt wurden, hatten es die als Bahnmeister, Zollbeamte usw. getarnten Agentenführer im Badischen Bahnhof leicht, sich nach Belieben Informationen aus diensttuenden Schweizer Einheiten und Stäben zu verschaffen. Die Armee ging später dazu über, DRB-Angestellte so lange wie möglich im Dienst zu behalten, um ihnen die Kontakte mit ihren deutschen Arbeit- und Auftraggebern möglichst zu erschweren.

Rund 200 Schweizer, vorwiegend Freiwillige für die Waffen-SS, wurden bei Basel, vor allem im Badischen Bahnhof, nach Deutschland geschmuggelt. Eine unbekannte zusätzliche Zahl begab sich mit der tätigen Hilfe deutscher Bahn-, Zoll- und Grenzbeamter zu Spionage- und Sabotagekursen nach Deutschland und kehrte auf dem gleichen Weg zurück. Für deutsche Bahnbeamte war die strikte Beachtung der nachrichtendienstlichen Befehle eine selbstverständliche Amtspflicht; wer sich nicht daran hielt, wurde gerüffelt und gemaßregelt.

Nicht selten hofften aber auch Flüchtlinge aus Deutschland, durch den Badischen Bahnhof in die Schweiz zu gelangen. Die Basler Polizei besitzt Beweise dafür, daß überzeugte Nazis unter den Reichsbähnlern, die solche Flüchtlingsgruppen antrafen, ihre vermeintliche Pflicht hemmungslos taten: Ein Rangiermeister merkte einmal, daß eine Gruppe von Juden im Schienengewirr die Orientierung verloren hatte. Er spielte den freundlichen Helfer und anerbot sich, ihnen den Weg nach Basel zu zeigen. In Wirklichkeit führte er sie auf deutsches Gebiet zurück und übergab die Unglücklichen der Grenzpolizei.

**20 000 Indizien – 1000 Verhaftungen**

Allein bei der Politischen Abteilung der Basler Polizei sind während des Aktivdienstes rund 20 000 Hinweise und Anzeigen in Spionage- und Propagandadingen eingegangen, an manchen Tagen bis zu 200. Sie führten zu rund 1000 Verhaftungen. Die Polizei folgerte daraus:

«Der deutsche Nachrichtendienst verfügte in der Schweiz über eine derart große Anzahl von Agenten, daß er sich den Luxus leisten konnte, sie mit recht allgemein gehaltenen Instruktionen wirken zu lassen, zumal sie mit wenigen Ausnahmen gesinnungsmäßig beim Nationalsozialismus standen, ihre Aufgabe vielfach als heilige Mission auffaßten und deshalb viel Initiative an den Tag legten. Verwegene Agenten, die willens gewesen wären, für eine große Aufgabe ihr Leben zu riskieren, wenn vielleicht auch nur um hohen Lohn – wie sie der Erste Weltkrieg noch in stattlicher Zahl hervorgebracht hatte –, sind bei uns während dieses Krieges nur selten in Erscheinung getreten. Dafür um so mehr kleine zweit- und drittrangige Gestalten, die sich aus Verärgerung, Verbitterung, Rachsucht oder politischem Fanatismus heraus oft auf lose Versprechungen hin oder für geringes Entgeld zu Schändlichkeiten hergaben.»

Dazu kamen die vielen tausend Grenzgänger, die den schweizerischen Grenzwächtern gut bekannt waren und naturgemäß nicht mehr mit gleich strengen Kontrollen zu rechnen hatten wie gelegentliche Passeure. Nach schweizerischen Wahrnehmungen ist im Verlaufe des Aktivdienstes praktisch von jedem Grenzgänger aus Baden und dem Elsaß irgendeinmal eine nachrichtendienstliche Handreichung verlangt worden. Um ihre vergleichsweise gute und sichere Stelle nicht zu verlieren und ihre Familien nicht dem Druck der Nazis auszusetzen, haben viele nachgegeben und gelegentlich als Kuriere gearbeitet oder Wahrnehmungen aus ihrem Arbeitsbereich weitergemeldet.

Das funktionierte aber auch in umgekehrter Richtung, wie das Beispiel des überzeugten Schweizer Nazis Richard M. beweist. Er wohnte zwar in Basel, betrieb jedoch in Haltingen im benachbarten Badischen ein Bauplattengeschäft. Sein Chauffeur, der Sand über die Grenze transportierte, nahm die Lieferungen von M.s Unteragenten mit, zum Beispiel die Nachrichten, die der Bankangestellte August D. über Schwarzguthaben deutscher Bankkunden lieferte, oder Berichte über Munitionsdepots, Ausbildungsmethoden in einem Armeeskikurs, Straßenanlagen, Mobilmachungsbefehle einer Grenzbrigade usw.

Ein anderer Agent dieses Netzes, Mitglied des «Bundes Treuer Eidgenossen», ließ sich in einem Hotel im Reduitgebiet als Portier anstellen. Es war kein Zufall, daß

---

### Aus den Erinnerungen eines einfachen Polizisten

«Ich begann mitten im Frontenfrühling mit der einjährigen Ausbildung zum Polizeimann der Stadtpolizei Zürich. Während dieses Jahres wurde die Klasse zu 125 Bereitschaftsstellungen aufgeboten, meist abends nach einem vollen Tagespensum an theoretischen und praktischen Fächern. Ursache der Aufgebote waren in der Regel Veranstaltungen oder Demonstrationen der Front, oft aber auch solche der Kommunisten. Diese Bereitschaftsstellungen waren gedacht als Verstärkung der aufgebotenen regulären Mannschaften. Sehr oft kam es schon damals zu aktiven Einsätzen der Rekruten, zu Handgreiflichkeiten bei der Räumung von Straßen und Plätzen, wobei auch Verletzungen von Polizisten nicht ausblieben.

Mit dem Kriegsausbruch 1939 begann für mich eines der düstersten Kapitel meiner polizeilichen Laufbahn und meines Lebens. Nicht nur auf Landesebene und bei der Armee waren die Vorbereitungen (Spionageabwehr) ungenügend. Die Zustände, die in der Folge bei der Stadtpolizei Zürich in Erscheinung traten, müssen geradezu als katastrophal bezeichnet werden; sie sind meines Wissens in der Öffentlichkeit nie bekanntgeworden. Nicht nur setzte sich der damalige Chef des größten Polizeikorps der Schweiz nebst weiteren Polizeioffizieren zum Luftschutz ab, nein, sie überließen die Befehlsgewalt über die gesamte Uniformpolizei einem militanten Bewunderer der Nazi-, SA- und SS-Methoden, dem damaligen Polizeiadjunkten Armin B. Bei seinen theoretischen Instruktionen an die Mannschaft im Theoriesaal über Polizeiaktionen benützte er Material der SA bzw. SS und erklärte dazu zynisch, er sei zwar keiner von denen, aber man könne von ihnen lernen. Im alten Landgasthof der Landesausstellung wurden nach den gleichen Methoden mit LMG usw. Überfall und Räumung durchexerziert. Dieser feine Vorgesetzte baute innerhalb der Uniformpolizei ein Zuträger- und Spitzelsystem auf, das in bezug auf Gemeinheit jeder Beschreibung spottet. Man konnte keinem Kameraden mehr trauen. Dazu wimmelte es im Korps von offenen und versteckten Nazi-Sympathisanten, Anpassern, Windfahnen und Defätisten, gegen die nichts unternommen wurde.

Kennzeichnend für die damalige Situation war folgender Vorfall. Ort: Mannschaftsraum der Hauptwache. Ein als militanter Nazi-Sympathisant bekannter Gefreiter, der wie ich auf dieser Wache Dienst tat, rief mich in der Zeit um den 10. Mai 1940 zur Seite und glaubte mich mit folgenden Worten warnen zu müssen: ‹Eugen, i warne di, heb dini dummi Schnurre zue, es chönnti di nomal schwer reue!›

Ich hatte aus meiner antinazistischen Einstellung nie ein Hehl gemacht und wußte jetzt, was mich im Ernstfall erwartete. Auch mein Entschluß stand fest: Im kritischen Fall würde ich Verräter mit meiner Dienstwaffe umlegen. Es war ja kein Geheimnis, daß unsere sämtlichen Dienst- und Alarmbefehle sowie die Mannschaftslisten und Wohnorte an den ‹Kommandoposten› der Fünften Kolonne an der Restelbergstraße verraten wurden; Informanten aus unseren Reihen waren reichlich vorhanden.

Nach dem Krieg wurde gegen den Adjunkten B. ein Disziplinarverfahren durchgeführt, in dem ich als Zeuge gegen ihn aussagte. Meines Wissens ist ihm nichts Ernstes passiert. Mir aber hat meine Zivilcourage jahrelang Anfeindungen, Intrigen und Zurücksetzungen bei Beförderungen eingetragen.»

*Eugen Geiser, pensionierter städtischer Polizeiwachtmeister, Zürich (Name geändert)*

ausgerechnet in diesem Hotel ein wichtiger militärischer Stab seine Büros hatte. In Abwesenheit der Offiziere durchsuchte der Agent deren Zimmer. Er durchwühlte die Papierkörbe und Abfallsäcke, und an seinen freien Tagen unternahm er Fotoausflüge in die von Befestigungsanlagen strotzende Gegend. So kam er in den Besitz überarbeiteter und unvorsichtigerweise unzerstört weggeworfener Detail-Befestigungspläne.
Ein weiterer Agent des Netzes M., ein Unteroffizier, meldete wörtlich nach Basel:
«Im Kriegsfall wäre ich in der Lage, meine Einheit, eine Infanteriekanonierkompanie, zu entwaffnen und alle ihre Motorfahrzeuge zu zerstören. Ich würde dann ein weißes Taschentuch an mein Gewehr binden.»

### «Kraft durch Freude» veranstaltet Spionagekonferenz

Wie weit die Verstrickung der sich bei jeder Gelegenheit als harmlos und unpolitisch bezeichnenden auslandsdeutschen Organisationen in Wirklichkeit gegangen ist, belegt ein weiteres Dossier aus den Akten der Politischen Abteilung der Basler Polizei. Es betrifft das 28 Personen umfassende Spionagenetz des Walter Sch., zu dessen Auftraggebern bzw. Führungsoffizieren auch der Leiter des Zürcher Lufthansa-Büros, Hans von Könitz, gehörte. Zu dieser Gruppe stieß auch der später zum Tode verurteilte und hingerichtete Mitrailleur Fritz H. (geboren 1915, Arbeiter bei der Deutschen Reichsbahn), der zusammen mit einigen Komplizen einen geheimen Militärsender fotografierte und die Aufnahmen, als Ferienbilder getarnt, nach Deutschland brachte.

Am 30. März 1941 führte die der «Deutschen Arbeitsfront» untergeordnete Freizeit- und Reiseorganisation «Kraft durch Freude» im Basler Stadtcasino eine Großveranstaltung durch, zu der auch Walter Sch. eingeladen wurde. Nach dem offiziellen Teil trafen sich etwa zwanzig Auserwählte in einem Konferenzzimmer im ersten Stock. Dort gab der deutsche Militärattaché Ivan Ilsemann in einem Referat die Richtlinien für den Nachrichtendienst bekannt. Er forderte seine Zuhörer, darunter mehrere Schweizer, zu viel intensiverer Spionage auf allen Gebieten auf. Mit dabei war

*Die «Deutschen Heime», die in der Blütezeit des Nationalsozialismus überall in der Schweiz entstanden, dienten nicht nur Appellen für deutsche Wehrpflichtige (wie hier in Basel), sondern auch dem Geheimdienst.*

Dr. Erwin Lemberger, Leiter der Deutschen Kolonie und der NSDAP-Ortsgruppe Zürich. Lemberger nahm von Ilsemann den Auftrag entgegen, einen genauen Arbeitsplan zu entwickeln und die Gruppenführer für die Befolgung der Richtlinien verantwortlich zu machen. Ilsemann betonte, daß man, wenn der deutsche Frontsoldat schon sein Leben einsetze, von den Deutschen in der Schweiz zusätzliche Anstrengungen erwarten dürfe. So müsse sich die Spionage auch auf die Industrie, auf militärische Einrichtungen und auf den Devisenschmuggel erstrecken.

Walter Sch. und mehrere Mitangeklagte erhielten lebenslänglich Zuchthaus; ein weiterer Haupttäter wurde zum Tode verurteilt, konnte sich aber im Gegensatz zu Fritz H. nach Deutschland absetzen.

## Musterpolizist ist ein Verräter

Ein Verratsfall von besonderer Schwere, der zu den schlimmsten in der Schweiz überhaupt zählt und der durch die besondere Gemeinheit und Häßlichkeit der Tatbestände äußerste Empörung verursachte, war derjenige des Basler Detektivkorporals Josef Böswald, der während der größten Zeit des Aktivdienstes als Agent des Sicherheitsdienstes (SD) der SS mit der Nummer 7922 tätig war.

«Wohl kein anderes Spionageverfahren hat, mindestens von Basel aus gesehen, die Hemmungslosigkeit und Niedertracht der deutschen Kriegsspionage in derart grellen Farben erkennen lassen wie der Fall des Detektivkorporals Josef Böswald und seiner Helfershelfer», erklärte der Basler Regierungsrat nach dem Krieg.

Nach außen galt Böswald als Musterpolizist. Er war, nachdem er als Halbwüchsiger zusammen mit seinen Eltern eingebürgert worden war, 1918 ins baselstädtische Polizeikorps eingetreten und dank seiner ausgezeichneten Qualifikationen 1934 zum Detektivkorporal avanciert. Da man ihm besonderes Geschick im Umgang mit jugendlichen Straftätern nachsagte, wurde er 1942 zur Jugendanwaltschaft versetzt und 1944 sogar zum außerordentlichen Kriminalkommissär in diesem Fachbereich befördert. Fünf Jahre lang amtete er außerdem als Präsident des Detektivvereins. Er galt als guter Schweizer und vorbildlicher Familienvater und verfehlte nicht, gelegentlich kräftig über die «Sauschwaben» im allgemeinen und die Nazis im besonderen zu schimpfen.

Erst im Prozeß stellte sich heraus, daß es mit der lautstark bekundeten antinazistischen Einstellung Böswalds nicht weit her gewesen sein konnte: Jetzt traten plötzlich Bekannte auf, die sich zu erinnern glaubten, der Polizist habe schon in den zwanziger Jahren von seiner «Verpflichtung gegenüber dem Land meiner Väter» gesprochen und nach der Machtergreifung der Nazis häufig in gesellerem Kreis betont: «Hitler, das ist ein Kerl! Der Nationalsozialismus sollte auch in die Schweiz kommen.» Andere sagten aus, Böswald habe ihnen gute Stellen versprochen, wenn er erst einmal Gauleiter in Basel sei.

Böswalds Verrat begann bei gemütlichen Bierabenden an den Stammtischen der Bayrischen Bierhalle und des Hotels Touring. Mit am Tisch saß der Deutsche Hans Christlein, einer der vielen als Konsulatsbeamte getarnten deutschen Spione. Christleins Deckname war «Onkel Fritz». Böswald verriet seinen in Lörrach sitzenden Agentenführern seit 1940 laufend Informationen, zu denen er nur in seiner amtlichen Eigenschaft als Polizeidetektiv Zugang hatte und die Amtsgeheimnisse darstellten. So ermittelte er die Namen von rund 200 in die Basler Gegend geflohenen Elsässern, die sich vertrauensvoll bei der Polizei gemeldet hatten. Aufgrund dieser Meldungen deportierten die Nazis deren Angehörige in gnadenloser Sippenhaft nach Osten. Böswalds Gehilfen, darunter ein Buchhalter der Ciba, ein Prokurist und ein Vertreter, brachten die auf kleinen Zetteln notierten Namen jeweils nach Lörrach. Auf diesen Zetteln standen auch die Namen von in Basel wohnenden wehrpflichtigen Deutschen, die der Einberufung nicht Folge leisten wollten und sich ratsuchend an den als integer geltenden Polizeibeamten gewandt hatten.

Böswald ergänzte und berichtigte auch eine SD-Kartei über die Mitglieder des Basler Polizeikorps, insbesondere der Kriminalpolizei, und machte Angaben über deren Gesinnung: Nach Böswalds Ansicht erhielten Deutschfreundliche ein Pluszeichen, Antinazis ein Minuszeichen und Neutrale eine Null vor den Namen.

### Verrat von Evakuationsplan

Die Massenflucht der französischen Bevölkerung vor den deutschen Eindringlingen in den Junitagen 1940 hatte den Behörden der Grenzstadt Basel tiefen Eindruck gemacht. Bundesrat und Armeekommando entschlossen sich, eine ähnlich verheerende Massenflucht im Fall eines deutschen Angriffs auf die Schweiz zu verbieten und die von zivilen Flüchtlingen verstopften Straßen wenn nötig mit Waffengewalt radikal freizumachen. In Basel wurde das Territorialkommando damit beauftragt, sämtliche Stadtausgänge zu sperren. Vorgesehen war auch ein allgemeines Ausgehverbot, um Handgreiflichkeiten zwischen den Soldaten und einer in Panik geratenen Zivilbevölkerung zu verhindern. Im Tresor des Polizeiinspektorats Basel lagen

Basel, Montag, 2. Dezember 1946 — Täglich zwei Ausgaben — Morgenblatt - Nummer 556

# National-Zeitung

Organ für Handel und Industrie – Anzeigeblatt der Stadt Basel

Mit Sonntagsbeilage und wöchentlicher Kinderzeitung im Mittwoch-Abendblatt

Gegründet 1842 — 104. Jahrgang — Preis der Nummer 20 Cts.

## Böswald zu zwanzig Jahren Zuchthaus verurteilt / Zuchthaus- und Gefängnisstrafen für die Mitangeklagten / Kassationsbeschwerde

## Tritt Byrnes zurück? / Kohlenarbeiterstreik bewirkt Arbeitslosigkeit / Polnische Oppositionelle vor den Wahlen verhaftet / Straßenschlacht in Jerusalem / Günstige Perspektiven der Indien-Konferenz / Griechenland appelliert an den Sicherheitsrat / Deutsche Generäle zum Tode verurteilt

### Eindringliche Abrüstungsmahnungen in der UNO-Debatte

Lake Succeß, 1. Dezember. (Reuter.) Das politische Komitee der Vereinten Nationen führte am Samstag seine Abrüstungsdebatte weiter.
Der französische Vertreter Alexander Parodi führte aus, daß ohne Verzug große Anstrengungen ... daß China zur Aufgabe des Vetorechts im Sicherheitsrat auf dem Gebiete der Atomenergie bereit sei, wenn die andern Mächte sich ebenfalls dazu bereit finden würden. Es sollten ...

### Dänische Verräterin zum Tode verurteilt

Kopenhagen, 1. Dezember. ag. (D) Am Freitag wurde vom Strafgericht in Kopenhagen eine 22jährige Dänin wegen Denunzierung von 49 dänischen Patrioten an die deutsche Gestapo zum Tode verurteilt. Die 49 Mann wurden nach deutschen Konzentrationslagern übergeführt, wo eine größere Zahl derselben auf die eine oder andere Weise ums Leben gekommen ist. Es handelt sich um das erste Todesurteil gegen eine Frau seit der Befreiung des Landes von den deutschen Okkupanten.

### Litauischer Notschrei

Lake Succeß, 1. Dezember. (Exchange.) Der litauische Gesandte in Washington, Sadickis, hat an Trygve Lie eine Botschaft gerichtet, in der die Vollversammlung ersucht wird, sich mit der „rücksichtslosen und systematischen Ausrottung der ganzen litauischen Nation durch Rußland" zu befassen. Angeblich werde die litauische Bevölkerung massenweise nach Sibirien und „anderen fernen menschenleeren Gegenden der Sowjetunion" verschickt, wo man sie in Sklaven-Arbeitslager stecke.

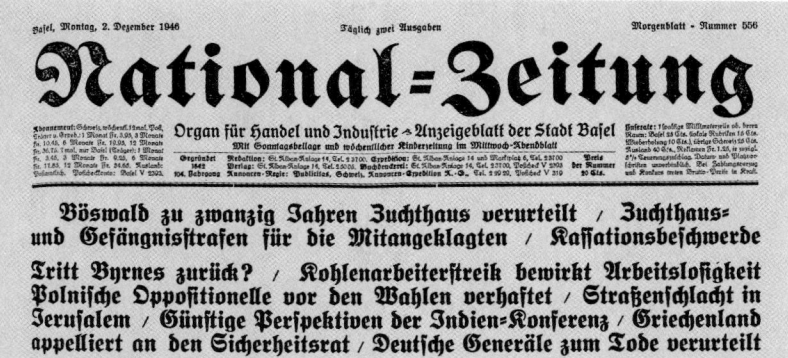

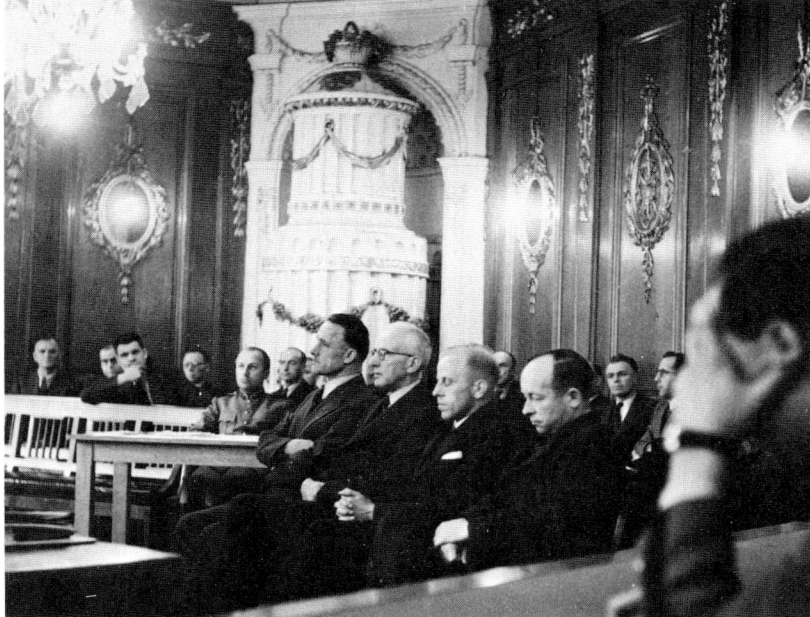

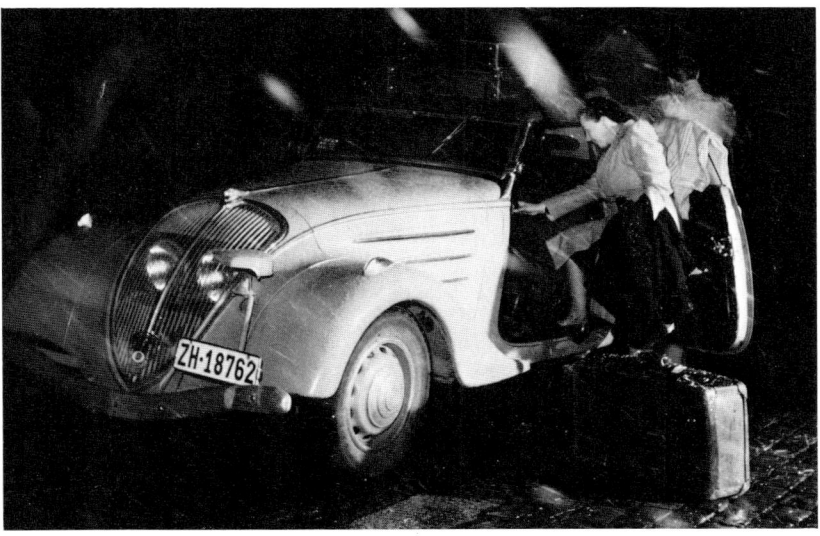

fertig gedruckte Aushängeplakate mit Befehlen an die Zivilbevölkerung, auf denen es hieß:
«Wer ein rechter Schweizer ist, bewahrt gegenüber fremden Eindringlingen und Verrätern größte Zurückhaltung, Stillschweigen, Stolz und Würde.»
Josef Böswald hätte nicht nur alles getan, um die befürchtete deutsche Invasion zu begünstigen, er verriet auch einen wichtigen Teil eines streng geheimen Evakuationsplans: Das Armeekommando war sich der Tatsache bewußt, daß sich die Funktionäre der Politischen Polizei bei der Bekämpfung der nationalsozialistischen Umtriebe den besonderen Haß der Deutschen zugezogen hatten; außerdem galt es, Akten und Karteien in Sicherheit zu bringen, aus denen die Namen von Spitzeln, Vertrauensleuten, Anzeigenstellern und Zeugen hervorgingen. Bei einem deutschen Einmarsch nach Basel hätten deshalb die betreffenden Polizeibeamten samt einem Aktenwagen die Stadt verlassen sollen.
Auf Geheiß von Christlein, der so etwas geahnt haben mußte, streckte Böswald, der immer noch als unverdächtig geltende Detektivkorporal, im Spiegelhof seine Fühler aus und erfuhr natürlich von dem bis in alle Einzelheiten ausgearbeiteten Plan. Prompt meldete Böswald seinem deutschen Auftraggeber, er werde in der Lage sein, den genauen Zeitpunkt der Evakuierung herauszufinden. Aufgrund seiner Meldung müsse ein deutsches Panzerkommando beauftragt werden, den Aktenwagen abzufangen. Böswald ging sogar so weit, sich diesem Kommando als ortskundiger Führer zur Verfügung zu stellen. Im Böswald-Prozeß vom No-

*Erst nach dem Krieg kam die Tätigkeit des Basler Detektivs Josef Böswald ans Licht (oben). Er und drei Mittäter wurden verurteilt (Mitte). Als die erschreckte Stadtbevölkerung 1940 ins Reduit geflohen war (unten), hatte Böswalds Verräterei begonnen.*

vember 1946 wurden noch viele andere Einzelheiten über die Verrätereien des Detektivs bekannt, der vor allem als Denunziant hervorgetreten war. Der Besuch eines unlängst aus Deutschland zurückgekehrten Basler Kaufmanns im Hause des englischen Konsulats wurde ebenso weitergemeldet wie die Desertion von zwölf deutschen Soldaten im Leimental.

Böswald erhielt zwanzig Jahre Zuchthaus, seine Helfer zwei, drei und acht Jahre.

## Unsere Abwehr: Spitzenleistung nach harzigem Start

«Nach einer gewissen Anlaufzeit ist die schweizerische Spionageabwehr als weitaus am gefährlichsten angesehen worden und der Ausfall von Agenten prozentual in der Schweiz am höchsten gewesen. Durch den erfolgreichen Zugriff der schweizerischen Abwehr sind uns die mühsam aufgebauten Netze immer wieder desorganisiert worden. Eine Zeitlang war fast mein ganzer Stab von Agenten entweder aufgeflogen oder derart kompromittiert, daß an einen Einsatz nicht zu denken war.»
*Ein Leiter des deutschen Nachrichtendienstes (zitiert nach dem Bericht von Generalstabschef Jakob Huber über den Aktivdienst)*

Die deutschen Grenzbeamten schossen Salven, aber der Flüchtling wurde nicht getroffen; er konnte sich auf schweizerisches Gebiet retten. Am nächsten Tag tauchte wie zufällig einer der Beamten beim Kollegen am Schweizer Schlagbaum auf und ließ beiläufig die Bemerkung fallen, gestern sei ihnen leider ein ganz Gefährlicher in die Schweiz entwischt.

Zu dem Ritual gehörte schließlich die besorgt klingende Warnung des deutschen Grenzers: «Sucht den um Gottes willen, der ist wirklich wahnsinnig gefährlich…!»

Das war einer von vielen Tricks, mit denen die deutschen Spionageorganisationen ihre Agenten in die Schweiz einschmuggelten, wenn sie nicht den Badischen Bahnhof Basel, den internationalen Grenzbahnhof Buchs, die Enklave Büsingen, das Fürstentum Liechtenstein oder andere Agentenschleusen benützten.

Oberst Robert Jaquillard, Chef der Spionageabwehr (Spab) im Sicherheitsdienst der Armee, berichtete später nicht ohne ein Lächeln auf den Stockzähnen:

«Der Trick wurde bald aufgedeckt. Aber unsere Nachbarn, die davon keine Ahnung hatten, wiederholten das Verfahren noch mehrmals. Wahrscheinlich haben sie nicht schlecht über uns gelacht. Natürlich wurden diese freundlicherweise mit Ehrensalven angekündigten Agenten abgefangen oder beschattet. Sie führten die Schweizer Abwehr auf manche gute Spur. Wir lachten auch…»

Spione und Verräter wählten die abenteuerlichsten Masken und spielten die merkwürdigsten Rollen, um ihre Aufträge zu erfüllen. Soweit sie nicht durch die diplomatische Immunität geschützt waren, verfügten die deutschen Führungsoffiziere grundsätzlich über falsche Papiere. Auch wurden sie mit offiziellen oder privaten Aufgaben betraut, die sie zum Teil ausführten, um durch eine legale Tarntätigkeit den Verdacht von sich zu lenken. Es gab Spione, die sich, als Pilzsammler getarnt, in Festungsgebieten herumtrieben. Ein anderer Schnüffler hatte eine moderne Fischzuchtanstalt aufgebaut, in der die Soldaten und Offiziere aus der Umgebung immer willkommen waren und manchen guten Fisch geschenkt erhielten. Wer mochte sich da schon zieren, wenn der großzügige Fischvater sein Gästebuch brachte und um Eintragung bat? So konnten Namen von Offizieren und Einheiten ausspioniert werden, die den betreffenden Abschnitt besetzten.

Wieder ein anderer Spion trat als Holzhändler auf, der einen jährlichen Umsatz von 5000 Ster hatte und Lieferanten wie Kunden vorwiegend in den Wäldern des Reduits suchte. Besonders intensiv kümmerte sich die deutsche Spionage, wie es im Büchlein steht, um

---

### Ein letzter Wunsch bleibt unerfüllt

«Ich bin ein Veteran des Sicherheitsdienstes der Armee. Wir waren vierzig Unteroffiziere, vom Korporal bis zum Adjutant-Unteroffizier, und unterstanden dem Kommando der Obersten Müller und Jaquillard. Unseren Dienst versahen wir abwechslungsweise in Uniform und in Zivil. Wir hatten als Ausweis eine ovale Metallplakette mit vier Buchstaben und drei Nummern, einer ein-, einer drei- und einer fünfstelligen.

Außerdem hatten wir wechselnde Paßwörter (z. B. ‹Singapur›, ‹Suworow›), die auch den kantonalen Polizeikommandos, der Heerespolizei, den Waffenplätzen und Festungswerken bekannt waren.

Eine meiner Aufgaben war es, die Leichen von zwei erschossenen Landesverrätern zu bergen. Wir sargten sie in Transportsärge ein und überführten sie in die Aufbahrungshalle des Krematoriums Luzern. Dort mußten wir warten, bis der uns begleitende Feldprediger mit den Angehörigen telefoniert hatte. Die beiden Exekutierten hatten vor ihrem letzten Gang gewünscht, kremiert zu werden; die Asche sollte in einem Wald verstreut werden.

Die Angehörigen hatten nichts dagegen, lehnten aber jede Abdankungszeremonie entschieden ab. Im Beisein des Feldpredigers betteten wir die beiden in Krematoriumssärge um, dann wurden sie nacheinander eingeäschert.

Aus Pietätsgründen durften wir den letzten Wunsch der Hingerichteten nicht erfüllen. Auch der Feldprediger lehnte dies ab. Die Urnen wurden im Grab der Heimatlosen beigesetzt.»

*Ferdinand N., Riggisberg*

speziell kompromittierbare Bevölkerungsgruppen; so ist bekannt, daß sie Agenten und Informanten unter den Homosexuellen auswählte und über diese mit Offizieren, die gleichgeschlechtliche Neigungen hatten, in Kontakt zu kommen versuchte.

Die Tricks der Agenten bei der Übermittlung ihrer Nachrichtenbeute reichte vom Gebrauch von Konventionalsprachen über die Anwendung von mindestens zwölf verschiedenen Geheimtinten bis zum Einsatz tragbarer, in Koffern versteckter, leistungsstarker und netzunabhängiger Kurzwellensender, die sich rücksichtslos in die Frequenzen des militärischen, polizeilichen und kommerziellen Funkverkehrs drängten. Botschaften wurden auf Mikrofilme gebannt und unter Briefmarken auf harmlosen Ansichtskarten an Deckadressen versandt; Geheimtinten wurden als Medikamente, Augentropfen, Parfüme oder Liköre verpackt oder in Zündholzschachteln und Füllfedern versteckt.

All diesen und Dutzend anderen Agententricks und Verräterfallen sollte unsere Spionageabwehr beikommen – eine Organisation, die wie der Nachrichtendienst zu spät startete, zuwenig Mittel besaß und erst im Ernstfalleinsatz Erfahrung und Routine gewann.

## Abwehr auf (mindestens) zwei Gleisen

Die militärische Spionageabwehr unterstand dem Sicherheitsdienst der Armee innerhalb des Generalstabs; während der ganzen Aktivdienstzeit wurde der Sicherheitsdienst von Oberst Werner Müller, dem Kommandanten der Berner Stadtpolizei, geleitet.

So umfassend und schwer definierbar die Spionage namentlich der Deutschen war und so stark sie in die Gebiete der Subversion, der Sabotage und der (damals

*Zwei der Männer, von denen im Aktivdienst die Sicherheit der Schweiz abhing: Oberst Robert Jaquillard, Chef der Spionageabwehr (oberes Bild); Oberst Werner Müller, Chef des Sicherheitsdienstes der Armee (unteres Bild).*

durch Notrecht verbotenen) politischen Propaganda hineinreichte, so umfassend waren die Aufgabengebiete des Sicherheitsdienstes: Er mußte die Sicherheits- und Polizeiorgane der Armee koordinieren, Aktionen in Zusammenarbeit mit den zivilen Polizeibehörden von Bund und Kantonen sowie dem Armeeauditor (oberster Ankläger) unternehmen, vorbeugende Maßnahmen gegen innere Unruhen ergreifen, für die Wahrung der militärischen Geheimnisse sorgen, staatsgefährliche Elemente kontrollieren, die verbotene Propaganda in der Armee bekämpfen und die Heerespolizei führen und ausbauen.

Zu Beginn des Aktivdienstes herrschte in der Armee ein Kompetenzwirrwarr: Die Heerespolizei unterstand der Generaladjutantur, die Polizeioffiziere der Territorialkreise dem Chef des Territorialdienstes, die Spionageabwehr dem Nachrichtendienst. Erst im März 1941 kam eine Koordination zustande, durch die der Sicherheitsdienst die oberste Führung, Koordination und Kontrolle übernahm.

Namentlich im Bereich der Spionageabwehr hatte dieses Durch- und Nebeneinander, verbunden mit der mangelhaften Vorbereitung in der Nachkriegszeit, zur Folge, «daß ein Teil des Personals bei Beginn der Mobilmachung seine Tätigkeit ohne die notwendige besondere Ausbildung aufnehmen mußte. Dabei handelte es sich hier um die Unterdrückung einer verbrecherischen Tätigkeit, die sich von den Delikten des gemeinen Rechts stark unterscheidet.» So weit die offiziellen Feststellungen von Generalstabschef Jakob Huber nach dem Krieg.

Dazu kamen ständige Kompetenzstreitigkeiten mit den zivilen Abwehrstellen, insbesondere mit der Bundesanwaltschaft. Schon das Projekt, eine eigentliche militärische Abwehr in Gestalt der Spab zu schaffen, «erweckte leider mit Beharrlichkeit vertretene Bedenken der Bundesanwaltschaft, die befürchtete, daß eine klare Kompetenzenausscheidung zwischen ihrem Tätigkeitsbereich und dem der Spionageabwehr der Armee undurchführbar sei und dies zu Unstimmigkeiten führen müsse» (Huber). Die dadurch entstandenen Verzögerungen und Mißhelligkeiten behinderten die Abwehrarbeit in der Armee während Monaten stark.

## Die Methoden der Abwehr

Der systematischen, alles umfassenden, zum Teil stark politisch-weltanschaulich motivierten und mit Elementen von Propaganda, Sabotage, Werbung für fremden Militärdienst usw. durchsetzten deutschen Geheimdiensttätigkeit auf Schweizer Boden war nur mit ebenso umfassenden und teilweise rücksichtslosen Methoden beizukommen. Dem bewaffneten Neutralen zwingt der Gegner das Gesetz des Handelns auf, und das Gesetz der Deutschen hieß: Recht ist, was uns nützt. So heiligte denn auch der gute Zweck manch ein Mittel der Schweizer Abwehr, das – aus der nachträglichen Perspektive des Rechtsstaats im Frieden gesehen – klarer Rechtsbruch war: Gesinnungsschnüffelei, Geheimkarteien, Überwachungen von Post und Telefon auf vagen Verdacht hin und ohne richterliche Kontrolle.

Die Reibereien und Mißhelligkeiten zwischen zivilen und militärischen Stellen hatten nicht zuletzt ihre ehrenhafte Begründung in der tief verwurzelten Abscheu vieler rechtlich denkender Funktionäre vor Methoden, die ihnen schmutzig und rechtswidrig erschienen; damit verbunden waren unterschiedliche Auffassungen über den Grad der akuten Bedrohung, die allein solche Methoden rechtfertigen konnte. Auch hier liegt es wieder in der Natur des zutiefst amoralischen, nur nach Kategorien der Nützlichkeit orientierten Geheimdienstgeschäfts, daß eigentlich beide Seiten recht hatten.

Das Dilemma wurde schon offensichtlich, als die Generalstabsab-

---

### Dunkle Tage

Diese Notizen schrieb Oberst Robert Jaquillard, Chef der Spionageabwehr, in der Nacht vom 14. auf den 15. Mai 1940, als ernsthafte Anzeichen auf den möglichen, wenn nicht gar wahrscheinlichen Einmarsch starker deutscher Verbände am nächsten Morgen hindeuteten. Heute weiß man, daß es zu diesem Zeitpunkt keine echte Bedrohung gab. Der Alarm ging auf ein deutsches Täuschungsmanöver zurück. (Übers.: Karl Lüönd):

«Eine herrliche Nacht! Klarer, sternenübersäter Himmel! Aber es waren schwere Stunden der Unruhe und der Angst. Was wird morgen geschehen?

Ich kehre von der äußersten Grenze, aus der Region Basel, zurück, wo ich den ganzen Tag gewesen bin. Auf dem Hin- wie auf dem Rückweg haben die Autos auf der Straße eine fast ununterbrochene Kolonne gebildet. Zahlreiche Einwohner – Frauen und Kinder – verlassen ihre Stadt und fliehen vor den Barbaren. Alarmierende Gerüchte breiten sich aus: Die Hunnen sind schon dabei, unsere Grenze zu überschreiten. Sind die Nachrichten, die allenthalben zirkulieren, zuverlässig? Ich weiß es nicht. Ich bin seit dem Morgengrauen unterwegs, um meinen Auftrag zu erfüllen, und habe keinen Kontakt mehr mit den rückwärtigen Stellen.

Wie auch immer – gegen Abend erhalte ich aus dem Hauptquartier des Generals die Meldung, daß wir um zwei Uhr früh marschbereit sein müssen. Ich gebe die nötigen Befehle und fahre in meinem Programm fort.

Alle Verbindungswege sind blockiert und unter Kontrolle. Zehnmal, zwanzigmal wird unser Auto von unseren Soldaten angehalten. Und jedesmal sind die Karabiner schußbereit auf uns gerichtet.

In Basel ist die Bevölkerung zutiefst aufgewühlt, aber äußerlich ruhig. Gegen 22 Uhr sind wir in einem Restaurant nahe der Grenze zum Elsaß. Durch das Fenster sehe ich auf eine Distanz von zwei Metern den Stacheldrahtverhau. Das Lokal, sonst zu dieser Stunde überfüllt, ist leer. Nur ein angetrunkener Gast mit glasigen Augen und schwerer Zunge ist übriggeblieben. Er hat keine Ahnung, was vorgeht, und fragt: ‹Warum ist denn kein Mensch da?› Ein paar Worte der Wirtin scheinen ihn ein wenig auf den Boden zurückzubringen. Er gibt sich einen Ruck, steht auf und brummt: ‹So geh' ich halt nach Hause.›

Zurück im Hauptquartier, nehme ich Kenntnis von den neuesten offiziellen Nachrichten. Keine besonders tröstliche Lektüre! Zahlreiche und starke deutsche Formationen sind auf dem äußersten linken Flügel des deutschen Dispositivs, nur wenig von unserem Territorium entfernt, zusammengezogen worden. Handelt es sich um eine Antwort auf den Zusammenzug starker französischer Truppenkörper und Artillerie an unserer Westgrenze? Oder sind das Vorbereitungen für eine Invasion?

Trotzdem behält mein Optimismus die Oberhand. Hat man nicht behauptet, daß in Basel keine Züge mehr ankämen, während ich heute nachmittag an Ort und Stelle das Gegenteil festgestellt habe? Die nervöse Stimmung vieler Schweizer – sowohl Zivilisten wie auch Militärpersonen – macht den Willen mürbe, erregt die Vorstellungskraft aufs äußerste, begünstigt die Ausbreitung von Gerüchten, die desto düsterer lauten, je weiter sie dringen. Das ist der Nervenkrieg!

Ich bleibe, was unser Geschick angeht, zuversichtlich. Aber umgekehrt kann ich auch meinen heutigen Besuch im Badischen Bahnhof von Basel und die Gefahren, die er für unsere Sicherheit darstellt, nicht vergessen. Dieser Bahnhof steht auf Schweizer Boden, aber die Deutschen haben sich darin eingerichtet wie in besetztem Gebiet. Sie haben Rechte, die wir nicht haben, sie kommen und gehen, wie es ihnen paßt, während ihre Züge direkt aus dem Reich ankommen. Der Badische Bahnhof ist ein Vorposten der Nazis und ein Spionagenest.

Auch die verkniffenen, brutalen Gesichter kann ich nicht vergessen, die mißtrauischen, haßerfüllten und herausfordernden Blicke der Beamten und insbesondere ihrer Chefs, denen ich begegnet bin: Ist dieser ‹Zivilist› (der ich heute bin) ein Spitzel?

Mehr als dreihundert Deutsche sind es, dazu einige Dutzend sorgfältig ausgewählte Schweizer, mehrheitlich ‹Vertrauensleute› und hundertprozentige Nazis. Nichts unterscheidet sie von den andern...

Das Telefon schrillt. Neue Nachrichten! Neue Befehle! Ich muß die Feder weglegen. Eine eiligere und nützlichere Aufgabe ruft.

Hauptquartier, 15. Mai 1940, 0400 Uhr.»

teilung am 8. Juli 1938, unter dem noch frischen Eindruck des Anschlusses des Nachbarn Österreich an das neue Deutschland, mit vier konkreten Abwehranliegen an die kantonalen Polizeikommandanten herantrat:

– Wirksamere und engere Zusammenarbeit zwischen militärischen und zivilen Instanzen hinsichtlich der durch die Landesverteidigung gebotenen Schutzmaßnahmen;
– Vorbereitung von Maßnahmen gegenüber Fremden und verdächtigen Schweizer Bürgern, die dem Land im Kriegsfall oder bei Kriegsgefahr als Agenten fremder Staaten oder Organisationen schaden könnten, durch das Anlegen von Verzeichnissen der zu überwachenden Personen;
– Verbesserung der täglichen Reisendenkontrolle und besondere Überwachung der im schweizerischen Grenzgebiet wohnenden Ausländer;
– Beobachtung und unverzügliche Meldung der Handänderungen von Liegenschaften in den Festungsgebieten und in der Nähe von Brücken, Eisenbahnviadukten, Straßen und anderen wichtigen Kunstbauten.

355 000 Ausländer waren 1930 in der Schweiz gezählt worden, davon 154 000 Deutsche und Österreicher. In einem einzigen Kanton lebten innerhalb des Abschnitts einer Grenzbrigade 3679 Deutsche, 887 Franzosen, 1334 Italiener und 221 Angehörige anderer Nationalitäten, insgesamt 6121 Fremde. Und es war nicht die Zeit der Völkerverständigung und -verbrüderung! Daß jeder Ausländer im Prinzip als möglicher Verdächtiger galt, hatte seine Gründe durchaus nicht nur in latentem oder wiederbelebtem Fremdenhaß. Trotzdem gingen nur dreizehn Kantone ohne weiteres auf die Wünsche der Generalstabsabteilung ein. Die anderen brachten grundsätzliche Vorbehalte an, einer widersetzte sich sogar rundweg, weil ihm die vorgeschlagenen (nicht etwa befohlenen) Maßnahmen als unnötig erschienen. Auch nach einer klärenden Aussprache mit den kantonalen Polizeikommandanten wurden die Wünsche der Generalstabsabteilung nicht lückenlos erfüllt.

Der Sicherheitsdienst der Armee hatte noch andere Pläne für den Fall eines Angriffs auf die Schweiz in der Schublade: Es wurde erwogen, bei Kriegsmobilmachung alle Verdächtigen, ob Ausländer oder Schweizer, zu verhaften. Als verdächtig hätte jeder gegolten, «von dem angenommen werden mußte, daß er unter den gegebenen Verhältnissen die Verteidigung oder die innere Sicherheit unseres Landes durch kriegerische Handlungen, Sabotageakte, Nachrichtendienst, passiven Widerstand gegen behördliche Anordnungen oder auf irgendeine andere Weise gefährden würde» (Generalstabschef Huber). Fremde Staatsangehörigkeit galt zwar als gewichtiges, aber nicht als einziges Verdachtsmoment. Verdächtige schweizerische Wehrmänner wären, von Einzelfällen abgese-

*Immer wieder kam es zu Bombardierungsschäden, vor allem im Grenzgebiet. Dieses Bild zeigt Zerstörungen in der Stadt Basel.*

hen, nicht verhaftet, sondern bei ihren Einheiten behalten und «gegebenenfalls unschädlich gemacht worden», was immer das heißen mochte...

Telefonverbindungen mit dem Ausland wären im Ernstfall unterbrochen, die Ausländer in ihren Wohnungen arretiert und ihre Radioempfänger beschlagnahmt worden. Der Sicherheitsdienst der Armee hatte auch die Sicherstellung der Akten der Politischen Polizeien der größeren Kantone und Städte, der Bundesanwaltschaft, des Bundesgerichts und der Militärjustiz vorbereitet; erinnern wir uns an den Evakuationsplan des Basler Aktenwagens, den der Polizeidetektiv Josef Böswald verriet! Im nachhinein mag man sich über solche Vorkehren wundern, damals mußte sich die Armeeführung darüber Rechenschaft geben, daß noch rund 16 000 wehrfähige Deutsche in der Schweiz lebten. Wie viele von ihnen gehörten zur Fünften Kolonne? Niemand konnte es wissen! (Noch Mitte Februar 1944 lebten 12 587 deutsche Wehrfähige in der Schweiz; sie waren entweder nicht einberufen worden oder hatten als sogenannte Refraktäre dem Einberufungsbefehl nicht Folge geleistet.)

Die Spionageabwehr im engeren Sinne durfte damals sowenig wie heute von der kriminalistischen Faustregel ausgehen, daß man von der Tat auf den Täter schließen kann. Es war genau umgekehrt! Logischerweise durfte die Abwehr also nicht darauf warten, bis ein Ring aus irgendwelchen Gründen aufflog oder sie aus der Bevölkerung einen Tip erhielt. In mühseliger Kleinarbeit, die auch viele Unschuldige, zu Unrecht Verdächtigte und aus Rachsucht Denunzierte empfindlich traf, versuchte die Polizei die Personen auszuforschen, die möglicherweise oder beweisbar in Verbindung mit einem der zahlreichen Spionagenetze standen. Diese getarnten Nachforschungen wurden unterstützt durch die Kontrolle aller vom Ausland kommenden oder dorthin reisenden Personen, durch teilweise jahrelange Postkontrolle verdächtiger Elemente, durch die dauernde Überwachung ihrer Telefongespräche und durch Beschattung. In geheime Personenkarteien wurde jede noch so belanglos scheinende Beobachtung eingetragen. Bisweilen wurden Telefongespräche abgehört und Post kontrolliert, ohne daß ein formelles gerichtspolizeiliches Ermittlungsverfahren angebahnt war, wie es das Bundesgesetz über die Bundesstrafrechtspflege vorgeschrieben hätte. Gerechtfertigt wurden diese Übergriffe mit der akuten Gefährdung der Landessicherheit und einschlägigen, dem Notrecht entsprungenen Bundesratsbeschlüssen. In ihrem nach Kriegsende veröffentlichten Bericht über die Abwehr staatsfeindlicher Umtriebe gibt denn auch – nur als Beispiel – die Regierung des Kantons Basel-Stadt in aller Offenheit zu, daß die Politische Abteilung ihrer Polizei bei der Verfolgung von Spionagefällen ihre örtliche und sachliche Kompetenz häufig sehr extensiv habe handhaben müssen.

### Verdächtige Offiziere

Dasselbe galt für die Armee. General Guisan berichtet: «Anfang 1940 setzte die Zentralstelle für die Bekämpfung staatsfeindlicher Propaganda die Polizeiabteilung des Territorialdienstes davon in Kenntnis, daß Listen von Offizieren bestanden, die verdächtig waren, extremistischen und für die Armee schädlichen Anschauungen zu huldigen. Ihre Verbindung mit den ‹Ligen› oder ‹Fronten› war bekannt oder wahrscheinlich. Diese Listen waren von den kommunalen, kantonalen und eidgenössischen Polizeibehörden der Polizeiabteilung übergeben worden. Aber die Organe der Armee konnten auf Grund dieser in Eile erstellten Li-

---

### Nach dem Gewitter

«Die Geister haben sich beruhigt. Die Aufregung ist vorüber, man zieht die Bilanz der Übertreibungen und Fehlleistungen, welche die Nervosität und die mangelnde Kaltblütigkeit hervorgerufen haben. Die Angsthasen und Klageweiber von gestern sind, wie vorauszusehen war, die Eisenfresser von heute. Helden im Hasenpelz! Gestern noch haben sie ihr Fähnchen nach dem Wind der Angst gedreht; heute läßt die Brise der Entspannung bereits ihre Kämme schwellen.
Heftig tadelt die Presse die fiebrige Erregung gewisser Offiziere. Sie schimpft mit den Zivilisten, die geflohen sind oder die tausendundein falsches Gerücht haben ausstreuen helfen. Aufrufe zu Ruhe und Besonnenheit sprießen wie Pilze nach dem Regen.
Dessenungeachtet bleibt die Atmosphäre noch wochenlang elektrisch geladen. Es ist diese besondere Psychose, die in allen vom Krieg betroffenen Ländern am Vorabend eines bewaffneten Konflikts zu beobachten ist. Es grassiert die ‹Spionitis›, die durch eine allgemeine und maßlose Furcht vor Spionen und Saboteuren gekennzeichnet ist, die man überall zu sehen glaubt. Diese ‹Spionitis› führt zu allen erdenklichen Übergriffen. Eine unverstandene Geste oder eine unbedachte Äußerung, die einem einzelnen oder mehreren Leuten mißfällt, genügt, und der betreffende Mensch gilt als verdächtig. Heute ist er noch bloß vielleicht ein Spion, morgen wird er ohne jeden Zweifel einer sein.
Gewisse Gerüchte verbreiten sich wie Mehlstaub. Überall wollen die Leute verdächtige Lichter gesehen haben. Die Einbildungskraft macht aus diesen Lichtern sogleich Signale. Ein Beispiel unter tausend: Seit Tagen wird gemeldet, daß auf dem Hügel über einem Dorf Lichtsignale wahrzunehmen seien. Zivilisten und Militärpersonen haben sie nächtlicherweile deutlich gesehen. Man regt sich auf und kritisiert die Truppe, weil sie nichts unternimmt. Des Streites müde, gibt der Einheitskommandant Alarm. Der Tatort wird von allen Seiten eingekreist; entschlossen marschiert die Truppe dem ‹Feind› entgegen. Tatsächlich, das verdächtige Licht erscheint und verschwindet mehrmals. Welch ein Glück für alle, die es gesehen und an Spione geglaubt haben! Die Truppe beeilt sich und kommt gerade recht, um festzustellen, daß ein Kuhhirt von einer Scheune zur andern marschiert und im Takt seiner Schritte die Sturmlaterne schwenkt. Die Ungläubigen triumphieren, die anderen lassen die Neckereien schweigend über sich ergehen, aber überzeugt sind sie nicht.
Mein Hauptquartier versinkt in einer Lawine von Denunziationen und guten Ratschlägen zur Bekämpfung der Fünften Kolonne. Einbildungskraft und Indianerromantik haben bei vielen unserer Gewährsleute freie Bahn. Bei anderen — vorwiegend anonymen — sind es Haß und Rachsucht, die ihr uraltes Spiel treiben. Welch eine Mühe, Wahrheit und Lüge zu trennen, nachzuforschen und den richtigen Sachverhalt festzustellen! Arme Wahrheit! Wie viele Male bist du genotzüchtigt, vergewaltigt und verprügelt worden! Ob du es überstehen wirst? Warten wir auf bessere Tage! Dann, vielleicht . . .
Wir wollen fortfahren, unsere Aufgabe mit heiterer Ruhe zu erfüllen! Hauptquartier, 24. Mai 1940.»
*Aus dem Tagebuch von Oberst Robert Jaquillard, Chef der Schweizer Spionageabwehr (Übersetzung: Karl Lüönd)*

sten, die sich auf die verschiedenen Landesgegenden erstreckten, keine genauen Berichte erstellen.
Da keine Maßnahmen polizeilicher oder juristischer Natur ergriffen werden konnten, um die Verhältnisse abzuklären, befahl ich durch meinen Geheimbefehl vom 10. Mai 1940, gegen die der Zugehörigkeit zu diesen Bewegungen verdächtigen Offiziere Untersuchungen durchzuführen. (...)
Auf der 124 Namen zählenden Liste figurierten 11 Stabsoffiziere, 14 Hauptleute und 16 Subalternoffiziere als sogenannte ‹Frontisten› sowie 12 Stabsoffiziere, 17 Hauptleute und 54 Subalternoffiziere als sogenannte ‹Nationalsozialisten› oder ‹Faschisten›.
Die Untersuchung zeitigte, wie man gehofft hatte, ein zufriedenstellendes Ergebnis. Gestützt auf die von den direkten Vorgesetzten und den Heereseinheitskommandanten gestellten Anträge wurden lediglich die Fälle von sieben Offizieren weiterverfolgt: Drei Fälle wurden der Militärgerichtsbarkeit überwiesen; in vier andern Fällen schritt man zu besonderen Maßnahmen, indem diese Offiziere zur Disposition gestellt wurden.
Die andern 117 Offiziere, die auf den Listen standen, setzte ich durch meinen Befehl vom 24. Juni 1940 von der Einstellung der Untersuchung in Kenntnis und sprach ihnen mein Vertrauen sowie dasjenige ihrer Vorgesetzten aus.»
War der General zu leichtgläubig? Die Frage muß offenbleiben. Immerhin berichtet sein Generalstabschef Huber, «daß im März 1944 in der ganzen Armee in allen Heereseinheiten, bei den Territorialkommandos und in den Kantonen insgesamt noch 3090 Wehrmänner als verdächtig gemeldet worden waren. Von diesen waren 1115 Linksextremisten und 1774 Rechtsextremisten. Bei 201 Mann konnte die Zugehörigkeit zur einen oder andern Gruppe nicht genau ermittelt werden.»
Eine Bemerkung, die Rückschlüsse auf die Gesinnungskontrolle in der Armee zuläßt, wobei die Frage unbeantwortet bleibt, weshalb die 201 in ihrer weltanschaulichen Zugehörigkeit unbestimmbaren Wehrmänner denn überhaupt auf eine solche Liste gekommen sind.

## Das Wissen der Deutschen – eine Bilanz

Was hat das riesige Spionagesystem der Deutschen in der Schweiz herausgefunden? Was ist ihm verborgen geblieben? Eine der umfassendsten und glaubwürdigsten Antworten auf diese entscheidenden Fragen liegt unter dem Aktenzeichen WQ 42 1.32 im Bundesarchiv-Militärarchiv zu Freiburg im Breisgau: das «Kleine Orientierungsheft Schweiz», bezeichnet als «Geheime Kommandosache», herausgegeben vom Oberkommando des Heeres, Abteilung Fremde Heere West des Generalstabes. Das 45 Seiten starke, mit acht Tabellen und Abbildungen ergänzte Dokument erlaubt eine Erfolgskontrolle des deutschen Nachrichtendienstes in der Schweiz, zumindest der Abwehr von Admiral Canaris; die Nachrichtenorganisationen der Gestapo und der SS arbeiteten bekanntlich oft – und sicher nicht ungewollt – doppelspurig an den gleichen Gegenständen, ohne daß eine Koordination sichtbar geworden wäre.
Einzelne Passagen des Operationsplans «Tannenbaum», d.h. des Einmarschplans im Herbst 1940, stimmen wörtlich mit den Ausführungen im «Kleinen Orientierungsheft Schweiz» überein, wie der Zürcher Historiker Professor Dr. Walter Schaufelberger festgestellt hat. Das unterstreicht den Stellenwert dieses Dokuments, welches eine kritische und umfassende Beurteilung des Kampfwertes der Schweizer Armee durch ihren hauptsächlichen potentiellen Gegner einschließt.

---

### «Manchmal bekomme ich recht nette Exemplare...»

Dies ist ein Beispiel aus den Akten der Schweizer Spionageabwehr für die von den deutschen Agenten häufig verwendete Konventional- oder Tarnsprache, in der nachrichtendienstliche Erkenntnisse übermittelt wurden:

**Brieftext**
«Auch meine Stein- und Kristallsammlung konnte ich bereichern. Ich habe einige ganz prächtige Exemplare von Steinen mitgebracht. Fundorte manchmal so eigenartig, daß man meinen könnte, nur der Mensch hätte sie in jene Gegenden gebracht und dort als überraschendes Monument aufgestellt. Recht schöne Steine mit eingesprengten Kristallen konnte ich auch finden, größere und kleinere auf verhältnismäßig kleinem Raum. Ich muß immer wieder feststellen, daß, wenn sich auch die Natur an die gegebenen Verhältnisse anpaßt, jeder Plan neu und interessant ist. Manchmal bekomme ich recht nette Exemplare von unserm Freunde Pet. Tollardo, der ab und zu seltene Exemplare hat und sie gerne tauscht. Vielleicht fragst Du einmal bei ihm an, wenn Du Dich für etwas Besonderes interessierst...»

**Sinn des Briefes**
«Das Resultat meiner Beobachtungen von Befestigungen in den Bergen war gut. Ich habe gute Skizzen und Zeichnungen von Bunkern gebracht. Sie sind so gebaut, daß man meinen könnte, sie seien als Monumente in die Gegend eingepaßt. Geschickt in die Felsen eingesprengte Bunker habe ich auch festgestellt. Große und kleine auf verhältnismäßig engem Raum. Ich muß sagen, daß sie gut an die Verhältnisse angepaßt sind. Manchmal bekomme ich Nachrichten und Pläne vom Agenten Tollardo, der ab und zu gute Arbeit geleistet hat und gerne verkauft. Du kannst Dich an ihn wenden, wenn Du etwas Besonderes hast...»

**Mobilmachung in 80 Minuten**

Innerhalb von ein bis zwei Tagen nach einem Überraschungsangriff könnte die deutsche Wehrmacht die großen Städte der Schweiz, nach einer Woche das gesamte Mittelland besetzt haben, heißt es in der Operationsstudie «Tannenbaum». Bis zur Eroberung des ganzen Reduits freilich würde es eine unbestimmt lange Zeit dauern.

Die Grundlage für diese Beurteilung bildete das «Kleine Orientierungsheft Schweiz». Das erhalten gebliebene Exemplar, die fünfte von dreißig Ausfertigungen, ist ein maschinengeschriebenes Manuskript, das den Stand vom 1. September 1942 wiederzugeben behauptet. Handschriftliche Korrekturen und Bearbeitungsspuren lassen aber darauf schließen, daß das Dokument laufend nachgeführt und überarbeitet wurde. Es ist anzunehmen, daß bis Kriegsende, als Deutschland den Krieg längst verloren hatte und bereits mitten im höllischen Chaos von Bombardierungen, Rückzügen und Hunger steckte, gegen die Schweiz spioniert worden ist.

Die wissenschaftliche Überprüfung der im «Kleinen Orientierungsheft Schweiz» verzeichneten Fakten steht noch bevor. Professor Schaufelberger, der das Dokument analysiert hat und der als Generalstabsoberst für eine Beurteilung zusätzlich qualifiziert ist, hat 1977 ein vorläufiges Urteil abgegeben: «Die Deutschen wußten nicht alles, aber sie wußten überraschend viel. Sie besaßen Informationen, die nur durch Verrat zu ihnen gedrungen sein konnten. Ihre Erkenntnisse über die Kriegsgliederung der Schweizer Armee waren weitgehend richtig. Was die Befestigungen angeht, haben sie die Linien Rhein und Limmat weitgehend richtig und vollständig erkannt; im Alpenraum dagegen scheint es Lücken gegeben zu haben.»

Acht Bereiche der schweizerischen Landesverteidigung haben das deutsche Oberkommando besonders interessiert: die Militärorganisation im Frieden, das Kriegsheer, die Befestigungen, der vermutliche Einsatz des Heeres im Kriegsfall, die Mobilmachungs- und Einsatzvorbereitungen, das Verkehrsnetz, die Rüstungsindustrie und der Kampfwert der Schweizer Armee, einschließlich der Qualifikation ihrer Führer.

Erstaunlich und neu ist die – zweifellos auf Beobachtungen während der ersten Kriegsmobilmachung im August 1939 beruhende – deutsche Behauptung über die Schnelligkeit der Mobilmachung:

«In 80 Minuten ist der Mob.-Befehl an alle Telegrafenämter zur Benachrichtigung der mit dem Ankleben der Plakate beauftragten Gemeindevorstände weitergeleitet. Seine gleichzeitige Bekanntgabe durch Rundfunk, auch durch Abwurf aus Flugzeugen, ist vorbereitet.»

In fünf Stunden seien Teile des Grenzschutzes, am ersten Mobilmachungstag der Armeestab, die Grenzbrigaden, die Gebirgs- und die leichten Brigaden marschbereit; am zweiten Mobilmachungstag auch die Korpsstäbe, die Korpstruppen und die Divisionen.

**Feldpost, Brieftauben, Pferdekuranstalten**

Vollständig scheinen die deutschen Erkenntnisse über die Kriegsgliederung (Ordre de bataille) der schweizerischen Armee bis hinunter zur selbständigen Einheit, einschließlich der Grenztruppen und der ortsfesten Versorgungseinrichtungen, zu sein. Nicht nur Motorfahrzeugparks und Munitionsdepots, sondern sogar die Standorte von Feldposteinheiten und Pferdekuranstalten sind auf Karten genauestens vermerkt.

Daß die in der schweizerischen Armee verwendeten Waffen nach Kaliber, Gewicht, Schußhöchstweite, Schußleistungen und weiteren Eigenschaften tabellarisch erfaßt und dargestellt werden, überrascht weniger als die Tatsache, daß – neben verschiedenen Lücken – auch Informationen über Kriegsvorbereitungen wiedergegeben werden, die der schweizerischen Öffentlichkeit bisher nicht bekannt waren, zum Beispiel auf Seite 25:

«Die Schweiz hat Vorbereitungen für die Verwendung von Kampfstoff getroffen. Angeblich ist Yperit (Senfgas) zur Verteidigung der Flußübergänge, besonders an der Grenze, vorgesehen. Gasgranaten und Gasminen sollen vorhanden sein. Es liegen Meldungen vor, daß auch Abspritzen von Kampfstoffen von Flugzeugen vorbereitet ist. Die 2-cm-Pz-Mun Solothurn entwickelt bei der Explosion Schwefel-Dioxyd, einen verhältnismäßig harmlosen Rachen- und Augenreizstoff. Eine Verwendung künstlichen Nebels führte 1941 zu einem größeren Viehsterben infolge Vergiftung der Weideflächen (gemeint ist die damals aufsehenerregende Affäre um die ‹Nebelkühe› im Schächental).»

Das Interesse der deutschen Heeresleitung und somit der für sie arbeitenden Spionage erstreckte sich sogar auf Anzahl und Gliederung von Bäckerkompanien, Brieftaubenzügen, Blinktrupps und dergleichen.

Geradezu bestürzend umfassend und genau scheinen die im «Kleinen Orientierungsheft Schweiz» und in den beigegebenen Karten enthaltenen Angaben über Standort und Stärken der Befestigungswerke, Geländestellungen, Talsperren usw. zu sein. Die detaillierte Auswertung könnte beweisen, daß es gerade in diesem Bereich Verrätereien gegeben haben muß, die unentdeckt und ungesühnt geblieben sind!

## 72 Stunden für den Grenzschutz

Die Staffelung der schweizerischen Verteidigung in drei hintereinanderliegende Kampfzonen wurde von den Deutschen richtig identifiziert; Grenzschutzzone dicht an der Grenze, Verzögerungskampfzone (Guisan-Linie) im Mittelland, Reduit. Wörtlich heißt es im «Kleinen Orientierungsheft Schweiz»: «Nach zuverlässigen Unterlagen besteht die Absicht, in den zwei ersten Zonen hinhaltend zu kämpfen, bis der Aufmarsch der Masse des Heeres im Réduit National vollzogen ist, und erst hier, d. h. nach Westen und Norden etwa in der Linie Vevey – Bulle – Thun – Pfäffikon – Walenstadt – Buchs – Sargans, die Verteidigung zu führen. (...) Die schweizerische Heeresleitung soll damit rechnen, daß der Grenzschutz mindestens 72 Stunden aushalten kann. Diese Zeit wird als Minimum für den Aufmarsch des Heeres im Réduit National und für die Vorbereitung der Sperrmaßnahmen in der Verzögerungskampfzone betrachtet.»

## So beurteilten die Deutschen unsere Armee

Besonders interessant zu lesen ist natürlich, wie die deutsche Heeresleitung, gestützt auf die geheimdienstlichen Erkenntnisse, den Kampfwert der schweizerischen Armee im Zweiten Weltkrieg beurteilt hat. Nach Professor Schaufelberger wurden drei Dinge als besondere Stärken der Schweizer Armee bezeichnet:
– *die allgemeine Wehrpflicht*, denn sie schafft große Bestände und – so wörtlich – «erhält den im Schweizer Volk von jeher regen soldatischen Geist und gestattet die Aufstellung eines für das kleine Land sehr starken, zweckmäßig organisierten, schnell verwendungsbereiten Kriegsheeres»;

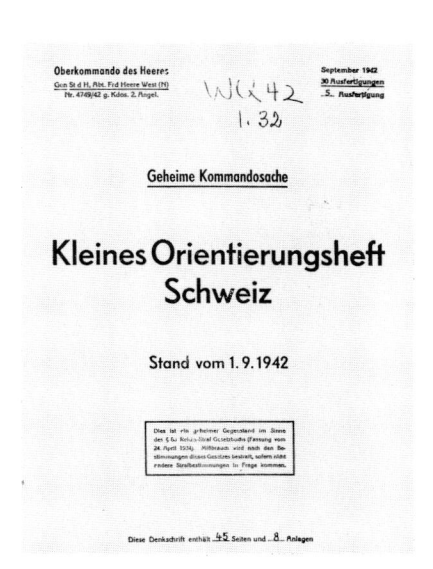

*Unter diesem Aktendeckel waren geheimste Einzelheiten über die Schweizer Armee gesammelt. Nur z. T. unbekannt gebliebene Verräter können sie den Deutschen geliefert haben.*

– *der Schweizer Wehrmann*, dessen Heimatliebe, Zähigkeit und Härte von den Deutschen gerühmt werden. Die Schießleistungen gelten als gut, die Pflege von Waffen, Geräten, Pferden usw. als sorgfältig;
– *die Stärke des Geländes* und dessen künstliche Befestigungen.
Als negative Punkte bezeichnet das «Kleine Orientierungsheft Schweiz»:
– *die Ausbildung*. «Trotz guter Ausnutzung der Ausbildungszeit, häufiger Wiederholungs- und freiwilliger Übungen war der Ausbildungsstand, besonders zu Kriegsbeginn, nicht zufriedenstellend»;
– *die Führung*, die offensichtlich nicht dem Ideal der diskussionslosen Unterwerfung entsprach. «Die Führungsgrundsätze stehen unter dem Einfluß sowohl deutscher wie französischer Gedanken. Die mangelnde Kriegserfahrung sowie die vorwiegend theoretische Ausbildung der Führer und die bürokratische Überorganisation der Stäbe werden häufig zu umständlicher Methodik verleiten. Man pflegt auch die Reserven schnell aus der Hand zu geben. Hierzu kommt, daß die Mehrzahl der höheren Führer Milizoffiziere (also nicht Berufsoff) sind, daß im gesamten Milizoffizierkorps sich eine übermäßige Kritiksucht breit macht und daß die Unteroffiziere, obgleich im bürgerlichen Leben bewährte Leute, oft nicht über genügend Dienstkenntnis verfügen.» Außerdem wird die teilweise Überalterung der höchsten Führung kritisiert;
– *die Ausrüstung*. Insbesondere die Ausrüstung der Panzerwaffe, der Artillerie und der Flugwaffe wird als mit Mängeln behaftet bezeichnet.

Trotzdem spricht aus der abschließenden Gesamtbeurteilung ein Respekt, der in offensichtlichem Gegensatz zu zahlreichen Äußerungen Hitlers und seiner Umgebung steht, welche «das Stachelschwein Schweiz im Rückzug» einnehmen wollten, gegebenenfalls «auch mit der Berliner Feuerwehr»! Im «Kleinen Orientierungsheft Schweiz», das erkennbar von erfahrenen und realistischen Generalstabsoffizieren verfaßt worden ist, heißt es:
«Da das schweizerische Kriegsheer (...) seit dem Aufgebot zu Kriegsbeginn genügend Zeit zur Verfügung hatte, Schwächen der unzureichenden Friedensausbildung auszugleichen, dürfte seine Leistungsfähigkeit gestiegen sein. Es ist bei starkem Ausbau der natürlichen Hindernisse des Landes in der Lage, auch gegen einen überraschenden Angriff an den Grenzen zeitlich beschränkten Widerstand zu leisten und sich im Hochgebirge längere Zeit zu halten. Solange aber jegliche Hilfe von außen fehlt, muß die Aussichtslosigkeit des Kampfes, der Verlust der lebenswichtigen Gebiete und der Mangel an kriegswichtigen Rohstoffen den Widerstandswillen der Truppe auf die Dauer lähmen. Die Entschlossenheit von Regierung und Volk, die schweizerische Neutralität gegen jeden Angreifer mit der Waffe zu verteidigen, steht bisher außer Zweifel.»

## Verfolgungsjagd per Autostopp

Wie bescheiden die Spionageabwehr auch in den Kantonen dotiert und wieviel Improvisationskunst oft nötig war, geht'aus dem Bericht von Albin Lehmann (geb. 1904) hervor. Er war von 1935 bis 1951 Leiter der Politischen Polizei bei der Kantonspolizei Schaffhausen.

«Mein erster großer Fall war eigentlich Routinearbeit, aber er betraf einen Prominenten. Am 25. Januar 1940 erhielt ich die Meldung, der Gestapo-Chef König aus Waldshut, der einer Kriegsverletzung wegen stark hinkte und deshalb sofort auffiel, komme häufig nach Erzingen, dem deutschen Grenzort bei Trasadingen. Soeben habe er sich mit einem stattlichen älteren Herrn getroffen, der einen Spazierstock mit sich führe und in den letzten Eisenbahnwagen nach Schaffhausen eingestiegen sei. Ich eilte in den Bahnhof Schaffhausen, und richtig: Der Unbekannte kam! Er trat schnurstracks zum Schalter der Deutschen Reichsbahn und löste ein Billett nach Eßlingen in Deutschland. Bevor er zum Perron zurückkehrte, hielt ich ihn an und nahm ihn mit auf den Posten. Es war Oberst Arthur Fonjallaz, der bekannte Schweizer Faschist. Er war äußerst aufgeregt und ungehalten. Meine Aussage in seinem Prozeß über seine Ausreiseabsichten und das vorherige Zusammentreffen mit dem Gestapo-Chef König belasteten ihn sehr stark und trugen auch wesentlich zu seiner Verurteilung zu drei Jahren Zuchthaus bei. Der Kauf der Fahrkarte wurde als Beweis für seine Ausreiseabsicht und mithin als Schuldeingeständnis betrachtet.

In dem Prozeß vor Bundesstrafgericht in Lausanne wurde mir denn auch klar, daß die Bupo über Fonjallaz' nachrichtendienstliche Tätigkeit für die Deutschen durchaus im Bilde gewesen war und ihn während längerer Zeit mit Spielmaterial versorgt hatte.

Den tiefsten Eindruck hat mir aber eine andere Gerichtsverhandlung gemacht: diejenige gegen den in Schaffhausen wohnhaft gewesenen Bäcker Fridolin B. Als der Großrichter nach kurzer Beratung das Todesurteil verkündete, nahm B. Achtungstellung an, erhob den rechten Arm und rief ‹Heil Hitler!› Dem Wunsch seines erschossenen Sohnes gemäß streute Vater B. die Asche oberhalb des Rheinfalls in den Rhein, damit der Strom sie nach Deutschland trage.

Einer unserer Stammkunden war Bürgermeister V. in der Enklave Büsingen, den wir als Führungsoffizier eines gefährlichen Agentenrings längst erkannt hatten. Wir haben mehrere seiner Agenten gefaßt. Am meisten Kopfzerbrechen bereitete uns ein Ingenieur L., der jeden Tag auf einem alten Velo nach Schaffhausen fuhr, es an einer Straßenecke abstellte und dann verschwand, ohne daß wir vorerst herausgefunden hätten, womit er sich beschäftigte. Wir beschatteten ihn lange. Eines Tages löste er am Bahnhof ein Billett nach Bellinzona. Einer unserer Männer folgte ihm. Wie üblich, gab er sich dem Kondukteur gegenüber zu erkennen — Kondukteure und Bähnler ganz allgemein gehörten zu unseren zuverlässigsten Helfern, denn die allermeisten von ihnen, ob Gewerkschafter oder nicht, waren gut schweizerisch eingestellt. Aber merkwürdig: Obwohl die beiden jeden Schritt des Ingenieurs L. im Auge behielten, war nichts Verdächtiges zu bemerken. In Bellinzona nahm er einfach den nächsten Zug und reiste zurück nach Schaffhausen, scheinbar ohne mit irgend jemandem Verbindung aufgenommen zu haben. Hier verhafteten und durchsuchten wir ihn, fanden jedoch nicht das geringste.

Anderntags begann das Verhör durch einen Inspektor der Bundespolizei. Unsere Verhörmethoden waren nicht zimperlich, aber ich darf guten Gewissens sagen, daß wir nie jemanden geschlagen haben. Ein bewährtes Hilfsmittel bestand darin, eine starke Lampe direkt ins Gesicht des Verhörten zu

*Albin Lehmann, ehemaliger Chef der Politischen Polizei von Schaffhausen.*

richten, was ihn jeweils schnell ermüdete. Nicht so bei L.! Er war zu keinem Geständnis zu bewegen. Ich war jedoch fest von seiner Schuld überzeugt. In einer Verhörpause, als ich mit L. allein war, wurde ich vertraulich:

‹Haben Sie Kinder?›
‹Ja, einen Sohn.›
‹Was soll denn Ihr Sohn von Ihnen denken, wenn Sie hier so lügen...?›

Dabei erweckte ich den Eindruck, als wüßte ich schon eine Menge. Das wirkte. Als das Verhör wiederaufgenommen wurde, gestand L., er habe in der Eisenbahn einrückende Wehrmänner belauscht und zu unbeabsichtigtem Geheimnisverrat provoziert. So nach dem Motto: ‹Ich kann nicht begreifen, daß es hier keine Bunker hat. Wenn die Schwaben kommen und das das ganze Reduit ist...› Da wurden die Wehrmänner natürlich gesprächig, sie widersprachen und erzählten mehr, als gut war. L. erhielt, wenn ich mich recht erinnere, 13 Jahre Zuchthaus. Aber auch sein Chef V. ging ins Garn, weil er ein starker Raucher war und sich in einem Gasthaus, das schon auf Schweizer Boden lag, Zigaretten zu holen pflegte. Darüber erhielten wir einen Tip, worauf wir ihn abholten. Etwa ein Jahr war er in Untersuchungshaft. Später wurde er ausgetauscht.

Ingenieur L. hatte übrigens häufig Besuch von seiner Frau, als er im Gefängnis saß. Einmal brachte sie ihm einen Keks mit, in dem ein Sägeblatt versteckt war. Auch wurde uns verraten, wie die Kassiber geschmuggelt wurden: in einer Ampulle, die Frau L. in der schwarzen Kirschenkonfitüre versteckte, die sie ihrem Mann mitbrachte. Zusammen mit dem Keks erhielt er die Nachricht, in der übernächsten Nacht warte in der Nähe vom Gefängnis ein Fluchtauto. Leider ist das Auto dann nicht gekommen...

Unvergeßlich ist mir eine Verfolgungsjagd durch die halbe Schweiz geblieben. Wir hatten einen vertraulichen Hinweis gekriegt, wonach ein Reichsredner namens Joachim Weist verschiedene Schweizer Sektionen der NSDAP besuchen wolle. Der im Bahnhof Schaffhausen stationierte Chef der Deutschen Reichsbahn, ein fanatischer Nazi, tat uns den Gefallen, den Herrn schon bei der Ankunft auf dem Bahnhof zu identifizieren: Bereits zehn Minuten vor Ankunft des Zuges tänzelte er erwartungsvoll und nervös auf dem Perron auf und ab. Weist kam pünktlich, und noch am gleichen

Abend fand die erste NSDAP-Versammlung in Schaffhausen statt. Am folgenden Mittag reiste er nach Zürich weiter. Wir verloren ihn vorübergehend aus den Augen. Anhand der Hotellisten fanden ihn die Zürcher Kollegen im Hotel Krone in Unterstraß wieder. Ich bezog dort, wie ich war, ohne Rasierapparat und Gepäck, auch ein Zimmer und schmierte den Portier mit einem Fünfliber, damit er mir die Abreise des Deutschen melde. In aller Herrgottsfrühe ging es nach St. Gallen weiter. Dort referierte Weist bei der NSDAP. Die St.-Galler Kollegen überwachten die Versammlung vorzüglich. Am nächsten Morgen, nach einem Besuch im deutschen Konsulat am Rosenberg, reiste er weiter nach Schaan im Fürstentum Liechtenstein, ich immer im gleichen Zug wie er. Natürlich hätte ich im Fürstentum eigentlich nichts zu suchen gehabt; aber der Polizist in Buchs wußte Rat: Wir verständigten den Gemeindepräsidenten von Schaan, der ein zuverlässiger Freund der Schweiz und ein Antinazi war. Per Autostopp kam ich nun nach Schaan — ein Zürcher Automobilist, dem ich mich aufs Geratewohl zu erkennen gegeben hatte, war ganz begeistert, mir weiterhelfen zu können. Jetzt fädelte es der Schaaner Gemeindepräsident so ein, daß er seinem deutschfreundlichen Dorfpolizisten an diesem Abend freigab und persönlich in die Wirtschaften ging, um Polizeistunde zu bieten. So wurden wir über die NSDAP-Versammlung in Schaan auf dem laufenden gehalten. Am nächsten Morgen ging die Reise über Sargans–Ziegelbrücke weiter nach Näfels. Die dortige Versammlung war in einem Privathaus, so daß es mit Zutritt Essig war. Die Glarner Polizei, die schon lange gerne über die Personalien der einheimischen Mitglieder der Nazipartei Bescheid gewußt hätte, stellte es recht geschickt an: In sicherer Entfernung vor und nach dem Versammlungshaus zog sie Verkehrskontrollen auf und notierte die Auto- und Velonummern. Wer nicht an beiden Kontrollposten erschien, wanderte als mutmaßlicher Versammlungsteilnehmer in die Kartei. So kamen wir zu vielen wichtigen neuen Anhaltspunkten.
Am nächsten Morgen ging die Reise weiter nach Zürich. Umsteigen — und Weiterfahrt nach Bern, wo zwei Mann der Bupo die weitere Beschattung des deutschen Reichsredners übernahmen. Er fuhr noch nach Genf. Hier schritt die Bupo dann ein. Ich weiß nicht, was aus Weist geworden ist.»

### Zu hoher Eintrittspreis!

Insgesamt scheint das in Freiburg liegende Dokument zu bestätigen, daß die Schweiz die Verschonung vor dem deutschen Angriffskrieg zu einem wesentlichen Teil ihrer starken und entschlossenen Armee verdankt. Der Eintrittspreis war den Deutschen in der Tat zu hoch.

Das bestätigt der Militärhistoriker Schaufelberger übrigens auch anhand anderer Studien:

«Für die ‹Operation Schweiz› setzte die Maximallösung der Heeresgruppe C als Kräftebedarf 21 bis 24 deutsche Divisionen, die Minimalvariante der Operationsabteilung des OKH neun deutsche Divisionen ein, wozu immer noch Spezialverbände und italienische Divisionen von Süden her gekommen wären. Die offizielle Lösung hätte gelautet: elf deutsche Divisionen plus Spezialtruppen. Demgegenüber brauchte die Wehrmacht für den Überfall auf Norwegen nur sechs und für denjenigen auf Dänemark sogar nur zweieinhalb Divisionen.»

Dabei ist zu bedenken, daß die Deutschen zumindest Ende 1940 zahlreiche für einen Angriff auf die Schweiz benötigte Panzer- und Gebirgstruppen nicht hätten einsetzen können, da diese mit der Vorbereitung der Invasion Großbritanniens beschäftigt waren. Später dürfte Ähnliches in bezug auf die Ostfront gegolten haben.

*Der Zürcher Historiker Prof. Dr. Walter Schaufelberger wertet das «Kleine Orientierungsheft Schweiz» aus und versucht, den unbekannt gebliebenen Verrat zu enthüllen.*

Schließlich widerlegt das «Kleine Orientierungsheft Schweiz» auch die Legende, daß zahlreiche höchste Führer der schweizerischen Armee deutschfreundlich gewesen seien: Aus den Einzelbeurteilungen der 13 höchsten Unterstabschefs und Waffenchefs geht im Gegenteil hervor, daß deren acht, einschließlich General Guisans, von den Deutschen als alliiertenfreundlich betrachtet wurden. Nur ein einziger, nämlich Korpskommandant Ulrich Wille, wurde ausdrücklich als deutschfreundlich bezeichnet, was weder damals noch später überraschend wirken konnte. Auf fachlichem und militärischem Gebiet überwiegen die positiven und respektvollen Beurteilungen eindeutig, wobei generell die technischen Fähigkeiten der schweizerischen Führer den Deutschen mehr Eindruck gemacht haben als deren Führerqualitäten.

Die über tausend Spione und Landesverräter haben also, wie man zusammenfassen darf, den schweizerischen «Igel» recht zutreffend porträtiert, seine Stacheln genau gezählt und richtig beschrieben.

So gesehen, haben die Landesverräter schließlich das genaue Gegenteil dessen erreicht, was eigentlich ihr Ziel war!

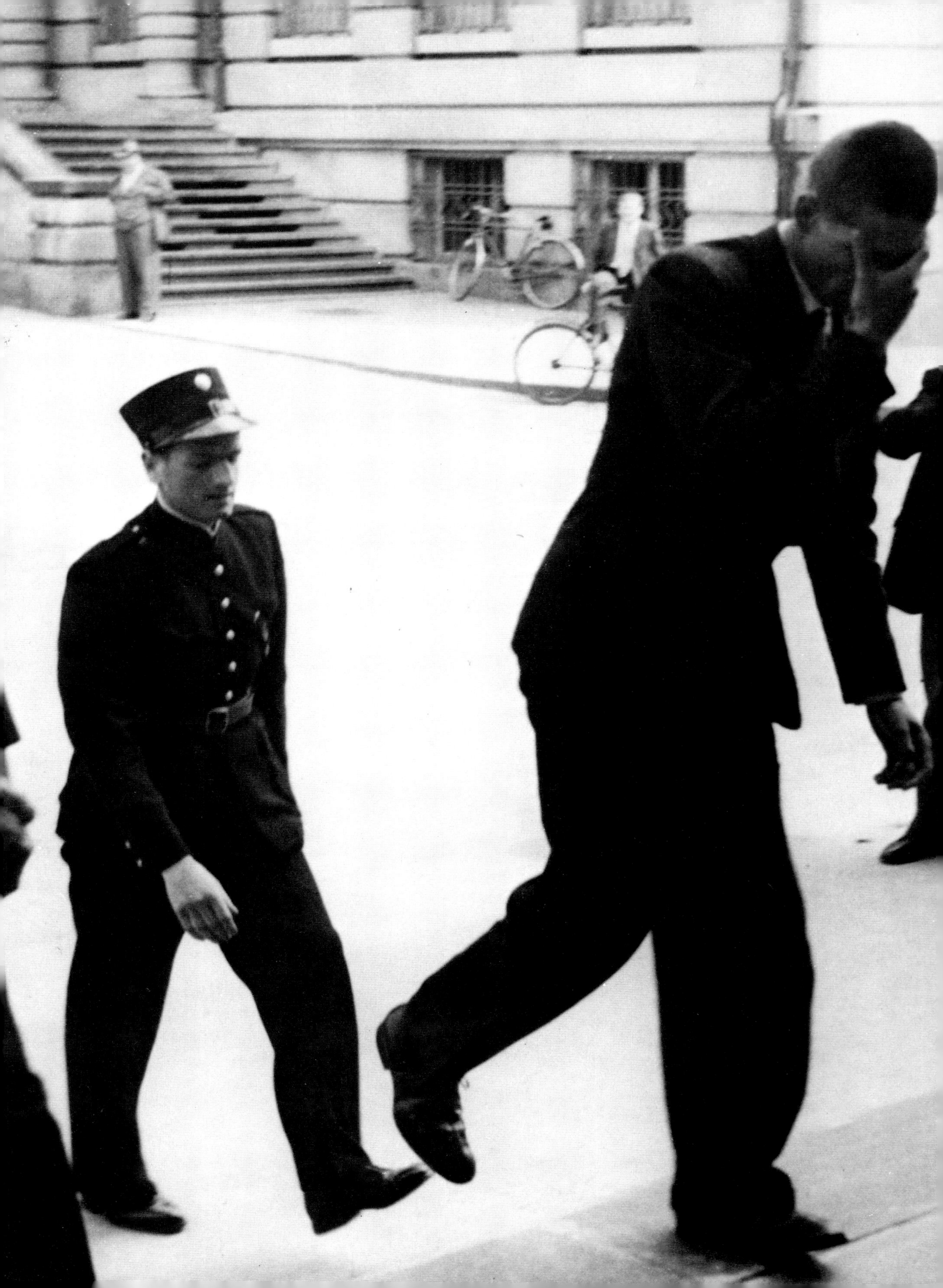

# Von der Politik zum Verrat

## Schweizer im Banne des Hakenkreuzes

Großes Aufsehen und starke Erbitterung lösten die sieben großen politischen Landesverratsprozesse von 1944 bis 1948 aus. Insgesamt 150 Angeklagte, vorwiegend in den Landesverrat abgeglittene Schweizer Nazis sowie Mitglieder der verschiedenen frontistischen Bewegungen und Parteien, hatten sich zu verantworten. Nur vier dieser Angeklagten wurden freigesprochen. Vierzehn erhielten Zuchthausstrafen zwischen zehn und zwanzig Jahren.

*Vor Scham bedeckt er das Gesicht. Der Polizist läßt ihn nicht aus den Augen. Er eilt in den Gerichtssaal. Das Zuchthaus ist ihm sicher: ein Schweizer Landesverräter bei der großen Abrechnung nach Kriegsende.*

> «Der völkische Eidgenosse nimmt vorläufig Abschied von der Schweizer Fahne. Das Banner der Bolschewiki ist nicht unser Banner. Wir bekennen uns zum Symbol des heiligen Hakenkreuzes.»
> *Ernst Leonhardt, Major der Schweizer Armee, am 15. Mai 1938 in der Zeitung «Volksbund»*

> «Wir betteln nicht bescheiden um Mitarbeit, wir fordern die Macht. Hinter uns steht das neue Europa.»
> *Franz Burri, August 1940*

> «Die Schweiz ist der eiternde Blinddarm am Leibe des neuen Europa!»
> *Fritz Sauckel, Gauleiter und Reichsstatthalter von Thüringen, am 1. Mai 1941*

Die umfangreichen Akten dieser Verfahren und die Urteile gewähren einen Einblick in die Pläne Hitler-Deutschlands in bezug auf die Schweiz und in die verschiedenen, teilweise stark voneinander abweichenden Absichten der nazifreundlichen Schweizer Landesverräter; sie reichten von der begeisterten und bedingungslosen Unterwerfung unter das «neue Deutschland» bis zu politisch-psychologisch geschickt auf die schweizerische direkte Demokratie abgestimmten Stufenplänen zur allmählichen Einordnung in das Reich, dem die Klügeren unter den Anpassern und Anschlußfreunden fälschlicherweise noch Rücksichten auf den föderalistischen Staatsgedanken zutrauten. Immer wieder verwischten sich in den Aktivitäten dieser Täter die Grenzlinien zwischen Politik und Verrat. Entsprechend politisch fielen die Verfahren und die Urteile aus. Nicht immer ging die Justiz der der jahrelangen Bedrohung mit heiler Haut entkommenen Schweiz der Gefahr aus dem Weg, reine Gesinnungsdelikte zu bestrafen, den Rachegefühlen des erleichterten Volkes nachzugeben und in der Beweiswürdigung rechtsstaatliche Grundsätze zu verletzen. Gelegentlich wurden Sündenböcke benötigt und gefunden!

Was waren das für Männer, die ihr Land verrieten? Da gab es einen Journalisten, der General Guisan als «wahnwitzigen Verbrecher» bezeichnete; einen zwanzigfach vorbestraften Hilfsarbeiter, der den Blutorden trug und den SS-Sturm «Winkelried» leitete; einen Pfarrer, der Genickschußlisten führte; einen Arzt, der Himmlers Ratgeber für Schweizer Angelegenheiten wurde; rund 800, vorwiegend junge Schweizer, vom Ingenieur aus Genf über den Zürcher Zeichner bis zum Bergführer aus dem Engadin, die als Freiwillige in der Waffen-SS kämpften. Fanatiker, Idealisten, Karrieristen, Schwarmgeister, Entgleiste, Kriminelle – alle erdenklichen Kategorien waren vertreten.

## Der Major, der die Schweiz regieren will

> «Leonhardt will die Macht, er will die gesamte Macht in der ganzen Schweiz, nicht einfach als Mitglied des Bundesrates, er will, daß der Bundesrat gesamthaft zurücktritt und ihm die Zügel überläßt, damit er die Schweiz umgestalten kann.»
> *Staatsanwalt Dr. Willy Lützelschwab, Basel, in seiner Anklagerede gegen Major Ernst Leonhardt (August 1944)*

Seine Anhänger schworen ihm Treue und Gefolgschaft bis in den Tod. Er träumte von dem Tag, da über dem Bundeshaus die Hakenkreuzflagge wehen würde. Er war Major der Schweizer Armee: Ernst Leonhardt, geboren 1885 in Basel, gestorben 1945, zwei Jahre nach seiner Ausbürgerung, in Frankfurt am Main.

1933, in der hohen Zeit des Frontenfrühlings, war Leonhardt noch Mitglied der «Nationalen Front» und deren Gauführer für Basel und Solothurn. Aber der Kurs dieser damals schon ausgeprägt nationalsozialistischen Bewegung war dem machthungrigen Major zu lau, zumal er nicht der obersten Führung angehörte. Die Koalition der Nationalen Front mit dem Bürgerblock bei den Gemeinderatswahlen vom 24. September 1933 in Zürich war der äußere Anlaß für Leonhardts Austritt aus der NF. Von da an wollte er mit den Fröntlern nichts mehr zu tun haben. Vielmehr beschimpfte er sie auf die ordinärste Weise als «politische Konjunkturritter», «Dilettanten eines Doktorklüngels» und «Horde akademischer Rüpel und Simpel». Leonhardt gründete die «Nationalsozialistische Schweizerische Arbeiterpartei», auch «Volksbund» genannt. «Juda verrecke» wurde zu einem der wichtigsten Slogans dieser durch und durch nazihörigen Organisation, die ihre knapp 400 Mitglieder – 250 in Basel, der Rest in Zürich, Bern und Interlaken – mit hakenkreuzgeschmückten Personalausweisen ausrüstete und eine mit Gummiknüppeln bewaffnete «Schutzstaffel» unterhielt. Die Aktivmitglieder mußten folgenden Eid ablegen:

«Ich, eidgenössischer Nationalsozialist, Mitglied des Volksbundes, bekenne mich zu unseren Kampfzielen. Ich schwöre Treue bis in den Tod: der Fahne, dem Volksbund und dem Vaterland. Ich gelobe Treue und Disziplin meinem Führer – so wahr mir Gott helfe.»

Ende 1934 wurde Major Leonhardt aus der Armee ausgeschlossen. Im Juni 1935 verbot die Generaldirektion der PTT den offenen Versand der Zeitung «Volksbund». Im Mai 1938 erließ der Bundesrat ein vor allem auf die Leonhardt-Organisation gemünztes Verbot der Verwendung des Hakenkreuzzeichens. Im November des gleichen Jahres eröffnete die Bundesanwaltschaft eine Strafuntersuchung gegen Leonhardt und die Volksbündler, der Bundesrat verbot die Herausgabe des inzwischen in «Angriff» umgetauften Kampfblattes, und am 5. Dezember 1938 erließ der Bundesrat die Demokratieschutzverordnung, die ihm die Kompetenz einräumte, politische Parteien zu verbieten.

Fünf Tage später löste Leonhardt, der genau wußte, was auf ihn zukam, den «Volksbund» auf und gründete drei Nachfolgegesellschaften: die «Gesellschaft der Gegner der Freimaurerei», die «Gesellschaft zur Aufklärung über Rassenfragen» und die «Schweizerische Gesellschaft der Freunde einer autoritären Demokratie». Praktische Bedeutung erlangte bloß die letztere; sie war die exakte Fortsetzung des «Volksbundes» unter anderem Namen.

Anstelle von Versammlungen, für die sich nur noch schwer Säle finden ließen, gingen die «Freunde» nun zur schriftlichen Propagandatätigkeit in Form von Mitteilungsblättern, offenen Briefen und Flugblättern über. Das war verbotene Propagandatätigkeit. Im Originalton lautete sie – ein Beispiel aus dem Jahre 1940 –, als die Nationalsozialisten ihre Blitzsiege feierten – etwa so: «Es wird in Zukunft nur noch eine freie, nationalsozialistische Schweiz geben, oder es wird keine Schweiz mehr geben.»

Am 21. Juni 1940, unmittelbar nach dem Zusammenbruch Frankreichs, forderten zwei Mitglieder des «Volksbundes» – gemäß dem späteren Basler Urteil auf Diktat Leonhardts hin – den Bundesrat auf, sofort die Bundesversammlung einzuberufen, «deren einzige Aufgabe es sein wird, den Rücktritt des Bundesrates entgegenzunehmen und den Führer des ‹Volksbundes›, Major Ernst Leonhardt, mit der Neubildung einer autoritären Landesregierung zu beauftragen. Es lebe

*Der nationalsozialistische Volksbund und sein gleichnamiges Organ ließen über ihre Radikalität keine Zweifel. Schon kurz nach Hitlers Machtübernahme hieben sie auf die antisemitische Pauke.*

47

das Großdeutsche Reich und das zweite römische Imperium und deren geniale Führer: Adolf Hitler und Benito Mussolini, denen wir Eidgenossen unsere Weiterexistenz in einem national unabhängigen Staat zu verdanken haben!»

Eng mit Leonhardt arbeitete ab 1940 der nach Großdeutschland ausgewanderte Luzerner Journalist Franz Burri zusammen. Auch er bombardierte Bundesrat und Öffentlichkeit mit Eingaben, Flugblättern und «Pressediensten». Ohne im «Volksbund» bzw. in dessen Nachfolgeorganisation administrativ in Erscheinung zu treten, lieh Burri als wortgewaltiger Trommler des Nationalsozialismus dem Schweizer Ex-Major seine Feder.

In mehreren Prozessen ab 1942 wurden die Taten Burris, Leonhardts und ihrer Mittäter beurteilt. Das Strafgericht Basel verurteilte Leonhardt am 23. August 1944 wegen wiederholten und fortgesetzten Angriffs auf die Unabhängigkeit der Eidgenossenschaft, der wiederholten und fortgesetzten hochverräterischen Umtriebe sowie des wiederholten und fortgesetzten Vorschubleistens zu ausländischer staatsgefährlicher Propaganda zu zehn Jahren Zuchthaus (als Zusatzstrafe zu einem früheren Urteil). Burri erhielt sieben Jahre. Beide wurden für 15 Jahre des Landes verwiesen. Aber das focht sie nicht mehr an; denn Burri hatte die Schweiz schon 1938 verlassen, und Leonhardt war 1940 heim ins Reich geflüchtet. Seine Botschaften ließ er seither meist über den Badischen Bahnhof Basel in die Schweiz schmuggeln.

## Burri tobt: «Ich wurde verschleppt!»

Ernst Leonhardt ist bei der Bombardierung Frankfurts ums Leben gekommen. Sein Mitkämpfer Franz Burri überstand das Kriegsende vorerst unerkannt und unverletzt. Er konnte in Österreich untertauchen. Im Dezember 1945 spürten ihn die Amerikaner dort auf und verhafteten ihn, um ihn den österreichischen Behörden auszuliefern. Diese stellten ihn am 31. Mai 1946 bei Buchs an die Schweizer Grenze. Knapp zwei Jahre später, am Dienstag nach dem Sechseläuten des Jahres 1948, wurde dem fanatischen Propagandisten, Konspiranten und SS-Freiwilligenwerber vor dem in Zürich tagenden Bundesstrafgericht der Prozeß gemacht. Mit Burri waren vierzig Männer angeklagt, die – zum Teil als höhere SS-Führer – während des Krieges von Deutschland aus gegen ihre alte Heimat gearbeitet hatten.

Burri, Jahrgang 1901 und Luzerner, war schon mit 18 Jahren nach Graz ausgewandert, wo er in die Reihen der frühesten Nationalsozialisten trat. Er wurde Journalist und Generalsekretär des österreichischen Zeitungsverlegerverbandes, aber bereits 1934 wegen nationalsozialistischer Umtriebe und tendenziöser Berichterstattung aus Österreich ausgewiesen.

Franz Burri kehrte in seine Heimatstadt Luzern zurück und gründete dort die «Internationale Presse-Agentur» (IPA), die weitgehend mit deutschem Geld finanziert wurde und das Hitlersche Ideengut propagierte. Burri sparte nicht mit Angriffen auf die österreichische Regierung, die ihn aus dem Land geworfen hatte. Dies führte zu Demarchen beim Bundesrat, der 1938 den Pressedienst verbot, den Zeitungen und Behörden des Dritten Reichs – namentlich Leute wie Hess, Ribbentrop, Himmler und von Papen – mit Vorliebe als «Stimme der neutralen Schweiz» zitierten. Nach dem Anschluß Österreichs zügelte Burri seinen Presseladen nach Wien, um nun vorwiegend gegen die Schweiz zu schreiben. Inzwischen hatte er sich als Mitglied der Gauleitung Niederdonau und in anderen Funktionen ganz in den Dienst Deutschlands und der NSDAP gestellt; am 31. Dezember 1942 wurde er deutscher Reichsbürger, später von der Schweiz ausgebürgert.

## «Guisan, dieser wahnwitzige Verbrecher...»

Selbst für die Begriffe der Schweizer Fröntler und Nazis war die Sprache, die Burris rastlose Agitation gebrauchte, von ungewöhnlicher Maßlosigkeit und grenzenlosem Haß gekennzeichnet. Schon die sieben Flugblätter, die Burri 1939 zusammen mit Leonhardt verfaßte und die er durch Mittelsmänner in die Schweiz schmuggeln ließ, offenbarten dies:

«In Bern regieren die Freimaurer der Westmächte – Bundesrat Baumann, Bundeskanzler Bovet, Bundesanwalt Stämpfli müssen zurücktreten –, Auflösung der Parteien und Logen, Schaffung einer einheitlichen Volkspartei, Verbot aller neutralitätsfeindlichen Zeitungen. (...) In entscheidender Stunde werden wir das Schicksal unserer Heimat in unsere Hand nehmen. In dieser Stunde der Entscheidung fordern wir Sie auf, vor dem Geist der neuen Zeit zu kapitulieren, denn das Schicksal unseres Volkes wird in Rom und Berlin entschieden.»

In zahlreichen Briefen an den Bundesrat verlangte Burri die freiwillige Anpassung der Schweiz an das «neue Europa», und er ließ es auch an offenen Drohungen für den Weigerungsfall nicht fehlen. Als die Bundesanwaltschaft mit einem Steckbrief antwortete, gründete Burri im Sommer 1940 den «Bund der Schweizer in Großdeutschland» als von den Nazis gesteuerte und finanzierte Auslandschweizerorganisation.

Ausgerechnet am 1. August 1940 richtete Burri eine Denkschrift an Hitler, Ribbentrop, Bormann und Himmler, in der er der obersten

Führung des Dritten Reichs riet, die Schweiz durch wirtschaftlichen Druck gefügig zu machen. Burri war der wohl radikalste Verfechter eines vollständigen und bedingungslosen Anschlusses der Schweiz ohne Rücksicht auf deren nationale Eigenständigkeit. So erklärte er in seiner immer radikaler werdenden Publizistik zum Beispiel:

«In einem kommenden germanischen Staatenbund soll die Schweiz nicht beliebiges Glied sein, wir wollen nicht zur Gefolgschaft gehören, wir wollen an der Führung teilnehmen. Wir sind keine germanische Nation, sondern ein Teil des deutschen Volkes, das die Führung in einem germanischen Staatenbund innehaben wird.»

Burris besonderer Haß richtete sich gegen General Guisan, dessen Reduitkonzeption er als den «größten Rückzug, den je ein Schweizer Heerführer mit einem ungeschlagenen Heer antrat», bezeichnete. Bezüglich der von Guisan aufgestellten Zerstörungsdetachemente, die im Fall eines fremden Angriffs wichtige Verkehrsstränge hätten unbenutzbar machen sollen, sagte Burri:

«Diesem wahnwitzigen Verbrecher an unserem Volk sind rauchende Trümmer und trostlose Ruinen wertvoller als unsere heiligsten Lebensrechte und Garantien für Freiheit und Frieden. (…) General Guisan ist heute bewußt oder unbewußt ein Werkzeug der Angelsachsen, (…) von Logen und Judentum bestochen. (…) Er vermag in seinem Taumel der Eitelkeit die militärische Tragweite seines Handelns nicht zu überblicken.»

### Den Worten folgen Taten

Franz Burri ließ es nicht allein beim Schimpfen bewenden: Er

*Franz Burri (vorne), der Mann, der General Guisan als Verräter und Verbrecher bezeichnete, verläßt das Gerichtsgebäude in Zürich. Er erhielt 20 Jahre.*

war die treibende Kraft für das Zustandekommen der Münchner Konferenz vom 10. Oktober 1940, wo der innerhalb des SD der SS für die Schweiz zuständige Dr. Klaus Hügel versuchte, die rivalisierenden Schweizer Fröntler- und Nazigruppen zu einigen. Burri mochte sich davon die Sicherung seines gefährdeten Führungsanspruchs versprochen haben, sah er sich doch offensichtlich bereits an der Spitze einer schweizerischen Vasallenregierung. Weder diese Konferenz noch spätere Besprechungen führten indessen zum Erfolg, da sogar die anderen stramm nazifreundlichen Schweizer Erneuerer von den maßlosen Hetztiraden Burris und Leonhardts abgestoßen waren.

Als der «Bund der Schweizer in Großdeutschland» eine zunehmende Eigendynamik entwickelte und nicht gesonnen schien, Burris Machtansprüche zu unterstützen, gründete der Journalist den «Nationalsozialistischen Schweizerbund» als Konkurrenzorganisation. Leonhardt, der sich seinerseits gleichfalls als künftiger Schweizer Führer sah und sich ebensowenig wie Burri durchsetzen konnte, war auch bei dieser Gründung dabei. Der NSSB, der in der Schweiz als «Nationalsozialistische Bewegung in der Schweiz» auftrat, hatte zu seinen besten Zeiten immerhin 2500 Mitglieder, wobei zu betonen ist, daß damals insgesamt rund 40 000 Schweizer Bürger in Deutschland lebten. Dieser Bund stellte sich ab 1941 in den Dienst der Freiwilligenwerbung für die Waffen-SS. In einem Brief vom Juni 1941 an den Bundesrat verlangten Burri und Leonhardt, «die Hälfte der mobilisierten Schweizer Armee unter dem Kommando von Oberstkorpskommandant Ulrich Wille für den Kampf gegen Sowjetrußland bereitzustellen». Zwar entsprachen die deutschen Behörden dem Wunsch Burris nicht, ein eigenes schweizerisches Freiwilligenkorps aufzustellen, doch blieb die Werbetätigkeit in Verbindung mit den Anstrengungen anderer schweizerischer Landesverräter nicht ohne Wirkung.

Als Burri im August 1944 in Basel in Abwesenheit zu sieben Jahren Zuchthaus verurteilt wurde, schrieb er inmitten eines zerfallenden Hitler-Reichs: «Bis zum letzten Atemzug wollen wir hinter der Fahne Adolf Hitlers marschieren.» Noch im Dezember 1944 warb er für den Eintritt in den Volkssturm, und am 19. Februar 1945, als alles in Scherben fiel, prophezeite er in seinem IPA-Pressedienst:

«Die Schweiz wird am Ende dieses Krieges sich zum Reich zurückfinden, denn auf den europäischen Schlachtfeldern wird die Zukunft der Eidgenossenschaft mitentschieden, auf diesen Schlachtfeldern wird Deutschland siegen!»

## «Ich nehme keine Schuld auf mich!»

1948, als längst feststand, daß dem nicht so war, bewies Franz Burri vor dem Bundesstrafgericht, daß er nichts dazugelernt hatte. Der eher kleine, schmächtige

*Diese beiden Bilder beschlagnahmte die Zürcher Stadtpolizei bei einer Razzia auf nazistische Schweizer Organisationen. Sie bezeichneten sich als Sportgruppen, waren aber in Wirklichkeit SA-Leute.*

Mann, ungebrochen von zwei Jahren Untersuchungshaft, stellte gleich zu Beginn des Prozesses klar: «Ich nehme keine Schuld auf mich. Als deutscher Reichsbürger bin ich völkerrechtswidrig verschleppt worden, um wegen meiner politischen Überzeugung bestraft zu werden. Unter Mißbrauch des Roten Kreuzes hat man mich verschleppt. Ich bin kein Kriegsverbrecher, meine Auslieferung an ein fremdes Gericht ist unzulässig, eine Verletzung des Völkerrechts. (...) Ich bekenne mich als deutscher Mensch zum deutschen Volk, auch heute noch. Ich werde bestraft, weil ich deutscher Nationalsozialist war und bin; meine Weltanschauung ändere ich nicht.»

Das Gericht trat auf die Einwände des ausgebürgerten Schweizers nicht ein. Die Einvernahmen gestalteten sich mühsam. Burri berief sich darauf, er habe der Schweiz durch seine Anhänglichkeit zum Nationalsozialismus einen Dienst erwiesen, indem er ja gegen den Bolschewismus gekämpft habe. Er wich aus, schwächte ab, bestritt die Angriffe auf Guisan. Selbst als ihm das Gericht ein Foto aus den Akten vorlegte, das ihn schon 1934 in SA-Uniform zeigte, hatte Burri eine Erklärung: Sein Hausmeister habe die Uniform besessen, und er habe sie nur zum Scherz einmal angezogen.

## Illegale Kampftruppe von 1800 Mann

Am vierten Prozeßtag wendete sich das Blatt: Der nachmalige Bundesanwalt Dr. Hans Fürst, Präsident des Bezirksgerichts Horgen und Vertreter des Bundesanwalts für die deutschsprachige Schweiz, legte dem Gericht ein sensationelles Dokument vor, das durch Zufall während des Prozesses in seine Hand gelangt war. Burris Verteidiger hatte gegen diese Aktenergänzung, die zu einer gravierenden Erweiterung der Anklage führte, nichts einzuwenden.

Einen Monat vor Prozeßbeginn war ein 37jähriger Schweizer Kaufmann aus dem zerstörten Deutschland zu einem Ferienaufenthalt in die Heimat zurückgekehrt. Zuletzt hatte dieser Auslandschweizer als Archivar in der Dokumentationszentrale der amerikanischen Anklagebehörden für die Nürnberger Kriegsverbrecherprozesse gearbeitet. Dabei waren ihm im Herbst und Winter 1947 umfangreiche Akten über Franz Burri in die Hände geraten; der Archivar hatte Fotokopien davon erstellen lassen.

Der Mann begab sich also in die Ferien und las dort zufällig in der Zeitung, daß der Prozeß gegen Burri begonnen habe. Darauf eilte er mit seinen Unterlagen sofort nach Zürich.

Das wichtigste Dokument in diesem Paket war eine 16 Seiten starke Denkschrift, die Burri am 22. Januar 1941 an den Reichsführer SS, Heinrich Himmler, gerichtet hatte und als deren Zweck angegeben wurde, «die Wichtigkeit und Zweckmäßigkeit des illegalen Kampfes in der Schweiz darzulegen und der illegalen Kampfgruppe mit ihrem SS-Charakter die Anerkennung durch den Reichsführer SS zu sichern».

In diesem Dokument schlug Burri vor, das Gebiet der Eidgenossenschaft nach der Wasserscheidegrenze zwischen Italien und Deutschland aufzuteilen und den alemannischen Volksstamm in der Schweiz zur Reichsfreundschaft und zum Nationalsozialismus im Rahmen einer staatlichen Souveränität zu erziehen. Wörtlich erklärt Burri:

«Die illegale Kampftruppe trägt den Charakter der Schutzstaffel (SS). Sie hat eine Stärke von 1800 Mann, wozu noch etwa 100 Mann kommen, die sich im Reich aufhalten müssen. Davon sind etwa 120 Mann als führende Garnitur zu betrachten, 550 als erste Einsatzgruppe. Eingesetzt können die Leute in allen deutschschweizerischen Kantonen werden, auch in Genf ist ein Stützpunkt vorhanden. Nicht eingerechnet sind die Männer der Zander-Gruppe, die hinsichtlich innerer Haltung und Kampfgeist zu diesem Kreis gerechnet werden muß. Die Kampftruppe besitzt das, was man schlechthin die militärischen Tugenden nennt, sie wird politisch für die Aufgaben geschult, die eine solche Truppe zu leisten hat. Ich bitte um Anerkennung dieser Kampfgruppe durch den Reichsführer SS.»

Mit einem Begleitschreiben von Burris altem Freund, dem höheren SS- und Polizeiführer sowie damaligen SS-Abschnittsleiter Donau, Kaltenbrunner, wurde diese Denkschrift an Himmler gerichtet. Aber der Chef des persönlichen Stabes Himmlers, Wolff, scheint ihm die Sendung nicht vorgelegt zu haben. Dafür nahm Heydrich als Chef des Reichssicherheitshauptamtes ablehnend dazu Stellung; Heydrich hat anscheinend, wie aus den in die Schweiz verbrachten Dokumenten ebenfalls hervorgeht, die egoistischen und machtpolitischen Motive Burris schnell durchschaut. Es wurde beschlossen, den nützlichen Agitator Burri weiter zu unterstützen, seinen Untergrundtruppen aber nicht den offiziellen SS-Status zu verleihen.

### Schwarze Listen für den Ernstfall

Zwei der insgesamt sechzig Zeugen im drei Wochen dauernden Zürcher Prozeß fanden besonderes Interesse. Der eine war Dr. Klaus Hügel (geb. 1912), der im SD-Leitabschnitt Stuttgart das Referat VI geleitet hatte, mit anderen Worten: der Chef der gegen die Schweiz gerichteten SS-Spionage gewesen war.

Nach außen führte Dr. Hügels Dienststelle als Tarnung die harmlose Bezeichnung «Alemannischer Arbeitskreis». Als Zeuge mit freiem Geleit bestätigte Dr. Hügel, daß dieser «Arbeitskreis» Burri monatlich mit 400 Mark unterstützt habe; außerdem seien direkte Zuwendungen vom Reichspropagandaministerium und später vom Auswärtigen Amt gekommen. Nachrichtendienstlich sei Burri für ihn nicht besonders interessant gewesen, gab der Spionagechef zu Protokoll, doch habe er ihm gelegentlich Mitarbeiter aus seinem Kreis vermittelt.

Mehr wußte Hügels Nachfolger, Dr. Gerhard Hess, zu erzählen. Seinen Aussagen zufolge wurde beim SD in Stuttgart eine Kartei geführt, in der einerseits die Reichsfreunde in der Schweiz, anderseits – rot markiert – die Reichsfeinde unter den führenden politischen Persönlichkeiten registriert waren. In dieser Kartei wurden auch Angaben verwertet, die Burri über Schweizer in der Schweiz gemacht hatte. Hess ließ keinen Zweifel darüber aufkommen, wozu diese Kartei bestimmt war: Bei einem Einmarsch deutscher Truppen in die Schweiz wäre sie den Kommandanten mitgegeben worden, den Rest kann man sich dazudenken...

Von den vierzig Mitangeklagten Burris waren mehr als die Hälfte nicht vor Gericht erschienen. Es handelte sich um leitende Mitglieder und Gebietsleiter des Nationalsozialistischen Schweizerbundes. Eine eigentliche nachrichtendienstliche Tätigkeit im engeren Sinne wurde außer Burri nur dem 1899 geborenen Chauffeur Friedrich Kaufmann zur Last gelegt. Kaufmann, der geständig war, hatte sich 1925 in Basel einbürgern lassen. Er erklärte, er sei wegen der Arbeitslosigkeit früh zur Frontenbewegung gestoßen und aus dem gleichen Grund nach Kriegsausbruch nach Deutschland zurückgekehrt. Er wohnte in Lörrach und war Gebietsleiter des NSSB für die «Südwestmark» zwischen Basel und Konstanz. In dieser Funktion bezog er ein festes Gehalt. Kaufmann organisierte den Schmuggel des illegalen Schriftguts aus der Küche Burri/Leonhardt in die Schweiz. Gleichzeitig war er ein Spion in den Diensten des SD. Er pflegte Landsleute anzuwerben, die auf eine Gunst des Regimes angewiesen waren; so anerbot er sich, einer in Deutschland lebenden Schweizerin ein Ausreisevisum für einen Besuch in der Schweiz zu besorgen, wenn sie ihre Tochter, die als FHD in einer Militärsanitätsanstalt Dienst tat, dazu bewegen würde, Nachrichten über Fliegeroffiziere zu liefern, die in der Schweiz interniert waren. Außerdem berichtete Kaufmann über die Tätigkeit der Kommunisten in der Schweiz und lieferte als Agent Nr. 7923 militärische Nachrichten.

*Die Freiwilligen der Waffen-SS dienten Hitler im Rußlandfeldzug als Kanonenfutter (hier vor Stalingrad). 300 Schweizer Freiwillige fielen.*

Der Vertreter der Bundesanwaltschaft drang mit seinen Anträgen auf der ganzen Linie durch. Franz Burri wurde wegen Angriffs auf die Unabhängigkeit der Eidgenossenschaft, Vorschubleistens zu politischem Nachrichtendienst und zur Anwerbung für fremden Militärdienst sowie wegen Beschimpfung einer Militärperson zur Höchststrafe von zwanzig Jahren Zuchthaus verurteilt. Die übrigen Mitangeklagten bezogen Zuchthausstrafen bis zu zwölf Jahren, so auch der überführte Spion Kaufmann.

Nach unbestätigten Berichten ist Burri nach Verbüßung der Strafe wieder nach Deutschland gegangen und hat sich dort in neofaschistischen Splitterbewegungen erneut rege betätigt.

## Politische Soldaten für Adolf Hitler

In einem anderen Bundesstrafprozeß, im Mai und Juni 1947, wurde auch der von Burri mitbegründete «Bund der Schweizer in Großdeutschland» als Kaderschmiede des Nationalsozialismus im Hinblick auf den Anschluß der Schweiz entlarvt. Bundesanwalt Lüthi betonte, die Tätigkeit des BSG, der noch Anfang 1945 über 1800 Mitglieder gezählt hatte, habe in erster Linie der weltanschaulichen Erziehung und Schulung gedient und disziplinierte politische Soldaten Hitlers heranziehen wollen.

Der BSG, von Propagandaministerium und SD gelenkt und finanziert, umspannte ganz Deutschland und faßte die Auslandschweizer in Landes- und Bezirksbanne, Bannschaften, Ortsbanne und Kameradschaften zusammen. Im Vordergrund stand die politische Schulung, die anhand Hitlers «Mein Kampf» betrieben wurde. Für jedes BSG-Mitglied war außerdem die Lektüre eines Buches mit dem Titel «Eidgenossenschaft und Reich» verbindlich. Sein Verfasser war Dr. Alfred Zander, der vom Redaktor des ordinär antisemitischen «Eisernen Besens» zum Führer des «Bundes Treuer Eidgenossen» und schließlich zum Reichsredner aufgestiegen war, nachdem er im Juli 1939 wegen wirtschaftlichen und politischen Nachrichtendienstes zu einer kurzen Freiheitsstrafe verurteilt worden war.

In Zug erhielt er wegen Angriffs auf die Unabhängigkeit der Eidgenossenschaft und anderer einschlägiger Delikte elf Jahre Zuchthaus – natürlich in Abwesenheit. Mit ihm wurden der Versicherungsagent Hans Emil Frei alias Hermann Fröhlich, der Fabrikant Otto Alfred Lienhard sowie die Schriftsteller Dr. Hans Oehler und Dr. Heinrich Wechlin zu Strafen zwischen zwei und fünfzehn Jahren verurteilt.

Über den wirklichen Charakter der «Sonderlehrgänge» für BSG-Mitglieder gibt auch der Bericht des Bundesrates vom 30. November 1948 Auskunft:

«Die Teilnehmer wurden unter der Leitung von SS-Kräften täglich nach den Vorschriften des deutschen Exerzierreglements streng geschult. Sie hatten nach militärischer Art, jedoch ohne Waffe, Einzel- und Gruppenausbildung zu treiben, z. B. das Grüßen, Melden, Kriechen, Springen zum Angriff, Schwenken und Umformen in der Rotte zu üben. Daneben hatten sie zu turnen und Leichtathletik zu treiben, zu boxen und den Wurf von Handgranaten zu üben, Märsche auszuführen und in Gemeinschaft zu singen und dergleichen. Einmal wurde mit Kleinkaliberwaffen geschossen. Der weltanschaulichen und politischen Schulung dienten Vorträge über Vererbung und Rassenlehre, großgermanische Geschichte, Germanenkunde, Nationalsozialismus, Marxismus, Bolschewismus, Liberalismus, Katholizismus, Judentum, Freimaurerei, Religion, politische Tagesfragen, das Parteiprogramm der NSDAP, die Grundsätze der SS, Führertum, Kapitel aus Hitlers ‹Mein Kampf› und derlei. (...) Jeder Sonderlehrgang schloß mit einer den Teilnehmern mehr oder weniger überraschend kommenden feierlichen Vereidigung auf die nationalsozialistische Weltanschauung und auf Hitler als den Führer aller Germanen. Zu diesem Zwecke wurden die Teilnehmer in einen von SS-Soldaten bewachten Saal geführt, auf dessen mit der Hakenkreuzflagge und der Fahne der erneuerten Schweiz dekorierter Bühne die Büste Hitlers aufgestellt war. Den Eid nahm Frei ab. Die Beteiligten hatten die Eidesformel nachzusprechen und die Schwurfinger zu erheben. Ein Teilnehmer, der dies nicht tat, weil er den Eindruck hatte, die Leitung habe der Schweiz die Eigenstaatlichkeit vollständig abgesprochen, wurde deswegen von einem andern nach der Feier mit Faustschlägen ins Gesicht mißhandelt.»

Gerade in diesem Prozeß wurde klar, daß viele Schweizer in Deutschland mit versteckten und offenen Drohungen zum Beitritt in solche Organisationen gepreßt worden waren.

## Franz Riedweg – Arzt, Politiker, SS-Führer

Er schickte aus Deutschland seinen Schweizer Paß zurück, aber das Schweizer Bürgerrecht ablegen wollte er nicht. Seine Frau war die Tochter des Generalfeldmarschalls von Blomberg, er selbst stieg zum Ratgeber Heinrich Himmlers für schweizerische Fragen auf – und fiel Ende 1943 in Ungnade. Da ging er an die Front. Nach dem Krieg wurde er in einem umstrittenen Prozeß wegen politischen Landesverrats in

## «Mein eigener Vater zeigte mich an!»

«Ich heiße Robert Mauch (Name geändert), Jahrgang 1919, gelernter Maschinenzeichner. Mit einer einzigen Bemerkung, die ich unbedacht aussprach, habe ich mein ganzes Leben verpfuscht.
Nach der Rekrutenschule las ich zuviel Nietzsche. Seine Hymnen an den Übermenschen drängten mich zur Tat: zum freiwilligen Eintritt in die Waffen-SS. Hätte mich nicht mein eigener Vater bei der Polizei angezeigt, so wäre ich vielleicht mit einem blauen Auge davongekommen. So aber verbrachte ich die schönsten Jahre meiner Jugend im Zuchthaus. Heute bin ich nicht allein. Nicht verbittert, aber sehr, sehr nachdenklich.
Mit ehrlichem Gewissen darf ich sagen: Ich war kein Nazi und kein Fröntler. Als ich meine Berufslehre — als Zweitbester meines Jahrgangs übrigens — beendet hatte, warf ich mich mit der ungezügelten Leidenschaft der Jugend auf alle geschichtlichen und geschichtsphilosophischen Werke, deren ich habhaft werden konnte. Ich las mehr, als ich verdauen konnte. So wie die Jugend von heute ihre Popsänger vergöttert, schwärmte ich für geschichtliche Gestalten wie Kaiser Friedrich I. (Barbarossa). Allen Ernstes träumte ich von einer Renaissance des Heiligen Römischen Reichs Deutscher Nation. Für Adolf Hitler war ich nicht einmal sonderlich begeistert. Ich sah ihn damals als einen sympathischen Erneuerer, der etwas Wichtiges tat, statt nur zu reden wie unsere schweizerischen Politiker: Er zog gegen den Bolschewismus zu Felde.›
In der Fabrik und am Stammtisch hörte ich damals viele senkrechte Zürcher Bürger, vor allem wohlhabende Gewerbler und Fabrikanten, sagen: ‹Wenn ich jünger wäre, würde ich mit Hitler in den Osten marschieren!›
Zur gleichen Zeit erlebte ich die erste große Enttäuschung meines Lebens. Ich hatte die Infanterie-Rekrutenschule hinter mich gebracht und hatte ehrlich Freude am Militär. Als ich mit dem Vorschlag für die Unteroffiziersschule nach Hause kam, gab es Krach; mein Vater, Laienprediger in einer freikirchlichen Glaubensgemeinschaft, war in seinem Pazifismus zutiefst verletzt. Er verbot mir, im Militär weiterzumachen. Ich konnte es mir finanziell nicht leisten, gegen meinen Vater aufzubegehren: eine unsichere Stelle und monatelange Aktivdienstzeit... Ich mußte die Enttäuschung schlucken.
Enttäuschung, geistige Verwirrung, vermeintliche historische Entscheidungszeit, falsch verstandene Ideale, Romantik und jugendliche Opposition: Das waren die Beweggründe für meinen freiwilligen Eintritt in die Waffen-SS.
Ich wurde, noch ehe ich in Deutschland war, zu einem Fanatiker. Anzuwerben brauchte mich niemand; es hat's auch keiner versucht. Aus freien Stücken sprach ich beim deutschen Generalkonsulat in Zürich vor. Der Beamte namens Kolb war sehr freundlich zu mir und überreichte mir eine Planskizze vom Rafzerfeld, auf dem ein sicherer Weg über die grüne Grenze eingezeichnet war. Außerdem gab er mir die Adresse der Gestapo-Zentrale in Singen und des Panoramaheimes in Stuttgart: Panoramastraße 11. Eines Nachts im Dezember 1941 brach ich auf.
Wie erwartet, lief ich den deutschen Grenzwächtern in die Hände. Ohne viel zu fragen, brachten sie mich zum Hauptquartier der Geheimen Staatspolizei nach Singen. Dort mußte ich warten. Im gleichen Korridor waren zwei Frauen, offensichtlich Jüdinnen. Als der Chef erschien, wandte er sich zuerst an mich. Ich zeigte ihm meinen Schweizer Paß und bat ihn, mich nach Stuttgart weiterreisen zu lassen. ‹Kein Problem›, antwortete er freundlich. ‹Wir gehen nachher einen Kaffee trinken und besprechen alles.›
Die beiden Jüdinnen dagegen, die kaum zu lispeln wagten, brüllte er mit den unflätigsten Worten an; er zertrampelte ihre Papiere und ließ sie in einen mannshohen Käfig sperren.
Für einige Augenblicke war ich ernüchtert und erbost. Aber dann sagte ich mir, wie ich es mir angelesen hatte und wie ich es in meiner heiligen Einfalt damals auch wirklich felsenfest glaubte: Reg dich nicht auf, das sind ja nur Juden, Untermenschen...
Im Panoramaheim in Stuttgart verlebte ich zwei ruhige Monate. Es war eine schöne alte Villa inmitten eines großen Parks an einer der besten Wohnlagen der Stadt. Eigentlich mehr eine gepflegte Pension als eine Kaserne! Ein Schweizer, der sich als Heimsekretär Alfred Tanner vorstellte, empfing mich freundlich und wies mir ein Bett in einem Dreierzimmer zu. An meine Zimmerkameraden erinnere ich mich nicht mehr. Wir waren etwa dreißig Schweizer. Im Gedächtnis haftengeblieben ist mir nur ein Ingenieur aus Genf, der den ganzen Tag an der Schreibmaschine saß und, wie die Kameraden ehrfurchtsvoll flüsterten, wichtige Berichte für den Nachrichtendienst tippte.
Am zweiten Tag lernte ich Dr. Hutten kennen. Er war der Heimleiter. Erst heute weiß ich, daß er in Wirklichkeit Alfred Nikles hieß. Er fragte mich über meine Familie aus. Besonders nachhaltig interessierte er sich für die internationalen Verbindungen der Glaubensgemeinschaft, der mein Vater angehörte. Fast beiläufig erkundigte er sich nach meiner militärischen Einteilung, nach den Orten, an denen ich zuletzt Dienst geleistet hatte, und nach den Einzelheiten unserer Bewaffnung. Natürlich sagte ich ihm alles.
Alle 14 Tage, immer am Sonntag, konnten sich die Pensionäre im Panoramaheim bei der SS-Aushebungsstelle freiwillig melden. Ich ergriff die erste Gelegenheit dazu. Bei der Aushebung erhielt ich ein verschlossenes Kuvert, mit dem ich mich beim Stuttgarter SS-Hauptquartier im Hotel Marquardt melden mußte. Dort hieß es: Vorläufig haben wir genug Leute an der Front, du mußt warten. Ich begann als Speditionsgehilfe bei der Deutschen Verlagsanstalt zu arbeiten.
Der Betrieb im Heim war keineswegs militärisch; es war eher eine geordnete Pension mit festen Essenszeiten und guter Kameradschaft. So war es für mich selbstverständlich, daß ich an einem freien Nachmittag im Januar 1942 für einen Kollegen, der anderes zu tun hatte, die Telefonwache übernahm. Ich hatte mich mit meinem damaligen Lieblingsbuch, Alfred Rosenbergs ‹Mythos des 20. Jahrhunderts›, in die Ecke des geräumigen Büros zurückgezogen, als Sekretär Tanner mit einem Schweizer Panzerkorporal ins Zimmer kam und eine förmliche Ein-

*Mindestens 800 Schweizer meldeten sich freiwillig zur Waffen-SS. Sie wurden nach ihrer Rückkehr von der Front zu empfindlichen Strafen verurteilt. Ihre Schicksale und Beweggründe sind noch wenig erforscht.*

vernahme begann, die er fortlaufend an der Schreibmaschine protokollierte. Es ging um technische Daten eines Schweizer Panzers.
Die Unterhaltung war aber auch nicht so ernst, daß ich es — aus Langeweile, ich weiß nicht mehr recht — nicht gewagt hätte, eine zerstreute Frage ins Gespräch zu werfen: ‹Wie schnell fährt denn so ein Panzer?›
‹Etwa 60 in der Stunde›, antwortete der desertierte Korporal. Ein paar Wochen später erfuhr ich, daß mich diese Frage fast neun Jahre meines Lebens kosten sollte!
Ich brannte auf den Einsatz an der Front. Schließlich gaben sie mir im Hotel Marquardt einen Ersatzauftrag: Ich sollte nach Zürich zurückkehren und ein geeignetes Quartier für zwei Spione besorgen. Ein Major der Wehrmacht brachte mich an die Grenze bei Basel, die ich mühelos überschritt.
Meinen sprachlosen Eltern erklärte ich nur, ich wolle warme Kleider holen. Mein Vater, der nie mehr als drei, vier Sätze mit mir sprach und mir auch nur selten die Hand gab, verbot mir, wieder nach Deutschland zu gehen.
Ich war gut 22 Jahre alt, fanatisch und unheimlich selbstbewußt.

‹Sag, was du willst›, erwiderte ich. ‹Ich gehe trotzdem.› An der Grenze bei Basel schnappten sie mich; mein Vater hatte die Polizei verständigt!
Die Verhöre bei der Spionageabwehr waren endlos. Ich weigerte mich monatelang, die Namen meiner Freunde und die Standorte der Unterkünfte, die ich beschafft hatte, zu verraten.
Nach jeder ergebnislosen Einvernahme lächelte der Untersuchungsrichter: ‹Dann halt in ein paar Monaten wieder, Herr Mauch!› Und zurück ging's in den Basler Lohnhof. Später brachten sie mich nach Regensdorf.
Nach 934 Tagen Untersuchungshaft, im Juli 1944, machten sie mir endlich den Prozeß. Vor Divisionsgericht und unter Ausschluß der Öffentlichkeit, im Obergerichtsgebäude in Zürich. Er dauerte nur knapp zwei Stunden.
Die Anklage hörte ich im Gerichtssaal zum erstenmal; Akteneinsicht hatte ich nie bekommen. Meinen Verteidiger lernte ich in der Verhandlungspause kennen. Er klopfte mir auf die Schultern und erklärte mir, er habe die Akten erst vor zwei Tagen erhalten und nicht recht Zeit gehabt, sie zu lesen. Sein Plädoyer dauerte drei Minuten. Er legte besonderen Wert darauf, daß ich nicht auch noch wegen Mißbrauchs und Verschleuderung von Material verurteilt würde, und wies nachdrücklich darauf hin, daß meine militärische Ausrüstung in bestem Zustand vorgefunden worden sei.
Das Urteil traf mich wie ein Keulenschlag: 13 Jahre Zuchthaus!
Die erste Zeit glaubte ich noch, naiv wie ich war, die Deutschen würden den Krieg gewinnen, die Schweiz erobern und mich herausholen; in Regensdorf durften wir damals keine Zeitungen halten. Das einzige, was zirkulierte, war ein frommes Wochenblatt mit einer Spalte Zeitgeschehen.
Im Herbst 1950, als ich zwei Drittel meiner Strafe verbüßt hatte, wurde ich mit 370 Franken in der Tasche entlassen. Ich war 31.
Den richtigen Tritt im Leben habe ich nie mehr gefunden. Ich gebe niemandem die Schuld daran. Ich versuchte mich in zahlreichen Stellen. Als ich zwanzig gewesen war, war für mich klar gewesen, daß ich einmal heiraten und Kinder haben würde; ich tat es nicht mehr: Offenbar war ich durch die Haft zu stark vereinsamt.
Mit mehr als fünfzig Jahren kam ich nochmals für zweieinhalb Jahre hinter Gitter. Diebstahl!
Heute bin ich als Faktotum in einer kleinen Zürcher Firma tätig. Mein Chef weiß über mich Bescheid. In meiner Freizeit bin ich zur großen, verirrten Liebe meiner Jugend zurückgekehrt: zum Studium der Geschichte, der Philosophie und der Theologie. Ab und zu veröffentliche ich einen Aufsatz darüber.
Ich habe viel gelernt.»

*Robert Mauch*

Abwesenheit zu 16 Jahren Zuchthaus verurteilt. Der Mann, der einmal Sekretär eines katholisch-konservativen schweizerischen Bundesrats gewesen war, kehrte nie mehr in die Heimat zurück und ließ sich als Arzt in München nieder.

Die Lebensgeschichte des Dr. Franz Riedweg (geb. 1907) ist ein schillerndes Stück schweizerisch-deutscher Zeitgeschichte. Aus dem entschiedenen Antikommunisten wurde ein Europäer, der Hitler und dem Nationalsozialismus die Kraft zutraute, den Kontinent zu einigen und gegen Osten zu stärken. Als einflußreicher Obersturmbannführer der SS (Oberstleutnant) wirkte er zeitweise in Berlin als Türöffner und Bürge für mächtige schweizerische Geschäftsleute, die mit den Nazis und in deren besetzten Gebieten Geschäfte machen wollten; es mag offen bleiben, ob er nicht auch gleichzeitig, wenigstens gelegentlich, dem Schweizer Nachrichtendienst geholfen hat. Anderseits gründete Riedweg mit dem Panoramaheim in Stuttgart die Auffangstelle für Schweizer, die freiwillig in der Waffen-SS Dienst leisten wollten; zugleich war das Panoramaheim die Zentrale der gegen die Schweiz gerichteten SS-Spionage.

Nach dem Medizinstudium war der Hoteliersohn aus Luzern vorerst Sekretär des konservativen Bundesrates Jean-Marie Musy geworden, der noch 1942 in einem Artikel in der Zeitschrift «La Jeune Suisse» kaum verhüllt dafür warb, «sich dem großen Werk anzuschließen, dem auszuweichen keiner mehr das Recht hat». Gemeint war der Feldzug Hitler-Deutschlands gegen Sowjetrußland. Dies nur als Hinweis darauf, daß Riedweg, der später zum Inbegriff des schweizerischen Landesverräters werden sollte, ursprünglich auf dem gleichen weltanschaulich-politischen Boden stand wie weite Kreise des schwei-

*Der Luzerner Arzt Dr. Franz Riedweg entwickelte sich vom Katholisch-Konservativen zum überzeugten Europäer und schließlich zum Nationalsozialisten. Er war der ranghöchste Schweizer in der Waffen-SS.*

zerischen Bürgertums in der Zwischenkriegszeit.

**Die Germanische Leitstelle der SS**

Die SS verstand sich als Vortrupp und Speerspitze der Nazi-Ideologie. Deshalb gliederte ihr Reichsführer Himmler 1940 dem SS-Hauptamt die «Germanische Leitstelle der SS» an, die sich mit den Verhältnissen in den germanischen, noch nicht ins Reich «zurückgekehrten» Ländern beschäftigen und deren «Anschluß» vorbereiten sollte. Innerhalb dieses Amtes gab es ein Amt VI, später «Amtsgruppe D» genannt, deren stellvertretender Chef Riedweg wurde; er betreute das «Referat Schweiz». Dabei handelte es sich, da sich die SS selber ja als einen Orden sah, um eine gemischte militärisch-politisch-weltanschauliche Aufgabe.

Im Gegensatz zu Franz Burri, der die Schweizer ohne Einschränkung als Germanen und folglich die Schweiz als natürlichen Bestandteil des Deutschen Reiches sah, hing Riedweg immer der Auffassung an, die Schweiz würde im kommenden «neuen Europa», dem er föderalistische Züge zutraute, im Rahmen der nationalsozialistischen Ideologie ein gewisses nationales Eigenleben führen und eine gewisse Eigenart bewahren können. Im Kampfblatt «Die Aktion» umschrieb Riedweg sein politisch-weltanschauliches Credo wie folgt:

«Europäisch-kontinental ist der Raum, nordisch-germanisch die Substanz der Revolution des 20. Jahrhunderts, die das Gesicht kommender Jahrhunderte gestalten wird. Diese Erkenntnis ist grundlegend und zwangsläufig für alle, die wesenhaft mit dem heutigen schöpferischen Geschehen verbunden, d. h. germanischen Blutes sind. Immer klarer und deutlicher ersteht eine politische Einheit, innerhalb deren blutmäßige und bodenständige Eigenart einzelner Räume und Stämme ihre Geltung bewahren, wo aber aus der Verbundenheit aller dieser Menschen im Wesenhaften eine Gemeinschaft des Schicksals sich gründet, die für Jahrhunderte unzertrennlich und unlösbar sein wird.»

Bedeutend leichter zu verstehen ist, was der Schweizer Arzt in der Uniform des Schwarzen Korps praktisch und konkret tat, um diesem ahnungsvollen Raunen Gestalt zu verleihen.

– Seinen Freund und späteren Mitarbeiter, den ausgebürgerten Zürcher Rechtsanwalt Dr. Heinrich Büeler, veranlaßte Riedweg, in der Schweiz eine «Fechtgemeinschaft» zu gründen, die nach den Prinzipien der SS arbeiten sollte. Riedweg setzte Büeler das Ziel, bis zum 1. Juli 1941 etwa dreihundert Mann zu sammeln, die erst wehrsportlich, später auch soldatisch und politisch ausgebildet werden sollten. Das traf sich gut, denn der überzeugte Nazi Othmar Maag hatte schon ein paar Wochen früher mit Büeler einen verblüffend ähnlichen Plan besprochen. Maag und Büeler koordinierten ihre Bestrebungen;

so entstand die Sportschule Maag in Kilchberg bei Zürich – mit deutschem Geld, das Büeler von Riedwegs Dienststelle über das deutsche Generalkonsulat (d. h. die Beamten Dr. Gröbl und Dr. Ashton, die auch in zahlreichen anderen Affären wichtige Rollen spielten) beschaffte. Ashton soll über einen Kredit von 45 000 Franken verfügt haben.

Vom 15. bis zum 21. März 1941 fand in Feldkirch ein Kaderkurs für zukünftige SS-Führer in germanischen Randstaaten statt, der von zehn Schweizern, darunter drei in Deutschland wohnhaften, besucht wurde. Kursleiter Riedweg ließ über Themen wie «Die Alpen als deutscher Grenzraum», «Das Reich, die Schweiz und England» und «Grundanschauungen über den Nationalsozialismus» referieren. Riedweg eröffnete den zehn Schweizern, er sei von Himmler beauftragt, in der Schweiz eine illegale SS zu gründen, die sich als Tarnung «Schweizerischer Sportbund» nennen müsse. Sie solle später, wenn die politische Erneuerung komme, den Grundstock für die Neuorganisation bilden. Mit Handschlag nahm Riedweg von jedem einzelnen ein strenges Geheimhaltungsversprechen entgegen.

Unter den sorgenden Händen von Büeler und Maag wuchs diese «Sportschule» sehr rasch. Jeden Samstag fanden in Kilchberg militärisch straffe Übungen (Turnen, Leichtathletik, Boxen, Marschieren usw.) statt. Ortsgruppen bestanden in Zürich, Winterthur, St. Gallen, Rorschach, Azmoos, Romanshorn, Schaffhausen, Baden, Luzern, Basel, Bern, Genf und Sitten. Einzelne Gruppen hatten Alarmpläne. Am 10. Juni 1941, nachdem ein Ausmarsch der «Sportschule» ins Eigental großes Aufsehen erregt hatte, wurden die Organisation aufgehoben und die Hauptbeteiligten verhaftet. Dr. Büeler entkam und tauchte später als Offizier der Waffen-SS, stellvertretender Leiter des Panoramaheims und Pressebetreuer in der Leitstelle wieder auf.

– Riedweg in seiner Germanischen Leitstelle war der eifrigste Werber für den illegalen Eintritt von Schweizer Freiwilligen in die Waffen-SS. Dem Aufruf folgten mindestens ebenso viele Schweizer, wie auf republikanischer Seite im Spanischen Bürgerkrieg gekämpft hatten, nämlich achthundert. Etwa dreihundert von ihnen dürften an der Ostfront gefallen sein, einzelne wurden als Deserteure standrechtlich erschossen.

– Auch Riedwegs Dienststelle führte Karteien über nationalsozialistische und deutschfreundliche Schweizer, deren besondere Fähigkeiten und Ausbildungsgänge. Für den Fall der Machtübernahme in der Schweiz, an der Riedweg wohl kaum zweifelte, war bereits eine provisorische Regierung mit führenden Fröntlern wie Dr. Max Leo Keller, Büeler, Hersche, Zander, Wechlin und natürlich Riedweg selber vorbereitet. Büeler sollte Polizeichef, Riedweg Leiter der schweizerischen SS werden. Anderseits führte die Leitstelle auch Karteien über schweizerische Freimaurer und andere Nazigegner, «um sie nach der Errichtung der nationalsozialistischen Herrschaft zu unterdrücken und zu beseitigen», wie es in einem Bericht des Bundesrates vom 30. November 1948 heißt.

– 1943 ließ Riedweg frontbewährte Schweizer Waffen-SS-Männer zurückkommen, um sie zu Führern der Hitler-Jugend zu machen und später in der Schweiz einzusetzen. Einer der ersten, die auf Veranlassung Riedwegs die Reichsjugendführerschule besuchten, belehrte seine Kameraden in einem Zirkular über den Hintergrund ihrer zukünftigen Tätigkeit: «Ihr müßt so weit kommen, daß Ihr eine demokratisch-liberalistisch verseuchte Jugend, wie es die heutige Schweizer Jugend leider darstellt, in nationalsozialistischem Sinne erziehen und führen könnt. Es genügt nicht, wenn zur gegebenen Zeit eine neue, vielleicht deutschfreundliche Regierung an die Spitze unseres Volkes gestellt wird. (...) Ihr müßt Euch immer und immer wieder vor Augen halten, daß es kein ‹Schweizer Volk› und keine ‹schweizerische Nation› gibt. Die Schweiz ist ein Glied des Großdeutschen Reiches und muß den Weg zu diesem wieder zurückfinden. Und diesen Gedanken der heranwachsenden Jugend in die Herzen zu brennen, ist Eure vornehmste Aufgabe.»

– Riedweg war häufig als Referent in der SS-Junkerschule Tölz und in anderen Ausbildungsstätten tätig; er gab Zeitschriften und Broschüren heraus.

– Das von Riedweg gegründete Panoramaheim entstand in den ersten Monaten des Jahres 1941 in einer geräumigen Villa an der vornehmen Panoramastraße in Stuttgarts bestem Stadtteil. Im Dezember 1943 wurde es nach Straßburg und um Ostern 1944 nach Bregenz verlegt, wo es «Planettaheim» hieß. Hier wurden illegal nach Deutschland eingereiste Schweizer und Liechtensteiner aufgenommen und verpflegt, bis sich ihre weitere Verwendung – Waffen-SS, Arbeitsdienst usw. – geklärt hatte. Als Hauptmotiv zur Gründung gab Riedweg an, die illegal Einreisenden seien von den Grenzbehörden und von der militärischen Abwehr oft wochenlang in Gefängnissen zurückgehalten worden, und dies habe er unterbinden wollen. Die offizielle Berichterstattung des Bundesrates, die sich auf Gerichtsurteile stützt, betrachtet das Panoramaheim aber als Werbezentrale für die Waffen-SS. Die Heimsassen wurden ausgiebig ausgefragt. Dazu der Bericht des Bundesrates:

«Es bestand ein Frageschema des SD. Die politischen Angaben,

z. B. ob bestimmte Schweizer oder in der Schweiz wohnende Personen deutschfreundlich oder deutschfeindlich seien, vermerkte das Referat VI des SD-Leitabschnittes oder der AAK in seiner Kartothek, während die militärischen Nachrichten an die Abwehrstelle der Wehrmacht (AST), später an das RSHA weitergemeldet wurden. In geeigneten Fällen begab sich ein Beauftragter des SD oder der AST zur Befragung ins Heim oder ließ sich die Abzuhörenden durch den Heimleiter zuführen. (...) Im Auftrag des SD stellte er (d. h. Heimleiter Nägele) den Heiminsassen nach einem Frageschema mehr als 50 Fragen über politische und militärische Verhältnisse in der Schweiz. Darunter befanden sich z. B. Fragen nach den politischen Parteien der Schweiz, ihrer Stärke, ihren Zielen, ihrem Verhältnis zueinander, ihren Führern, nach deutschfeindlichen Zeitungsredaktoren, nach deutschfreundlichen höheren Schweizer Offizieren, nach der Lage und der Organisation der zentralen Verteidigungszone der Schweiz, nach Lage, Bau und Ausstattung schweizerischer Festungswerke, nach der Organisation schweizerischer Truppenteile (Flugwaffe, Fliegerabwehr, motorisierte Truppen), nach der Stärke der Armee und der aufgebotenen Truppen, nach ihrer Bewaffnung, nach dem Zustande der schweizerischen Straßen.»

**Pfarrer führt Genickschußlisten**

Unter den 19 Angeklagten im großen Prozeß um die Germanische Leitstelle der SS vor Bundesstrafgericht in Luzern (Dezember 1947) befanden sich außer Riedweg und Büeler noch viele weitere Männer mit eigenartigen Lebensläufen und ungewöhnlichen Schicksalen.

Franz Riedweg, der in ein englisches Kriegsgefangenenlager bei Nürnberg gekommen war, wollte nicht am Luzerner Prozeß teilnehmen, weil er das schweizerische Einreisevisum erst zwei Tage nach Prozeßbeginn erhalten hatte. Eigenen Erklärungen zufolge hatte er sich vorher monatelang vergeblich um das Dokument bemüht, weil ihm an sich daran gelegen gewesen sei, sich zu rechtfertigen.

Anders der Journalist Benno Schäppi (geb. 1911). Er ging schwarz über die Grenze und stellte sich wenige Stunden nach der Eröffnung des Verfahrens zur allgemeinen Überraschung seinen Richtern! Der Sohn aus zerrütteten Familienverhältnissen, den Fehlspekulationen seines Vaters um das ersehnte Studium gebracht hatten, fand Mitte der dreißiger Jahre, als er kaufmännischer Angestellter in Zürich war, in Dr. Hans Oehler, dem Herausgeber der einst angesehenen und dann immer frontistischer werdenden «Nationalen Hefte», einen väterlichen Freund, der ihm zum Journalismus riet. 1939 ging er nach Deutschland; der kurzsichtige HD meldete sich 1941, wohl auch aus Gründen der Selbstbestätigung, freiwillig zur Waffen-SS. Nach zahlreichen Fronteinsätzen wurde er Kriegsberichterstatter. Dann holte Riedweg seinen Landsmann als Pressechef in die Germanische Leitstelle der SS, später, im Oktober 1943, wurde Schäppi Leiter des Panoramaheims. Leidenschaftlich bestritt er noch lange nach seinem Prozeß die Anklage, er sei nachrichtendienstlich tätig gewesen, habe insbesondere Neuankömmlinge ausgehorcht und sie zum Eintritt in die Waffen-SS gedrängt. Das Gericht hielt diese Anklagen indes für erwiesen und verurteilte den Journalisten zu sechzehn Jahren Zuchthaus, von denen er neun in Regensdorf absaß.

Der ehemalige Zürcher Bankangestellte Paul Benz (geb. 1920) glaubte bis zuletzt an die Möglichkeit einer gewaltsamen Unterwerfung der Schweiz. Er war im August 1943 unter der Leitung von Riedwegs Nachfolger Spaarmann Leiter des Referats Schweiz geworden und hatte den berüchtigten «Plan S» entworfen. Dieser sah im wesentlichen vor, einerseits Schweizer Nationalsozialisten und deren Familien nach Deutschland zu evakuieren, anderseits Schweizer SS-Führer von der Front abzuziehen, um sie als schnell mobilisierbare Reserve für den politischen Einsatz in der unterworfenen alten Heimat zur Hand zu haben. Sodann wurde der Zusammenzug aller Schweizer SS-Freiwilligen und der zuverlässigen nationalsozialistischen Schweizer im Reich – immer mit der gleichen Stoßrichtung – vorbereitet. Die Germanische Leitstelle Schweiz sollte als zentrales politisches Führungsorgan ausgestaltet werden. Als Punkt 6 des Plans figurierte – Originalton von Benz – «mit RSHA zusammen Vernichtung aller Reichsfeinde». Das bedeutete, daß nach dem deutschen Einmarsch in die Schweiz die als antinazistisch eingestuften Persönlichkeiten teils auf der Stelle erschossen, teils in Konzentrationslager eingesperrt werden sollten.

Die entsprechenden schwarzen Listen mußten verfeinert und vervollständigt werden. Diese Arbeit besorgte ausgerechnet ein ehemaliger protestantischer Pfarrer namens Werner Wirth (geb. 1886), der seiner Familie davongelaufen und nach Deutschland gegangen war. Der ehemalige Kommunist, der zum Nazi geworden war, gründete im Frühsommer 1944 in Radolfzell das «Oberdeutsche Arbeitsbüro». Er sollte eine Denkschrift über die politische Lösung der «Schweizer Frage» ausarbeiten. Sie sollte zum Beispiel Vorschläge über die Verwendung beschlagnahmten jüdischen Besitzes, über die Erfassung der Schweizer Jugend, über die Liquidierung von Parteien, Gewerkschaften und Zeitungen, über die Behandlung der Kirchen und über den Umbau der Verwaltung umfassen. Wirth kam freilich nicht mehr dazu, sein Memorandum auszuhändigen. Was er aber wirklich abgab, waren eigentliche Genickschußlisten!

Das Bundesstrafgericht stellte in seinem Urteil fest, daß Wirth aus einer Kartei, die ihm Benz übergeben hatte, etwa 200 Karten über Reichsfeinde in der Schweiz an den SD in Stuttgart abgeliefert hatte. Und weiter, wörtlich nach dem Bericht des Bundesrates vom 30. November 1948:

«Er erstellte Karteien über die SS-Schweizer, die Neuschweizer, die Judenfreunde. In einer anderen Kartei vermerkte er Namen, Sitz, Vorstand und Mitgliederzahl der größeren schweizerischen Vereine, Verbände, Gewerkschaften usw. Sie sollten bei der Umgestaltung der Schweiz zur Mitarbeit aufgerufen werden. (...) Anfang Februar 1945 schickte Wirth seinen Bürogehilfen nach Badisch-Rheinfelden und zur Gestapo nach Lörrach. Er beauftragte ihn, aus der Schweiz Listen über nationalsozialistische Schweizer, Deutschfeinde, Judenschweizer, Judenhelfer, Emigranten, Neuschweizer und über verfolgte Nationalsozialisten zu beschaffen.»

Wenige Tage vor dem Einmarsch der Franzosen in Radolfzell sorgte Wirth für die Vernichtung seiner Akten. Es heißt, er habe auf seine schwarzen Listen auch die Namen von Leuten gesetzt, mit denen er private Rechnungen zu begleichen hatte. Der zur Zeit des Prozesses 61 Jahre alte Mann erhielt zehn Jahre Zuchthaus. Riedweg wurde in Abwesenheit zu sechzehn, Büeler zu acht Jahren verurteilt.

Als die Verurteilten nach Schluß des Prozesses aus dem Rathaus am Kornmarkt in der Luzerner Altstadt in die bereitstehenden Gefangenenwagen geführt wurden, kam es zu einem Tumult:

*Vidkun Quisling! Der Name dieses norwegischen Faschisten wurde nach dem Krieg zum Synonym für Landesverrat schlechthin.*

Das Publikum beschimpfte und bedrohte die Verurteilten und bewarf sie mit Unrat und Steinen. Die Polizei mußte sie vor der Wut der Menge schützen.

## Eine Art schweizerischer Quisling

«Daß die Reichsmark Schweiz durch die Hand des Führers sich zur Heimat taste, ist unser Bekenntnis und mehr: Unser Glaube!»
*Dr. Josef Franz Barwirsch in einer Denkschrift an Reichskommissar Dr. Arthur Seyss-Inquart*

*Vidkun Quisling*
Der Name dieses norwegischen Generalstabsoffiziers, der schon 1933 eine faschistische Partei gegründet hatte und in den letzten drei Kriegsjahren als Ministerpräsident von Hitlers Gnaden mit den Besatzern gemeinsame Sache machte, ist in der Weltgeschichte der neuesten Zeit zum Synonym für den Verräter schlechthin geworden.

*Dr. Josef Franz Barwirsch*
Eine Zeitlang bedeutete der Name dieses eingebürgerten Davoser Rechtsanwalts in der Schweiz dasselbe wie der Name des hingerichteten Quisling in Norwegen: den Inbegriff des Verrats.

Der gebürtige Österreicher (geb. 1900) kam 1924 als Lungenpatient nach Davos und beschloß, hier zu bleiben. Ohne Prüfung wurde ihm, obwohl seine österreichischen Studienausweise zweifelhaft waren, das Bündner Anwaltspatent verliehen. Nicht viel mehr Umstände machte die kleine Gemeinde Schmitten, als sie Barwirsch 1931 einbürgerte.

Dieser Werdegang Barwirschs zeigt auf, warum der Kurort Davos zu einer der Hochburgen des Nationalsozialismus in der Schweiz geworden ist: Die vielen in deutscher Hand befindlichen Heilstätten zogen Patienten an sich, die sich später nicht mehr von der prachtvollen, gesunden Landschaft trennen mochten. Auch der Davoser Fremdenverkehr war seit je stark nach Deutschland orientiert. Noch im Mai 1945, bei Kriegsende, figurierten in der beschlagnahmten Kartei der Deutschen Kolonie in Bern 389 NSDAP-Mitglieder mit Wohnsitz in Davos, bedeutend mehr als in ungleich größeren Städten wie Baden, Biel, Freiburg oder Winterthur. In Davos hatte auch der Schweizer Landesgruppenleiter der NSDAP, Wilhelm Gustloff, gelebt, der am 4. Februar 1936 vom jugoslawischen Medizinstudenten David Frankfurter erschossen worden war.

Barwirsch trat politisch in Davos nie besonders hervor; nur seine hochfahrende und wenig loyale Art in der Besorgung von Rechtsgeschäften regte zuweilen Kollegen und Behörden auf. Erst nach dem Krieg stellte sich heraus, daß er schon dem Kreis um Gustloff angehört und als einer der «Männer der ersten Stunde» wiederholt Geld zur Unterstützung von SA-Leuten gespendet hatte. Leisten konnte sich Dr. Barwirsch solches ohne weiteres: Zwar ist über die

Art seiner Geschäfte wenig bekanntgeworden, doch lebte er in solidem bürgerlichem Wohlstand. In seinem Chalet «Rhenania» arbeiteten gleich zwei Dienstmädchen.

Im Gegensatz zu seinen 17 erschossenen Gesinnungsfreunden hielt sich der hagere Anwalt nicht damit auf, Bunkerstellungen und Talsperren auszukundschaften; er arbeitete vielmehr detaillierte Pläne und Denkschriften für den politischen Anschluß der Schweiz an das Reich aus, wobei er besonderes Gewicht auf die klügste und psychologisch wirksamste Art der Behandlung der deutschschweizerischen Bevölkerung legte.

Über den in Wien als Anwalt tätigen überzeugten Nationalsozialisten Dr. Ernst Hoffmann kam Barwirsch 1939 mit dem später in Nürnberg gehängten Reichskommissar Dr. Arthur Seyss-Inquart in Verbindung, der zu jener Zeit Reichsstatthalter in Wien war. Seit dem Frühjahr 1940 arbeitete Barwirsch auch für den ebenfalls in Nürnberg hingerichteten SS- und Polizeiführer Ernst Kaltenbrunner; weitere Kontaktpersonen waren SS-General Schellenberg und der allgegenwärtige, für die Schweiz zuständige Stuttgarter Spionagechef Dr. Klaus Hügel. Seyss-Inquart hielt viel von Barwirsch und bezeichnete ihn gegenüber Himmler und Heydrich 1940 als «zurückhaltenden, offenbar sehr klugen Mann, der einer Politik mit Holzhammer und Schnauze abgeneigt ist und im Stadium der Zwischenlösungen eine Hilfsrolle spielen kann».

### In drei Schritten heim ins Reich

Nichts in Barwirschs zahlreichen Berichten an die erwähnten Nazigrößen deutet freilich darauf hin, daß sich der Davoser Anwalt lediglich mit einer Hilfsrolle hätte begnügen wollen; vielmehr entwickelte er in der selbstgewählten Rolle einer geschichtspolitischen «grauen Eminenz» einen Dreistufenplan für die Heimkehr der Schweiz ins Deutsche Reich – einen Plan, der später vom Bundesstrafgericht gerade deshalb als besonders gefährlich beurteilt wurde, weil er zumindest in Äußerlichkeiten sorgfältig das bedächtige politische Temperament des Schweizervolkes berücksichtigte und – im Gegensatz etwa zu den flammenden Tiraden Burris – vertraute Züge helvetischer Realpolitik aufwies.

– Barwirsch ging davon aus, daß die deutsche Schweiz eigentlich nur durch eine geschichtliche Fehlentwicklung vom Deutschen Reich entfremdet worden war. Der erste der drei Schritte sollte folglich darin bestehen, «den Alemannen von Basel bis zum Gotthard» ihre «deutsche Aufgabe» durch sorgfältig dosierte Propaganda bewußtzumachen. Der Anschluß sollte den Schweizern nicht als erzwungene Lösung, sondern als Erfüllung eines eigentlich von jeher bestehenden, aber verschütteten Wunsches erscheinen. Barwirsch empfahl den Nazis, bei der Wahl der Propagandamethoden von der üblichen unbekümmerten Lautstärke abzurücken und – so wörtlich – «dem deutschen Schweizer in jedem einzelnen Buchstaben und in jeder Äuße-

*Streng bewacht geht der Anwalt Dr. Josef Franz Barwirsch in den Churer Gerichtssaal. Wäre er früher erwischt worden, hätte man ihn wahrscheinlich erschossen.*

rung mit Achtung, Liebe und Verstehen» zu begegnen.
– In einer zweiten Phase (Ende 1939/Anfang 1940) sollte die Schweiz nach Barwirsch dann durch zahlreiche Einzelmaßnahmen «in das außenpolitische deutsche Kraftsystem einbezogen werden». Dazu sollte nicht nur eine schweizerische SA-Formation dienen, sondern zum Beispiel auch eine deutsch-schweizerische Handelsbank und eine besondere Stelle für die Ausgleichswirtschaft zwischen den beiden Ländern.
– Erst in einem dritten Schritt (Ende 1940 und 1941) wäre nach Barwirschs Stufenplan die eigentliche Machtergreifung durch einen nationalsozialistischen Putsch gefolgt. Aber selbst dann hätte der mit den Verhältnissen seiner neuen Heimat ausgezeichnet vertraute Taktiker zumindest für eine Übergangszeit den Kantonen ihre Funktion noch belassen wollen: Der «Gau Schweiz» hätte nach seinen Vorstellungen eine halbsouveräne Stellung unter einheitlicher, Hitler direkt unterstellter Führung erhalten sollen. Säuberung der Parlamente, ihre Ablösung durch das Führerprinzip und Umbau des Rechtssystems wären die wichtigsten Schritte gewesen. Ein neues zentrales Berufungsgericht mit Sitz in Luzern hätte sämtliche Strafurteile nach «staatspolitischen Gesichtspunkten» überprüfen sollen. Im Zivilrecht wären sogleich und vorbehaltlos die nazistischen Rassengesetze eingeführt worden. Die Kantone wären von Kantonsführern geleitet worden, die von Amtes wegen gleichzeitig die nationalsozialistische Kantonalpartei geführt hätten – Verbindung von Staat und Einheitspartei als Muster totalitärer Herrschaft! Barwirsch empfahl schließlich eine politische Säuberung der Bundesverwaltung und die «Sicherstellung» des Bundesrates, was immer dies heißen mochte. Alles nach dem Motto, das Barwirsch einmal in dem ihm eigenen schwülstigen Stil so formuliert hatte:
«Wie Streue im Drusch soll die geringe Hülle dieser unserer staatlichen Gegenwart davonstieben vor dem stählernen Handgriff in die Radspeiche des europäischen Schicksals und für den Einbau der deutschen Schweiz in das Sinngewebe des Reiches.»

*Er erhielt Barwirschs Berichte: Reichskommissar Dr. Arthur Seyss-Inquart (links), hier beim Besuch einer «Reichsschule». Seyss-Inquart wurde in Nürnberg gehängt.*

## Barwirsch leugnet alles

Im Bundesstrafprozeß, der kurz vor Weihnachten 1946 in Chur durchgeführt wurde, bestritt Dr. Barwirsch hartnäckig, der Verfasser dieser Berichte zu sein, obwohl sie teilweise seine Unterschrift trugen. Er setzte damit die Taktik fort, die er schon in der Untersuchung angewandt hatte. Im Prozeßbericht der «Neuen Zürcher Zeitung» heißt es:
«Bezirksanwalt Dr. Gloor schilderte das Verhalten Barwirschs in der Untersuchung, das er als das Widerlichste bezeichnete, das ihm in seiner dreißigjährigen Tätigkeit als Untersuchungsrichter begegnet sei. Sofort nach der Verhaftung habe Barwirsch Beschwerden eingereicht, dann habe er die Versetzung in ein Gebirgssanatorium verlangt, obwohl sein Gesundheitszustand dies nicht erfordert habe. Bald habe er begonnen, den ‹Geisteskranken zu spielen›, und zwar derart, daß im Januar 1946 die Anordnung einer psychiatrischen Begutachtung erforderlich gewesen sei. Zeitweise habe er ununterbrochen gehustet, aber nur so lange, bis ihm ein Aktenstück verlesen worden sei, das ihn besonders interessiert habe. Schließlich habe Barwirsch das ‹Schreiben verlernt›; er habe nach Stil und Orthographie ‹wie ein Erstkläßler›, aber zur gleichen Zeit – unbewacht – ganz normal geschrieben. Der Bezirksanwalt bestätigte, daß er Barwirsch einmal in einem Verhör erklärt habe, er gehöre an die Wand gestellt – ‹das habe ich aufrichtig gemeint›.»

## Ferienhungrige Amis liefern die Beweise

Wäre nicht einer dieser unglaublichen Zufälle eingetreten, die bisweilen das Leben von Menschen völlig verändern, wären die Umsturzpläne des Dr. Josef Franz Barwirsch möglicherweise nie ans Tageslicht gekommen, und der

Anwalt hätte die Nachkriegszeit nebst Hochkonjunktur unbehelligt im bekömmlichen Davoser Höhenklima genießen können.

Schweizer Grenzposten Thayngen SH: Es war der frühe Morgen des 14. November 1945. Am Schlagbaum stoppte ein amerikanisches Militärauto, in dem zwei uniformierte Feldpolizisten saßen. «Wir möchten in die Schweiz, wir haben wichtige Akten bei uns», sagte der eine in fließendem Deutsch.

Nicht so sehr die Entlarvung eines niederträchtigen Verräters trieb ihn, sondern die Aussicht auf ein paar angenehme Urlaubstage in der wohlversorgten Schweiz und bei seinen Verwandten in Zürich.

Der Feldpolizist war dabeigewesen, als die Amerikaner kurz zuvor auf Schloß Hof bei Salzburg das geheime Privatarchiv von Seyss-Inquart entdeckt und beschlagnahmt hatten. Sofort hatte er sich anerboten, in die Schweiz zu fahren. Sein Chef hatte nichts dagegen gehabt – die Bundespolizei, von den Schaffhauser Grenzern eilig verständigt, selbstverständlich auch nicht; denn in den Akten befanden sich die Berichte des Dr. Josef Franz Barwirsch. An der Echtheit des Materials hegte die Bundespolizei keinen Zweifel. Sechs Tage später wurde der Anwalt verhaftet, als er im Zürcher Hauptbahnhof dem Churer Schnellzug entstieg.

Natürlich schickte die Bundespolizei sofort ein paar Inspektoren nach Deutschland und Österreich, um weiteres Material sicherzustellen. Die Engländer und die Amerikaner scheinen sie dabei großzügig unterstützt zu haben. Bei diesen Nachforschungen wurde auch die Spur des vorübergehend verschollenen Landesverräters Franz Burri wiederaufgenommen. In der Nähe von Salzburg stießen die Schweizer Bundespolizisten in einem Militärlager ebenfalls auf den Rechtsanwalt Dr. Ernst Hoffmann, über den viele Barwirsch-Berichte an Seyss-Inquart gelaufen waren. Hoffmann, der im Gegensatz zu Barwirsch zur Besinnung gekommen und darauf bedacht war, seine Haut zu retten, sagte ausführlich gegen seinen früheren Freund aus.

Das Bundesstrafgericht verurteilte Dr. Barwirsch am 20. Dezember 1946 zur Höchststrafe von zwanzig Jahren Zuchthaus.

## Dr. Max Leo Keller – der Mann im Hintergrund

Der 1897 geborene Ingenieur und Energieexperte Dr. Max Leo Keller war der letzte große Landesverräter, der in der Schweiz verurteilt wurde. Mit dem Mittagsglockenschlag des 3. Juli 1948 verlas Bundesstrafgerichtspräsident Ernst das Urteil: zwölf Jahre Zuchthaus und fünf Jahre Ehrverlust als Zusatzstrafe zu einem früheren Urteil eines Militärgerichts. Der Urenkel des aargauischen Staatsmannes und Kulturkämpfers Augustin Keller (1805–1883) war der große stille Mann im Hintergrund der von Machtkämpfen, Intrigen, von immer wiederkehrenden Neugründungen und von Abspaltung bewegten schweizerischen Frontistenszene. 1944 wurde er schließlich von den maßgebenden deutschen Stellen als Schiedsrichter und Liquidator der rivalisierenden Schweizerbünde eingesetzt.

### Hess als Protektor

Sein Protektor in der Reichsführung war Rudolf Hess, der Stellvertreter Hitlers. Nachdem Keller im Juni 1940 die «Nationale Bewegung der Schweiz» (NBS) als Sammelbecken der zersplitterten

---

**Barwirsch will 1,69 Millionen Entschädigung!**

Etwas mehr als sieben Jahre verbrachte Dr. Josef Franz Barwirsch im Strafvollzug. Dann erkrankte der damals 54jährige Ex-Anwalt aus Davos an akuter Tuberkulose und wurde ins Sanatorium Walenstadtberg verlegt.

Am 9. April 1954 sollte Dr. Barwirsch zum Zahnarzt. Unverständlicherweise ließen ihn seine Betreuer unbegleitet gehen. Barwirsch nützte die Gelegenheit und floh nach Österreich.

Von dort aus bombardierte er Behörden, Gerichte und alle erdenklichen Persönlichkeiten des öffentlichen Lebens in der Schweiz mit Briefen, Bittschriften und schließlich mit Strafanzeigen. Als niemand darauf reagierte, verklagte er die Schweizerische Eidgenossenschaft auf Schadenersatz in der Höhe von 1,687 Millionen Franken. Zur Begründung machte er geltend, die von den Amerikanern der Schweiz übergebenen Schuldbeweise seien völkerrechtswidrig beschafft worden; in der Haft sei die Ausheilung seiner Tuberkulose systematisch verhindert worden, und nach seiner Flucht hätten die Schweizer Behörden seine Wiedereinbürgerung in Österreich hintertrieben.

In der Tat erkundigte sich der österreichische Botschafter in Bern 1960 vorsichtig, wie eine Wiedereinbürgerung des verurteilten Verräters durch Österreich von der Schweiz aufgenommen würde. Das Eidgenössische Politische Departement wies darauf hin, daß Barwirsch, wäre er noch zur Zeit des Aktivdienstes entlarvt worden, wahrscheinlich mit der Todesstrafe hätte rechnen müssen. Seine Rückbürgerung könnte in der Schweiz zu ungehaltenen Pressereaktionen führen und die freundschaftlichen Beziehungen zu Österreich belasten. Auf eine zweite Rückfrage (1965) hieß es, die eidgenössischen Behörden würden die Rückbürgerung zwar nicht als unfreundlichen Akt auffassen, doch wären Reaktionen in der Öffentlichkeit denkbar; Barwirsch hätte überdies auch als Österreicher mit der sofortigen Verhaftung zu rechnen, wenn er Schweizer Boden betreten sollte.

Österreich verstand den Wink und ließ die Sache auf sich beruhen. Im Juni 1975 wies das Bundesgericht die Klage des Dr. Barwirsch ab.

und zerstrittenen Fronten gegründet hatte, nahm er zusammen mit Ernst Hofmann von der «Eidgenössischen Sozialen Arbeiterpartei» und dem nationalsozialistischen Schweizer Dichter Jakob Schaffner an der heftig umstrittenen Frontistenaudienz bei Bundespräsident Pilet-Golaz teil. In dieser Zeit sicherte Rudolf Hess dem Zürcher Ingenieur zu, daß Deutschland keine die Schweiz betreffende Entscheidung fällen werde, ohne Keller Gelegenheit zu geben, dazu seine Meinung zu äußern.

Mit so viel Autorität ausgerüstet, nahm Keller auf Veranlassung von Dr. Franz Riedweg an der von Dr. Klaus Hügel geleiteten Münchner Einigungskonferenz vom 10. Oktober 1940 zwischen den verschiedenen Schweizerbünden teil. Die Mission verlief erfolglos, trug aber dazu bei, Keller definitiv die führende Stellung innerhalb der NBS zu sichern.

Bei der Großrazzia der Bundespolizei auf die Schweizer Nazis vom Juni 1940 wurde auch Dr. Keller verhaftet, doch reichten die Schuldbeweise damals für eine Verurteilung nicht aus. Hängen blieb freilich ein militärgerichtliches Verfahren, das mit einer Verurteilung zu sechs Jahren Zuchthaus endete. Als das Urteil erging, war Dr. Keller aber bereits nach Deutschland geflohen und dort als verfolgter Gesinnungsfreund mit allen Ehren empfangen worden. Ein reicher Schweizer Nazi hatte die Kaution gestellt und verfallen lassen.

Dr. Max Leo Keller war im Gegensatz zu vielen anderen Schweizer Frontenführern ein ausgezeichnet ausgebildeter und taktisch geschickt operierender Mann. Nach dem Besuch des Technikums in Winterthur wurde er Elektroingenieur und erwarb sich noch den Dr. rer. pol. hinzu. Nach einem längeren Amerikaaufenthalt und einer beratenden Tätigkeit in der Privatindustrie

*Dr. Max Leo Keller verstand es, sich im Hintergrund zu halten. Gegen Ende des Krieges wollte er die Nazibewegungen einigen und «Führer» der Schweiz werden.*

stieg Keller zum Direktor der kantonalbernischen Zentralstelle für die Einführung neuer Industrien auf. 1939 eröffnete er in Zürich ein Büro für Wirtschaftsberatung. Dr. Max Leo Keller galt als ausgezeichneter Kenner der schweizerischen Wasser- und Elektrizitätswirtschaft. Seit 1933 war er aktiver Fröntler.

**Der höchste Schweizer Nationalsozialist**

Durch seine Einigungsversuche, aber auch sein geschicktes Taktieren mit höchsten deutschen Führungsstellen aus dem Hintergrund stieg Keller gegen Ende des Krieges in der Gunst der deutschen Spitzen immer höher. Nach einem weiteren Einigungsversuch im August 1944 war Keller praktisch der höchste Schweizer Nationalsozialist. Dabei zählte er – ähnlich wie sein Freund Riedweg und im Gegensatz zu seinem scharfen Rivalen Burri – zu den Anhängern einer «organischen Lösung» und zu den «Verständigungspolitikern». Keller hat sich anscheinend vorgestellt, die Schweiz könne als unabhängiger, aber nationalsozialistischer Staat in einem kommenden europäischen Staatenbund Bestand haben. Gleichzeitig gab er im Prozeß ausdrücklich zu, mit Hilfe deutscher Amts- und Dienststellen die Umwandlung der Schweiz in einen nationalsozialistischen Staat betrieben zu haben. Einschränkend fügte er hinzu, er sei des ehrlichen Glaubens gewesen, dies wäre für die Schweiz die einzige vernünftige Lösung gewesen, und er habe für sein Land immer nur das Beste gewollt.

Die strafbare Tätigkeit Kellers ereignete sich vor allem in den Jahren zwischen November 1941 und Kriegsende, als er in Deutschland als Vertrauensmann für Schweizer Fragen tätig war und damit Landesverrat beging. Außerdem erstellte er zu Handen verschiedener deutscher Amtsstellen ausführliche, wenn auch größtenteils falsche Berichte über die schweizerische Elektrizitätswirtschaft, in denen behauptet wurde, die Schweiz sträube sich auf Betreiben der Alliierten, der Juden und der Logen gegen den Export ihrer überschüssigen elektrischen Energie an das stromhungrige Deutschland. Keller beriet die deutschen Stellen auch, wie man die Schweiz – zum Beispiel durch Drosselung der Kohlelieferungen – unter Druck setzen könne, um eine Änderung dieser Exportpolitik zu erzwingen. Die Vorschläge wurden von den deutschen Experten wegen offensichtlich falscher Grundannahmen nicht ernst genommen.

Mit dem Urteil gegen Dr. Max Leo Keller war die endlose Reihe der Landesverräterprozesse in der Schweiz beendet. Mit spürbarer Erleichterung schrieb der Gerichtsberichterstatter der «Neuen Zürcher Zeitung»:

«Als von den Kirchen Luzerns die Mittagsglocken läuteten, schloß Bundesrichter Ernst die Sitzung. (...) Die Urteile des Bundesstrafgerichts gegen die politischen Landesverräter von gestern gehören auch im Jubiläumsjahr der Eidgenossenschaft zu den wertvollen Dokumenten. Im Verhältnis zur machtvollen Einheit des Volkes, das treu und opferbereit zur unbedingten Freiheit und Unabhängigkeit der Heimat als eines demokratischen Rechtsstaates stand, bildet das Grüpplein der Abtrünnigen eine verschwindende Minderheit, aber eine gefährliche Minderheit, weil sie in Erkenntnis ihrer Schwäche mit fremder Hilfe und unter Preisgabe der schweizerischen Unabhängigkeit die Macht erringen wollte. Die Urteile des Bundesstrafgerichts sollen als Dokumente der Wachsamkeit im Gedächtnis bleiben, um aus ihnen zu lernen, welche Gefahren der Heimat drohen, wenn ein anderes Grüpplein Abtrünniger auf ein Erlahmen der Wachsamkeit spekulieren sollte...»

## «Die Zweihundert» — Legende und Wirklichkeit

Am 15. November 1940, als die Schweiz wie ein Ei in der gepanzerten, ganz Europa umklammernden Faust Nazideutschlands lag, richteten einflußreiche schweizerische Politiker, Militärs, Wirtschaftsführer und Intellektuelle eine Petition an den Bundesrat, die in acht konkreten Forderungen gipfelte. Diese Forderungen umfaßten u.a.

— *Einflußnahme auf die Presse*, d.h. Durchsetzung einer deutschfreundlicheren Haltung; Entfernung betont deutschfeindlicher Journalisten (gemeint waren die Chefredaktoren Bretscher/NZZ, Oeri/Basler Nachrichten und Schürch/Bund); Ausmerzung von Presseorganen, die im Dienst fremder politischer Gedanken standen; straffe behördliche Überwachung der Schweizerischen Depeschenagentur;

— *Überprüfung aller politischen Prozesse und Strafverfahren*, «die zu Beanstandungen Anlaß geben können»; Rehabilitation der Betroffenen, Bestrafung der Verantwortlichen;

— *Entfernung* jener Personen aus verantwortlichen Stellen des Staates, «deren politische Tätigkeit sich offenkundig für das Land als nachteilig erwiesen hat»;

— *sorgfältige Pflege der Beziehungen zu allen Nachbarvölkern, Lösung der letzten Bindungen an den Völkerbund.*

In drei Schüben wurden insgesamt 173 vorwiegend prominente Unterschriften unter diesen Forderungen eingereicht. Federführend waren der Aargauer Staatsarchivar Hektor Ammann, der Industrielle Caspar Jenny, der Berufsoffizier Fritz Rieter, der Bankier Ernst Friedrich (Zürich), der Mittelschullehrer Heinrich Frick, der Versicherungsdirektor Andreas von Sprecher und der Pfarrer Rudolf Grob. 1946 gab der Bundesrat die Namen sämtlicher Unterzeichner bekannt. Im Entrüstungssturm der vom jahrelangen Druck befreiten politischen Öffentlichkeit kam es zu brutalen Vergeltungsmaßnahmen. Verschiedene Unterzeichner wurden aus ihren Beamtungen verjagt, mußten politische Ämter niederlegen. Der Glarner Ständerat Dr. Joachim Mercier erlitt ob der Anfeindungen eine Herzattacke, der er erlag. Ein Oberstleutnant und Unterzeichner nahm sich das Leben, ein Aargauer Notar ging ins Wasser, wurde aber gerettet.

Schon die Tatsache, daß aus den 173 Unterzeichnern in der öffentlichen Meinung einfach «die Zweihundert» wurden, deutet zumindest auf Ungenauigkeiten und Vergröberungen in der Diskussion von damals hin. Fest steht heute, daß den meisten Unterzeichnern falsche Motive unterschoben worden sind. Nachdem die Historiker Prof. Edgar Bonjour und Gerhart Waeger die Geschichte dieser Eingabe und ihrer Unterzeichner in ausführlichen Studien gründlich untersucht haben, ist klar, daß «die Zweihundert» keinesfalls Landesverräter gewesen sind. Zutreffen dürfte vielmehr das Urteil von Prof. Bonjour:

«Auch aus der historischen Distanz erscheint die Eingabe mehr als bedenklich. Beim Eindringen in alle Untiefen des gefährlichen Schriftstücks erkennt man, daß hier staatsstreichartige Eingriffe verlangt wurden, wie sie soeben in Europa vor aller Augen stattgefunden und zu katastrophalen Folgen geführt hatten. Ihrem ganzen Charakter nach waren die Forderungen von deutschnationalem Denken geprägt. (...) Das alles glich jenem sattsam bekannten und berüchtigten Vorgehen der konstitutionswidrigen Wiederaufnahme gerichtlicher Verfahren durch neue Gerichte, die nicht von der Verfassung vorgesehen waren, und der Verfolgung der Richter, die das erste Urteil gefällt hatten. Fraglos mußte sich die Erfüllung dieser undemokratischen, nur mit den Mitteln des totalitären Staates durchführbaren Forderungen im Sinne der Einordnung in die neue weltpolitische Konstellation auswirken.»

Aber Prof. Bonjour fügt auch mildernde Umstände hinsichtlich der Motive der Unterzeichner hinzu:

«Diese Akademiker, Industriellen, Finanzleute, Berufsoffiziere, Bauern — darunter Mitglieder der eidgenössischen Räte — waren bestimmt keine Landesverräter, wie eine überbordende Presse 1946 behauptete, sondern anständige, ehrliche Patrioten, die aber eine andere als die geltende politische Auffassung vertraten, eine falsche, ja verhängnisvolle, wie die Nachwelt weiß. Damals aber war die Furcht, Hitler könnte sich durch Ausfälle der Schweizer Presse zu Gewalttaten provozieren lassen, weit verbreitet. Die Initianten der Eingabe wähnten, im Interesse der schweizerischen Unabhängigkeit und Selbständigkeit der Stimmung Deutschlands gegenüber der Schweiz Rechnung tragen zu sollen, ‹während ihre Bereitschaft in Wirklichkeit geeignet war, die innere Selbständigkeit der Eidgenossenschaft zu gefährden. Die Zielrichtung der Eingabe ging nicht auf eine Unabhängigkeitsverletzung, sondern es sollte mit den verlangten Regierungsmaßnahmen eine solche Gefährdung — vermeintlich — gerade vermieden werden› (so der Bundesanwalt an den Vorsteher des Eidgenössischen Justiz- und Polizeidepartements am 31. Januar 1946).»

## Verbotene Propaganda

Zwei prominente Genfer Journalisten, Georges Oltramare (geb. 1896) und Paul Bonny (geb. 1908), wurden am 14. November 1947 zu je drei Jahren Zuchthaus verurteilt, weil ihre in Frankreich ausgeführte Propagandatätigkeit zugunsten Hitlers als Angriff auf die Unabhängigkeit der Eidgenossenschaft beurteilt wurde.

Oltramare hatte als fürstlich dotierter Chefredaktor der Tageszeitung «La France au travail», die zeitweilig 250000 Exemplare absetzte, sowie als Radiosprecher das nationalsozialistische Gedankengut verbreitet und Bonny nach Paris geholt, der als Übersetzer und Journalist für mehrere Propagandasender und -zeitungen tätig war. Am publizistischen Kampf gegen Juden, Freimaurer und Angelsachsen beteiligte sich als Redaktor des «Pilori» auch René Fonjallaz (geb. 1907), Sohn des 1941 verurteilten Obersten Arthur Fonjallaz; er hatte sich aus enttäuschtem literarischem Ehrgeiz und aus Zorn über das Urteil gegen seinen Vater in die Hitler-Propaganda einspannen lassen.

*Drei Genfer Publizisten stellten sich im besetzten Frankreich in den Dienst der Hitler-Propaganda. 1947, beim Prozeß in der Schweiz, mußten sie ihre Nacken beugen wie Georges Oltramare (oben). Verurteilt wurden auch der Sohn des Mussolini-Freundes Arthur Fonjallaz, René Fonjallaz (links), und Paul Bonny (rechts).*

22.9.42. (1)

**berichtet:**

Presser, Offizier einer Nachrichtenabteilung, befand sich in Lörrach in Urlaub.
..gs letzter Woche bekam er ein Telegramm, sich unverzüglich beim Wehrkommando 5
..tuttgart zu melden. Dort erhielt er den Auftrag, sich per Flugzeug ins Haupt-
..schen Wehrmacht zu begeben, um zu erforschen, wie die Stimmung sei
..schen Himmler, Göring und Hitler. Major Presser ist am Samstag wieder nach Lör-
..h zurückgekehrt, um seinen Urlaub fortzusetzen.
..il a.Rhein hat nach Aussage des Leiters der NSV Weil 150 Tote (Wehrmachtsangehöri-
..) zu verzeichnen.

In der vergangenen Woche ist die Anzahl der über den Badischen Bahnhof geführten
Kohlenwagen nach Italien auf durchschnittlich 403 Wagen pro Tag zurückgegangen.
In der letzten Woche sind 100 Mann aus wehrwirtschaftlichen Betrieben herausgenommen
und nach Rümingen delegiert worden zum Aufladen von Ziegeln aus den dortigen Ziegel-
werken, die für Karlsruhe bestimmt sind. Die Reichsbahndirektion Karlsruhe hat die
Mühe, das notwendige Wagenmaterial zur Verfügung zu stellen, da auf den einzelnen
Stationen ihres Kreises nur wenige überzählige Wagen zur Verfügung gestanden sind.

Paula warnt vor einem gewissen Karl DENNINGER, Inspektor der Reichsbahn DRB, vor
einem gewissen Weissenberger aus Brombach, die nach seiner Ansicht mit der Nachrich-
tenstelle der Wehrmacht in Lörrach in Verbindung stehen.

In Freiburg hat sich die Stimmung der Bevölkerung in den letzten Tagen stark verschlechtert. Die Angst vor künftigen Bombardierungen ist sehr gross. Dazu kommt,
dass sich auch die Lage auf dem Ernährungssektor stark verschlechtert hat. 2 Frauen
Bekannte von Paula, die in der letzten Woche besucht wurden, waren kaum zu erkennen
so stark waren sie abgemagert in einer Zeit von 2 Monaten, in der sie sich mit nichts ande
besucht wurden. Sie selber erklärten, dass sie von Tag zu Tag sich mit nichts
rem mehr beschäftigen können, als mit der Suche nach Lebensmitteln für die täglich
Ernährung.

..ch Aussagen von Schwestern des Städtischen Krankenhauses Freiburg, das in unmit..
..des Flugplatzes ist, landete in der Nacht zum 2. September, in der Ka..
..wurde, eine englische Maschine auf dem Flugplatz von Freiburg.
..deutsch sprach, liess sich eine Motorpanne beheben und start..
..offizier, der mit seiner Gruppe Nachtdienst hatte, ha..
..täuschen lassen und war der Meinung, dass es..
..ist verhaftet und zur Verfügung des Kri..
..dass der Flieger bei seiner Lan..
..des Flugplatzes gemacht hab..

BLITZ - MUELHAUSEN/ELS. NR.2422 .7.9.44 13,15-WA-
AN DIE GEHEIME STAATSPOLIZEI - EINSATZKOMMANDO -
Z.HD.V.SS-STUBAF.DR. SCHLIERBACH - STRAS
BEZUG:DORT.BLITZ-FS V.7.9.44 -NR.50 803.--
DER MILIZCHEF COLLOMB AUS VICHY GIBT NUN AUF BEFRAG
DER FRANZOESISCHE STAATSSEKRETAER DARMAND HABE
MIT DEN 9 MAENNERN(NICHT 10) NACH DER SCHWEIZ UEBERZUTRET
INTERNIEREN ZU LASSEN. DER ZWECK SEI, DIE JETZT LAUFEND NACH
UEBERTRETENDEN FRANZOSEN IM INTERNIERUNGSLAGER IDEENMAESSIG
DEUTSCHLAND GEGEN DIE ANGLO-AMERIKANER UND
..E -GAULLISTISCHE

# Mutige Männer – Gefährliche Operationen

Erlebnisberichte aus stürmischer Zeit

Ihr Kopf wird rollen. Machen Sie sich nur ja keine Illusionen. Aber von Ihrem Verhalten vor Gericht kann es abhängen, wie Sie sterben müssen. Wenn Sie sich anständig aufführen vor dem Volksgerichtshof, kann ich vielleicht auf eine mildere Todesart plädieren. Vielleicht auf Erschießen.
*Der amtliche Verteidiger zum Schweizer Doppelagenten Jakob Leonhard im August 1944.*

*Geheimtelegramm, Agentenbericht, Chiffrierschlüssel: Dokumente als Spuren gefährlicher Schweizer Geheimdienstoperationen im Zweiten Weltkrieg!*

Nicht nur die Kinogefahr – Verhaftung, Gericht, Zuchthaus, Peloton – droht den Kriegführenden an der lautlosen Front; wer sich in die komplizierten Intrigen des Geheimdienstes einspinnen läßt, riskiert auch, das ganze diffizile Geflecht zu beschädigen. Was einem selber passieren kann, läßt sich meist zur Not noch überblicken. Weit unschärfer, aber nicht weniger bedrohlich ist die Gefahr für die andern: für den nichtsahnenden Gewährsmann, den bewußten Überzeugungstäter, den wendigen Nachrichtenverkäufer. Geheimdienst leisten bedeutet auch mit fremden Schicksalen hantieren, mit Lebensläufen wie mit Leben. Der Geheimdienstler nimmt, was ihn selbst betrifft, ohnehin die Gefahr auf sich, vor seinen Auftraggebern und vor der Geschichte im Zwielicht zu stehen. Denn oft kann er seine Handlungsweise nur nachträglich erklären, nicht aber umfassend belegen. Brigadier Roger Masson ist durch seine Kontakte mit dem SS-General Schellenberg zu einem tragischen Beispiel dafür geworden, daß nirgends mehr als im Geheimdienst vom bösen Schein des Verdachts immer etwas hängenbleibt.

Es gilt das zynische Gesetz des Lebenskampfs: Erfolg schafft Rechtfertigung. Dem grundehrlichen, aber naiven Masson ist der Erfolg versagt geblieben, der grundehrliche, aber raffiniert kluge Max Waibel hat ihn schließlich doch noch errungen, als er auf eigene Faust und ohne Wissen seiner Vorgesetzten die deutschalliierten Waffenstillstandsverhandlungen für die Südfront in der Schweiz ankurbelte. Was wäre geschehen, wenn dieses waghalsige Geheimunternehmen gescheitert, wenn es vorzeitig bekanntgeworden wäre? Auch Waibel wäre in die Wüste geschickt worden, das internationale Aufsehen wäre von äußerster Peinlichkeit gewesen!

Einfache Männer aus dem Volk wie Leonhard, Baumann und Hungerbühler, aber auch Beamte und Beziehungsagenten wie Mörgeli und Meyer haben sich während des Aktivdienstes in beträchtliche persönliche Gefahr begeben, um der Schweiz zu helfen. Die Geschichten dieser fünf Männer können hier nur stellvertretend für Dutzende von anderen, wahrscheinlich noch viel dramatischeren Taten stehen, die nie erzählt und aufgeschrieben worden sind, Taten, deren aktenmäßige Spuren am 8. Mai 1945 im Feuerkessel des Freiburger Gaswerks vernichtet wurden. Mindestens acht Schweizer Nachrichtenleute haben ihren Einsatz im Ausland mit dem Leben bezahlt. Die Heimat hat ihnen kein Denkmal gesetzt. Ihre Schicksale sind im Schweigen der Geschichte versunken.

## SS-Führer wickelt Masson ein

Wer mit dem Teufel Suppe essen will, muß einen langen Löffel haben. In seinen Kontakten mit dem Chef der deutschen Auslandsspionage, dem SS-Brigadeführer Walter Schellenberg, hatte der schweizerische Nachrichtenchef Roger Masson offensichtlich den kürzeren Löffel. Auch General Guisan ließ sich auf ein Gespräch mit dem rätselhaften Deutschen im Range eines Brigadegenerals ein, dem man direkten Zugang zu Hitler nachsagte. Ein Schaden für die Schweiz entstand nicht, aber das hatte mehr mit Glück als mit Planung zu tun.

Während des ganzen Aktivdienstes hatte die Schweiz ein großes Problem: Sie mußte ihre Neutralität nach allen Seiten glaubwürdig machen und die kriegführenden Parteien davon überzeugen, daß sie sich gegen jeden Eindringling, woher er auch kommen möge, verteidigen würde.

Namentlich die Deutschen mißtrauten diesen Beteuerungen des kleinen Nachbarn; sie mißtrauten insbesondere General Guisan, den sie – wohl nicht zu Unrecht – als betont franzosen- und alliiertenfreundlich einstuften.

### Zwei Kisten – eine Hypothek

Diese Einschätzung ging auf einen Zwischenfall während der deutschen Frankreichoffensive im Juni 1940 zurück. Als das französische Oberkommando unter dem Druck der rasch vorstoßenden deutschen Wehrmacht an die Loire zurückweichen mußte, blieben beim überstürzten Aufbruch zwei Aktenkisten liegen. Sie kamen nicht mehr im ersten Transport nach Vichy mit, sondern sollten erst in der Nacht zum 16. Juni mit einem zweiten, aus vier Zügen bestehenden Konvoi nachgeschoben werden. Aber dieser Transport erlitt stundenlange Verzögerungen, weil die fliehende Zivilbevölkerung mitfahren wollte. Am Abend des 16. Juni 1940, als der Zug mit den beiden Kisten im Bahnhof des kleinen Orts La Charité-sur-Loire stehenblieb, waren die deutschen Panzerspitzen schon da. Die Akten fielen genau in die Hände, für die sie unter keinen Umständen bestimmt waren. Es waren Protokolle, Pläne und Aufzeichnungen über geheime Kontakte zwischen dem schweizerischen und dem französischen Generalstab für den Fall eines deutschen Angriffs auf die Schweizer Westgrenze im Raum Gempen/Basel; auf Befehl von General Guisan hatte der schweizerische Verbindungsoffizier Bernard Barbey unmittelbar vor dem Kriegsausbruch und in den ersten Kriegsmonaten einen Abgesandten des französischen Generalstabs zahlreiche Male getroffen und mit ihm wie auch mit französischen Generälen viele Einzelheiten einer französisch-schweizerischen Waffengemeinschaft beim befürchteten Durchstoß deutscher Einheiten durch schweizerisches Gebiet geklärt und abgesprochen. Auch wenn es nicht zu einer juristisch verbindlichen Vereinbarung gekommen war, bedeuteten die Dokumente eine schwere Hypothek für das deutsch-schweizerische Verhältnis.

## Barackenhändler legt die Leitung

Die Möglichkeit, einen Teil des deutschen Mißtrauens gegen die Schweiz auszuräumen, schien sich dem General Guisan bedingungslos ergebenen Brigadier Masson zu bieten, als er den deutschen Kavalleriemajor und späteren SS-Sturmführer Hans W. Eggen im Dezember 1941 kennenlernte. Eggen leitete im Zivilberuf eine Import-/Exportfirma und war mit den Gepflogenheiten des internationalen Handels wie auch mit Devisentransaktionen vertraut.

Den Kontakt zwischen Masson und Eggen stellte der Schriftsteller und Rechtsanwalt Dr. Paul Meyer-Schwertenbach, Schloßherr von Wolfsberg ob Ermatingen, her. Meyer-Schwertenbach vertrat das Schweizerische Holzsyndikat in einem großen Geschäft mit Deutschland, nämlich der Lieferung von Holzbaracken für die Waffen-SS. Gleichzeitig tat er als Offizier Dienst in Massons Nachrichtendienst. Mit in dem Geschäft, das sich durch illegale Provisionsforderungen deutscher Unterhändler verzögerte, war auch eine Extroc SA in Lausanne, deren Verwaltungsrat vom August 1941 bis August 1942 Oberst Henri Guisan, der Sohn des Generals, angehörte.

In einem ersten Gespräch beklagte sich Masson bei Eggen über die maßlosen Angriffe von Franz Burris IPA gegen General Guisan und regte an, der deutsche Offizier möge sich für eine Einstellung dieses Pressedienstes verwenden, der damals in der Schweiz anhaltende Empörung auslöste.

Nach Deutschland zurückgekehrt, berichtete der zweifellos auch als Agent eingesetzte Eggen seinem Chef, dem SS-Brigadegeneral und Leiter der Auslandsspionage Walter Schellenberg, von seinem neuen Bekannten, der den Wunsch geäußert hatte, diesen gleichrangigen Offizier mit analogem Aufgabenbereich (in Himmlers Stab) kennenzulernen. Masson informierte Guisan über seinen Kontakt; der General stimmte einer Zusammenkunft zu.

Am 8. September 1942 überschritt der Schweizer Nachrichtenchef zu Fuß die Rheinbrücke bei Laufenburg. Auf der deutschen Seite erwartete ihn ein Abgesandter Eggens mit einem Auto, das Masson in ein kleines Restaurant in der Nähe von Waldshut führte. Dort wartete Schellenberg.

Masson hat später darauf hingewiesen, daß er für Schellenberg eine spontane Sympathie empfunden und den Eindruck gehabt habe, mit ihm «auf gleicher Wellenlänge», von Offizier zu Offizier, sprechen zu können. Aber dem geradlinigen, von militärischen Tugenden wie Treue, Kameradschaft und Offenheit geprägten Schweizer Brigadier stand ein durchtriebener und in allen Ränken der Geheimdienstintrige bewanderter Schellenberg gegenüber – ein gebildeter, freundlicher und verbindlicher Mann, der überhaupt nicht dem Prototyp des forschen SS-Bonzen entsprach.

Auf dem folgenden Waldspaziergang und bei einem anschließenden bescheidenen Imbiß begab sich Masson auf gefährliche Pfade: Er überschritt die Grenze zwischen Nachrichtenbeschaffung und politischem Meinungsaustausch, der in Richtung eigentlicher inoffizieller Verhandlungen führte. Masson betonte den unbedingten Widerstandswillen der Schweiz gegen jeden Angreifer, wer er auch sein möge.

In der Folge trafen sich Masson und Schellenberg noch dreimal: auf Meyers Schloß Wolfsberg ob Ermatingen (16.–18. Oktober 1942), im «Bären» zu Biglen und – bei der gleichen Gelegenheit – an einem Skirennen in Arosa (3.–10. März 1943) sowie im Oktober 1943 nochmals auf Schloß Wolfsberg.

Natürlich ging es Schellenberg bei diesen Treffen um seinen eigenen Vorteil. Es ist gut denkbar, daß dieser scharfsinnige und intelligente Geheimdienstmann schon damals wußte, daß Deutschland den Krieg verlieren würde und daß er sich für diesen Fall mit Hilfe von Freunden in der Schweiz rückversichern wollte.

Fest steht außerdem, daß er Masson einen regelmäßigen deutschschweizerischen Nachrichtenaustausch vorschlug. Offenbar hoffte Schellenberg, auf diesem Wege schweizerische Geheimdienstnachrichten über alliierte Invasionsvorbereitungen zu erhalten. Masson lehnte ab. Er gab nichts preis. Sein Fehler bestand vielmehr darin, fortan zu glauben, Schellenberg sei ein verläßlicher Freund der Schweiz, und vor allem, diesem Irrglauben gemäß zu handeln.

## General Guisan trifft Schellenberg

Als Schellenberg Anfang März 1943 nach Bern kam, brachte Masson ihn aus Anlaß eines Nachtessens im Gasthof Bären in Biglen mit General Guisan zusammen, der immer noch den Schock von La Charité in den Knochen hatte. Guisan blieb bei dieser Begegnung freundlich, aber ausgesprochen zurückhaltend, bis die Rede auf die Neutralität der Schweiz kam.

Hier ist ein Seitenblick auf die damalige Kriegslage notwendig. Professor Bonjour faßt sie in seinem Bericht über die schweizerische Neutralität bündig zusammen:

«Wegen des Nachlassens der russischen Winteroffensive bekamen

69

die Deutschen gerade damals Kräfte im Osten frei. Sie erwogen, ob sie ihre Truppen nach Italien werfen sollten, um den zerfallenden Faschismus zu stützen und im Süden eine Abwehrfront gegen die bald zu erwartende alliierte Invasion aufzubauen. In dieser Lage konnten sie keine Schweiz dulden, die eventuell die Angelsachsen hereinließ; eine so schwere Gefährdung im Rücken mußte unbedingt vermieden werden. Man wußte in der Schweiz, daß zugleich mit dem neuen deutschen Wunsche nach italienischer Zustimmung zu einem deutschen Großkampfeinsatz in Italien die dadurch aufgeworfene deutsch-italienische Transportfrage, das heißt die eventuell gewaltsame Sicherung der durch die Schweiz führenden Transitwege, zwischen den beiden Achsenpartnern diskutiert wurde. Ein unwiderruflicher Entscheid des Oberkommandos der Wehrmacht – so nahm man in der Umgebung Guisans an – hänge davon ab, ob über den Willen der Schweiz zur Aufrechterhaltung der Transportwege kein Zweifel bestehe. Für die Deutschen war es von höchster Wichtigkeit, sich zu vergewissern, daß Guisan, dem sie seit dem Aktenfund von La Charité-sur-Loire immer noch stark mißtrauten, die schweizerische Neutralität auch gegen die Alliierten verteidigen würde.»

Masson wußte zudem, daß die Schweiz noch eine andere, wenn auch läßliche Neutralitätssünde begangen hatte: 1936 hatte der damalige schweizerische Generalstabschef Labhart die Tschechoslowakei besucht und im Anschluß daran Masson befohlen, den Tschechen einen schweizerischen Geheimdienstbericht über die Organisation, die Instruktion und die taktischen Verfahren der deutschen Wehrmacht nach Prag zu schicken, weil Labhart der Auffassung gewesen war, die Schweiz und die Tschechoslowakei hätten als kleine Nachbarn des mächtig aufstrebenden Deutschland gemeinsame Interessen. Seit dem Einmarsch der Deutschen in Prag mußte Masson befürchten, daß auch dieses Dokument in falsche Hände geraten war. So hatte er, wie Guisan, allen Grund, den Deutschen gegenüber die schweizerische Neutralität und den unbedingten schweizerischen Widerstandswillen bei jeder Gelegenheit glaubhaft zu machen. Beim Zusammentreffen Guisan/Schellenberg am Abend des 3. März 1943 in Biglen erkundigte sich Schellenberg, ob die Schweiz den Alliierten, den Feinden Hitler-Deutschlands, den Durchmarsch gestatten würde. Guisan entgegnete: «Die Frage, die Sie mir stellen, ist eine Beleidigung für uns; denn sowohl der Bundesrat wie ich haben immer mit aller Deutlichkeit erklärt, daß wir uns gegen jedermann verteidigen werden, was übrigens der Wille des gesamten Schweizervolkes ist.»

Schellenberg wünschte, wie er sagte, zu Handen des «Führers» eine schriftliche Bestätigung dieser Auskunft. Guisan verwies auf ein Interview, das er ein paar Tage zuvor einer schwedischen Zeitung gegeben hatte. Der Text mußte noch ins Deutsche übersetzt werden, und General Guisan sicherte Schellenberg zu, er werde ihm das Schriftstück am 6. März in Arosa aushändigen, wo er zum Schweizerischen Skirennen, einer großen halbmilitärischen Wintersportveranstaltung, eingeladen war. Dort unterzeichnete er den deutschen Text seiner an die schwedische Zeitung abgegebenen Erklärung und händigte das Papier Schellenberg aus.

In diesem hieß es u. a.: «Wer auch immer in unser Land eindringt, wird automatisch unser Feind. Dieser aber wird eine in höchster Potenz geeinigte Armee und ein von *einem* Willen durchdrungenes Volk finden. In diesem Moment gibt es nur noch eine von *einem* Willen beseelte kämpfende Schweiz. Dank der Topographie unseres Landes sind wir besonders in der Lage, unsere Alpenfront zu verteidigen. Komme, was auch wolle, diese Zusicherung ist unerschütterlich und unabänderlich. Darüber kann nie irgendein Zweifel entstehen, weder heute noch morgen.»

Obwohl es sich um einen hochpolitischen Kontakt handelte, hielt ihn Guisan vor dem Bundesrat geheim. EMD-Chef Karl Kobelt erfuhr von Dritten vom Zusammentreffen. Schließlich mißbilligte der Gesamtbundesrat, daß Guisan ihn nicht vorher gefragt hatte, anerkannte aber seine guten Absichten und stimmte mit seinen Erklärungen überein. Die oberste Landesbehörde bestand indes darauf, daß nur sie befugt sei, ausländischen Persönlichkeiten gegenüber staatspolitische Erklärungen abzugeben.

**Hat Schellenberg einen Angriff auf die Schweiz verhindert?**

Auf der von Major Waibel aufgebauten und über einen Basler Kaufmann laufenden Wiking-Linie kam am 18. März 1943 eine Alarmmeldung in die Schweiz: Im Führerhauptquartier sei die Schweiz ins Gespräch und somit in Gefahr gekommen; in einer oder zwei Wochen solle berichtet werden können, ob konkrete Pläne gefaßt worden seien. Die Wiking-Linie genoß zu Recht hohes Vertrauen: Sie hatte schon im Frühjahr 1940 den deutschen Angriff auf Dänemark und Norwegen sowie den Beginn des deutschen Westfeldzugs zuverlässig angezeigt. Es ist heute bekannt, daß die Meldungen dieser Nachrichtenlinie zum Teil direkt aus dem Führerhauptquartier stammten.

Am nächsten Tag wurde die Warnung von einer zweiten, von der Wiking-Linie unabhängigen Quelle bestätigt. Diese Meldung

*Ein Beweis für die Gefährdung der Schweiz: Im Herbst 1945 berichtete Bundesrat Karl Kobelt vor dem Nationalrat über deutsche Überfallpläne und zeigte eine von den Deutschen erstellte Schweizer Eisenbahnkarte.*

sprach von heftigen Meinungsverschiedenheiten über den Angriff auf die Schweiz in der Umgebung Hitlers und enthielt die Warnung, allen allfälligen Verhandlungen zu mißtrauen, da der Überfall erfahrungsgemäß mitten in solchen Verhandlungen erfolgen könne. Gleichzeitig stellte der Schweizer Nachrichtendienst auffällige Truppenkonzentrationen in Bayern fest. Am 27. März kam wieder auf der Wiking-Linie die Entwarnung: Die deutschen Reserven seien doch nicht groß genug, der Angriff sei abgeblasen.

Fest steht, daß die zweite Quelle mit dem der Schweiz angeblich so wohlgesinnten SS-Führer Schellenberg nichts zu tun hatte. Fest steht auch, daß die deutsche Wehrmacht damals nicht über ausreichende Reserven verfügt hätte, um die Schweiz anzugreifen, und daß der in diesem Zusammenhang als Kommandant, genannte Gebirgsspezialist General Dietl nicht in Deutschland, sondern in Lappland war, wo er die Abwehr des erwarteten russischen Großangriffs vorbereitete.

Brigadier Masson freilich glaubte noch nach dem Krieg, die Absage dieses angeblichen deutschen Angriffsplans sei von Schellenberg bewirkt worden, der in der Generalstabssitzung vom 19. März Hitler habe umstimmen können und sogar sein Ehrenwort für die Neutralität und die Verteidigungsbereitschaft der Schweiz verpfändet habe. Diese Enthüllung, die Masson im September 1945 in einem Interview dem Korrespondenten des «Daily Telegraph» gewährte, erregte in der Schweiz größtes Aufsehen. Der Bundesrat maßregelte Masson mit einem Verweis – nicht seiner Kontakte mit Schellenberg, sondern dieser Indiskretion wegen, die zu einer erregten Debatte im Nationalrat geführt hatte, wo der sonst ausgesprochen pressefeindliche Masson auf das heftigste angegriffen und der Naivität bezichtigt worden war.

In der Tat hatte Schellenberg, gestützt auf seine ersten beiden Unterredungen mit Masson, Hitler auf die Bereitschaft der Schweiz hingewiesen, ihre Neutralität gegen jeden Angreifer mit Waffengewalt zu verteidigen. Doch das war schon am 6. Januar 1943, zweieinhalb Monate vor dem Märzalarm, gewesen. Der Militärhistoriker Hans Rudolf Kurz, der als einziger Einblick in die Originaldokumente hatte, betrachtet es als sehr unwahrscheinlich, daß Schellenberg in der von ihm nach Kriegsende behaupteten Art zum «Retter der Schweiz» geworden ist. Vielmehr steht nach seiner Auffassung fest, daß Schellenberg die Schweiz zur kritischen Zeit nicht gewarnt hat, wiewohl man heute weiß, daß der Märzalarm auch nicht bloß eine vom Führerhauptquartier erfundene Kriegslist gewesen ist, um die Reaktion der Schweiz zu testen. Kurz vermutet, daß dem Märzalarm 1943 die deutsche Absicht zugrunde lag, die ins Stocken geratenen deutsch-schweizerischen Verhandlungen um neue Handelsverträge durch zusätzlichen Druck auf die Schweiz wieder in Fahrt zu bringen.

Immerhin hat Schellenberg der Schweiz auch wirkliche Dienste geleistet. Obwohl auch hier der Ablauf nicht klar ist, darf angenommen werden, daß seine Intervention zur Befreiung des überführten Schweizer Spions Mörgeli beigetragen hat. Burris Haßkampagne gegen General Guisan schwächte sich nach den Masson/Schellenberg-Kontakten ab. Der geplante Handstreich auf den Militärflugplatz Dübendorf zur Zerstörung einer dort zur Landung gezwungenen Me-110 mit modernstem Nachtjagdgerät unterblieb; nach längeren Verhandlungen wurde die Maschine in Dübendorf durch deutsche und schweizerische Experten gesprengt. Masson blieb bis ans Ende seines Lebens dabei, daß Schellenberg außerdem dazu beigetragen habe, englische und amerikanische Offiziere, die Familie seines ehemaligen Kriegsakademie-Lehrers General Giraud und andere in deutscher Hand befindliche Kriegsgefangene zu befreien – immer auf Fürbitten Massons hin. Eine entsprechende schriftliche Erklärung Massons vom 10. Mai 1948 trägt den handschriftlichen Zusatz: «Ich bestätige die vorliegende Erklärung und insbesondere die Dienste, die uns W. Schellenberg erwiesen hat.» Unterschrift: *General Guisan!*

### Meinungskonflikt im Nachrichtendienst

Massons Kontakte mit Schellenberg waren im Kader des Nachrichtendienstes heftig umstritten. Hausamann, Waibel, Ernst, Mayr von Baldegg und andere erfahrene Nachrichtenoffiziere warnten ihren Chef vergeblich vor Schellenberg. Sie kritisierten, daß Masson persönlich diese Kontakte pflegte, denn wenn sie aufgeflogen wären, hätte dies nach ihrer Meinung zu einer unerträglichen Kompromittierung der Schweiz geführt. Außerdem wußten diese Offiziere, wie arglos, bis zur Vertrauensseligkeit, Masson sein konnte und wie raffiniert Schellenberg zu Werke ging. Immerhin führten dessen Untergebene einen gnadenlosen Spionagekrieg gegen die Schweiz, während die Chefs freundlich miteinander plauderten.

Scharf kritisiert wurde, daß die beiden Nachrichtenoffiziere Meyer-Schertenbach und Paul Holzach, ein Zürcher Kaufmann, nicht nur mit dem undurchsichtigen Agenten und Dunkelmann Eggen in Verbindung standen, sondern gleichzeitig auch mit ihm Geschäfte machten. Hausamann wußte von Allan Dulles, daß die Amerikaner über die schweizerisch-deutschen Kontakte ziemlich genau im Bilde waren und daß Schellenberg drei schweizerische Gewährsleute unter den Decknamen Senner I, Senner II, und Senner III führte. Unter diesen Namen wurden Nachrichten klassiert und weitergeleitet, deren Quellen Masson, Holzach und Meyer waren – so wenigstens nach Darstellung Schellenbergs in seiner Einvernahme beim Nürnberger Kriegsverbrechertribunal. Nach dem Krieg wurden entsprechende Untersuchungen durchgeführt, die aber keine Anhaltspunkte für verbotenen Nachrichtendienst durch Masson, Meyer oder Holzach zu Lasten der Schweiz zutage förderten.

### Masson gefährdet die Wiking-Linie

Das deutlichste Indiz für Massons Naivität und Vertrauensseligkeit war die Art, wie er die erste Märzalarmwarnung nachprüfte, die auf der Wiking-Linie in die Schweiz gekommen war. Massons Vorgehen beweist, wie sehr er Schellenberg vertraute, nachdem ihm dieser mit untergeordneten Gefälligkeiten (Zurückbindung Burris, Freilassung der Familie Giraud usw.) seinen vermeintlich guten Willen bekundet hatte.

Der Gründer und Betreuer der Wiking-Linie, Max Waibel, schildert Massons gefährlichen Fehler in einem bisher unveröffentlichten Bericht vom 15. September 1947:

«Oberstbrigadier Masson hatte leider tatsächlich Hptm. Paul Meyer damit beauftragt, beim SS-Brigadegeneral Schellenberg abzuklären, was an der Wiking-Meldung richtig gewesen war. Hptm. Paul Meyer hatte in Ausführung dieses Auftrages nicht nur nach Berlin telefoniert, sondern war dorthin gereist und hat mit Schellenberg und dessen Verbindungsmann, SS-Sturmführer Eggen, konferiert.

Ich hörte von dieser Angelegenheit erst ca. Ende März/Anfang April 1943, nachdem Hptm. Meyer aus Berlin zurückgekommen war und mir sagte, er gratuliere mir zu meinem guten Nachrichtendienst, denn die Wiking-Meldungen seien richtig gewesen. Er, Meyer, hätte dies in Berlin selbst abgeklärt. Zuerst traute ich meinen Ohren nicht, dann hielt ich die Aussage Meyers über seine Berliner Mission für einen schlechten Scherz, und als ich endlich einsehen mußte, was geschehen war, richtete ich eine erste Mahnung und Beschwerde in schriftlicher Form an den Chef des Nachrichtendienstes.

In dieser Beschwerde wies ich von neuem auf die verhängnisvollen Folgen der Verbindung Schellenberg/Masson hin und betonte, daß es nun keines weiteren Beweises mehr dafür bedürfe, daß Schellenberg der Schweiz – und damit auch Masson – gegenüber nicht aufrichtig sei. Denn Schellenberg hatte uns keinerlei Warnung zukommen lassen und erst nachträglich – auf Meyers Anfrage hin – behauptet, daß dank seiner Intervention bei Himmler die

Besetzung der Schweiz unterblieben sei. Das konnte natürlich jeder sagen.
Aber es war noch viel schlimmer: Schellenberg hat auf Grund der von Hptm. Meyer übermittelten Informationen der Schweiz schaden wollen. (...) Kurz nach der Mission Meyers wurde eine der Schlüsselpersonen der Linie Wiking in eine Untersuchung wegen Landesverrats gezogen und fünf Wochen lang verhört. Ich habe in meiner bereits zitierten Beschwerde an den Chef des Nachrichtendienstes klargestellt, daß die Rückfrage Meyers in Berlin letzten Endes doch ‹Himmler gehorsamst gemeldet› hätte, daß der Schweizer Nachrichtendienst ins OKW reiche und daß die Folgen für die Linie Wiking nicht ausbleiben würden.
Die einzige Chance, daß die Linie Wiking dem Zugriffe Himmlers/Schellenbergs entging, lag noch im Umstande, daß die Wiking-Linie eines der am strengsten gehüteten Geheimnisse war und daß außer mir nur noch zwei weitere Personen in der Schweiz die Namen unserer braven und beherzten Wiking-Leute kannten.
Die Kenntnis dessen, was wir über Deutschland wußten, war für die deutsche Spionage ebenfalls außerordentlich wichtig, und die Preisgabe solcher Kenntnisse an einen SS-Führer – und ausgerechnet an den Leiter des Amtes VI des Reichssicherheitshauptamtes – bezeichnete ich als fahrlässigen Landesverrat.
Ebenso wie ich und meine Kameraden in der Schweiz waren unsere Vertrauensleute in Berlin konsterniert über diese neue Auswirkung der Verbindung Masson/Schellenberg und hatten schwere Bedenken, weiterhin unserem Lande zu nützen, weil sie befürchteten, daß durch die Linie Schellenberg die Wiking-Nachrichten nach Berlin zurückgeleitet und einmal doch zur Katastrophe führen würden.

*Dr. Ernst Mörgeli kurz nach seinem Spionage-Abenteuer (oben) sowie als Fernsehjournalist und EMD-Pressechef (unten).*

Es war eine der tragischsten Erfahrungen des Nachrichtendienstes im Aktivdienste, daß eine große Leistung, wie sie die Wiking-Linie unentgeltlich und freiwillig vollbrachte, von schweizerischer Seite durch die Mission Meyer aus Unüberlegtheit an den Rand des Abgrundes gebracht wurde.»
Noch aufgebrachter war der nachmalige Oberstkorpskommandant Alfred Ernst, Leiter des Büros Deutschland: Er ließ sich schließlich vom Generalstabschef versetzen und schied unter Protest aus dem Nachrichtendienst aus.

# Dr. Mörgeli beschattet das Panoramaheim

Das Panoramaheim in Stuttgart war nicht nur die Zentrale der gegen die Schweiz gerichteten Spionage, sondern auch das Auffanglager für die Schweizer, die sich freiwillig zur Waffen-SS gemeldet hatten. Es ist klar, daß der Schweizer Nachrichtendienst das Geschehen in dieser geheimnisvollen Villa besonders aufmerksam beobachten wollte. Zu diesem Zweck wurde zu Beginn des Jahres 1940 Dr. Ernst Mörgeli (geb. 1914), damals Leutnant der Schweizer Armee, nach Stuttgart geschickt. Er wurde offiziell als Mitarbeiter des dortigen Schweizer Konsuls akkreditiert, nahm aber in Wirklichkeit nachrichtendienstliche Aufgaben wahr.
Der nachmalige prominente Journalist, Fernsehkommentator und Pressechef des Eidgenössischen Militärdepartements wurde am 17. März 1942 in Leipzig von der Gestapo verhaftet, neun Monate lang gefangengehalten, vermutlich gefoltert und schließlich gegen unbekannt gebliebene deutsche Agenten ausgetauscht.
Dr. Mörgeli wurde freilich entgegen seinen eigenen Erklärungen nicht zum Tode verurteilt, sondern vielmehr im Konzentrationslager von Welzheim an der Lein ohne Urteil festgehalten. Nach seiner Freilassung am Vorweihnachtstag 1942 benötigte er vier Monate, um sich von der qualvollen Haft zu erholen.
Immerhin geht aus den Akten, die in Deutschland zu diesem Fall zu finden sind, hervor, daß Mörgeli nach deutscher Auffassung «so schwer belastet (war), daß bei seiner Verurteilung durch ein deutsches Gericht mit einem Todesurteil gerechnet werden kann». Daß ein Urteil im Gegensatz zu Mörgelis späteren Behauptungen nie ergangen ist, bedeutet nicht allzuviel; Tausende sind in den damaligen Zeiten in Deutschland

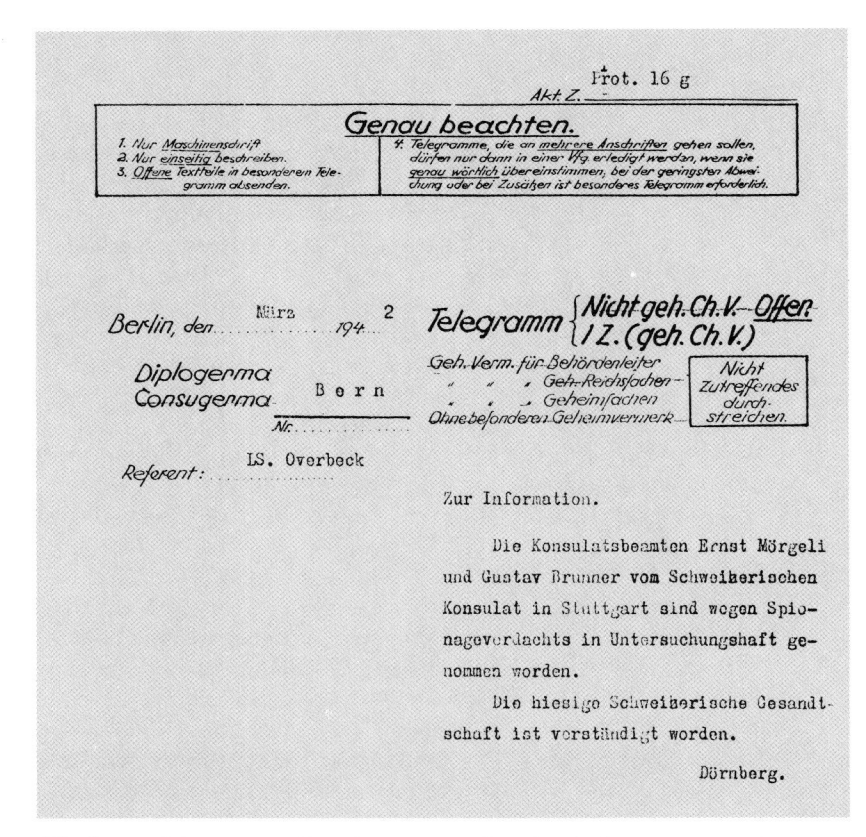

*Mit diesem Telegramm meldete das Auswärtige Amt in Berlin der deutschen Botschaft in Bern die Verhaftung der Schweizer Spione Dr. Ernst Mörgeli und Gustav Brunner.*

auch ohne Urteil zu Tode gebracht worden.

Dr. Ernst Mörgeli hat sich nie über die näheren Umstände seiner Verhaftung und seiner Gefängniszeit geäußert. Da auch der Bonjour-Bericht seinen Fall nur am Rande erwähnt, sind die im Politischen Archiv des Auswärtigen Amtes in Bonn greifbaren deutschen Akten die einzige zugängliche Quelle.

In einer Aktennotiz, die einen Tag nach Mörgelis Verhaftung zu Handen des Freiherrn von Dörnberg, des damaligen Protokollchefs im Auswärtigen Amt, angefertigt worden ist, heißt es:

«Nach einer fernmündlichen Mitteilung des SD sind der schweizerische Konsulatssekretär Dr. Ernst Mörgeli und der Kanzlist Gustav Brunner, beide Beamte des schweizerischen Konsulats in Stuttgart, am 17. d. M. in Leipzig wegen Verdachts des Landesverrats zum Nachteile Deutschlands festgenommen worden. Mörgeli hat durch einen Beauftragten, den schweizerischen Deserteur Karl Tanner, in Stuttgart und in Böblingen laufend Erkundungen über Truppentransporte, Ausrüstung, Bekleidung und Bewaffnung der Fallschirmspringer, die Beschaffenheit von Panzerwagen und deren Inneneinrichtung sowie die Flugzeugtypen auf dem Flugplatz Böblingen eingezogen. Mörgeli hat Tanner auch beauftragt, gegebenenfalls Fotografien herzustellen, und ihm einen kleinen Fotoapparat, den er unsichtbar am Hosengürtel anbringen könnte, ausgehändigt. Weiterhin hat Mörgeli eine andere Person beauftragt, Pläne aus Rüstungsgebieten zu beschaffen, und dafür 200.- RM bezahlt. Brunner hat einem anderen schweizerischen Deserteur ebenfalls gegen Geldzahlungen den Auftrag gegeben, nachrichtenmäßig für das Konsulat zu arbeiten; er könne so seine Strafe wegen Fahnenflucht abverdienen.»

Über die Haftbedingungen, denen die beiden Schweizer in Nazideutschland ausgesetzt waren, gibt eine Aktennotiz des deutschen Gesandten in Bern, Otto Carl Köcher, vom 13. Mai 1942 Auskunft, nachdem Brunner gegen einen in der Schweiz verhafteten deutschen Spion namens Geiger ausgetauscht worden war.

«Minister Feldscher teilte mir gestern mit, daß Brunner, der gegen Geiger ausgetauscht worden sei, bei seiner Rückkehr in die Schweiz erklärt habe, er sei nach seiner Verhaftung in Stuttgart in eine Gefängniszelle gesperrt worden mit vier oder fünf Personen zusammen, während eigentlich nur für zwei Personen Platz darin gewesen sei. Es habe von Ungeziefer gewimmelt; in der ersten Nacht habe er gleich an die hundert Wanzen getötet. Er habe dann Angina bekommen, dem Wärter mitgeteilt, daß er Fieber habe und krank sei, worauf er lediglich Aspirin bekommen habe. Erst als die Drüsen stark angeschwollen gewesen seien, habe man ihn in das Spital zur sachgemäßen Behandlung gegeben.»

Monatelang ging der Notenwechsel über die Heimschaffung Dr. Mörgelis zwischen Berlin und Bern hin und her. Im Gegensatz zu den übrigen bekanntgewordenen Austauschgeschäften fällt die lange Dauer des Verfahrens auf. Der Fall Mörgeli war auch eines der Haupttraktanden des ersten Treffens zwischen Masson und Schellenberg in Waldshut. Dieses Treffen fand am 8. September 1942 statt. Vermutlich im Sinne eines Entgegenkommens an die Schweiz verlangte Schellenberg – freilich erst am 15. Dezember 1942 –, unter dem Aktenzeichen VI/V. 3043/42, Geheime Reichssache, vom Unterstaatssekretär im Auswärtigen Amt, Luther, bei der Gestapo «die abgesprochene Intervention (zur Freilassung Mörgelis) zu betreiben». In dem wie üblich mit «Heil Hitler» schließenden Schreiben heißt es weiter:

«Die Freilassung Mörgelis auf dem vorgetragenen Wege erfolgt aus nachrichtendienstlichen Gründen, bei welchen militärische Gesichtspunkte eine besondere Rolle spielen.»

Über der ganzen Affäre liegt ein Schleier des Geheimnisses, wobei unerfindlich bleibt, warum die Hauptperson noch 35 Jahre später schweigt. Fest steht, daß sich Dr. Mörgeli in schwerer Zeit mutig auf vorgeschobenem, gefährlichem Posten in den Dienst des Landes gestellt hat. Professor Bonjour merkt an, der schweizerische Nachrichtenoffizier habe sich «in selbstlosem Dienst für sein Land zu weit gewagt».

Aufgrund privater und heute nicht mehr überprüfbarer Auskünfte kann angenommen werden, Mörgeli sei das Opfer eines Verrats geworden. Ein Schweizer, der damals in Stuttgart lebte, erinnert sich, daß kurz vor der Verhaftung Mörgelis in die Räume des Schweizer Konsulats eingebrochen worden sei. Sind dabei den Nazis kompromittierende Unterlagen in die Hände gefallen?

## Werner Baumanns Flucht aus dem Wehrmachtgefängnis

Entlang der schweizerisch-französischen Grenze arbeiteten etwa 25 Agentenführer als Meldeköpfe eigener kleiner Nachrichtennetze für Massons Schweizer Nachrichtendienst. Einer von ihnen war der aus dem Kanton Aargau stammende Metallwarenfabrikant Werner Baumann (1905–1971). Nur dank seiner Kaltblütigkeit

*Beispiel für eine Auftragsliste, wie sie ein Agent in Basel von der Außenstelle «Pfalz» der NS1 erhielt. Mit Hilfe verschwiegener Freunde wurden die Wünsche erfüllt.*

und Besonnenheit entging Baumann einem schlimmen Schicksal, als ihn zu Beginn des Jahres 1945 eine Wehrmachtsstreife in Pontarlier verhaftete.

Drei Dinge zeichneten den unauffälligen Mann aus: Zurückhaltung, Zähigkeit und Zivilcourage. Als er 1925 seine kaufmännische Lehre beendet hatte, zog Werner Baumann in den Jura, um in der Uhrenindustrie eine Stelle anzunehmen. Mitten in der trostlosen Depression der frühen dreißiger Jahre machte er sich selbständig. In der benachbarten französischen Grenzstadt Pontarlier baute er einen kleinen Familienbetrieb auf, in dem er Metallwaren, vor allem Baubeschläge und Haushaltartikel, herstellte. Baumann wurde kein reicher Auslandschweizer, aber er konnte seine Familie und sich anständig durchbringen.

Die erste Kriegsmobilmachung zerstörte diese bescheidene und harterarbeitete Existenz. Werner Baumann mußte zurück in die Schweiz und als Fliegersoldat einrücken. Seine Frau und die beiden kleinen Kinder wollte er nicht allein in Frankreich zurücklassen. Den Betrieb mußte er schließen. Das gesamte Inventar ging verloren, die Baumanns hatten in der Deutschschweiz ganz von vorn anzufangen.

1941 trat Werner Baumann, inzwischen 36 Jahre alt, als Zivilangestellter in den Dienst des Eidgenössischen Militärdepartements. Nicht einmal seine engsten Angehörigen wußten genau, um welche Art von Arbeitsstelle es sich handelte, und Baumann sprach nie darüber. Er zog mit seiner Familie in die Romandie, nach La Côteaux-Fées nahe Yverdon.

Erst nach dem Krieg gab der zurückhaltende und zähe Aargauer seinen engsten Verwandten und Freunden seinen wirklichen Auftrag preis! Da er die Juragrenze wie seine Hosentasche kannte und vor dem Krieg im nahen Ausland ausgezeichnete Beziehungen angeknüpft hatte, war der ehemalige Fabrikant von Massons Nachrichtendienst eingespannt worden. Sein direkter Vorgesetzter, mit dem ihn freundschaftliche Beziehungen verbanden, war Oberst Cuénod gewesen. Später erklärte Werner Baumann mit Nachdruck, er habe nur unter der Bedingung in die Zusammenarbeit mit dem Nachrichtendienst eingewilligt, daß er nicht selber als aktiver Spion tätig werden müsse.

## Schuhe gegen Nachrichten

Baumann hielt die Verbindung mit schätzungsweise vier bis sechs Agenten im benachbarten Grenzland aufrecht. Es handelte sich, wie er immer betonte, ausschließlich um aufrechte und ehrenhafte Bürger, Feinde der Nazis und Freunde der Schweiz, die für ihre Dienste nie bezahlt wurden. Der Schweizer Nachrichtendienst, der selbst in seinen besten Zeiten über ein Jahresbudget von nur 750 000 Franken verfügte, hätte auch kein Geld für Agentenhonorare gehabt, eine Not, die zur Tugend wurde; denn so geriet der Nachrichtendienst nicht in die Gefahr, geldgierigen Zuträgern aufzusitzen, die um einer Belohnung willen Nachrichten erfanden.

Entschädigt wurden die verschwiegenen Mitarbeiter des Schweizer Nachrichtendienstes lediglich mit Naturalien, insbesondere mit Schuhen, Kleidern und Lebensmitteln. Gelegentlich durften sie in die Schweiz kommen, um sich hier zu erholen und wieder einmal anständig zu essen. Werner Baumann nahm solche Gäste auch bei sich zu Hause auf. Sonst war er, wie zuverlässige Gewährsleute berichten, in seinen Bewegungen immer ausgesprochen vorsichtig. Er vermied es, seine Gewährsleute persönlich zu treffen. Die Nachrichten wurden vermutlich in toten Briefkästen an verschiedenen Stellen auf dem freien Feld deponiert und dort nächtlicherweile abgeholt; auf dem gleichen Wege erreichten die schweizerischen Wünsche und Aufträge die Agenten jenseits der Grenze. Trotz dieser Vorsichtsmaßnahmen sind, wie Baumann nach dem Krieg andeutete, einzelne seiner Mitarbeiter enttarnt und hingerichtet worden!

Über die genauen Übermittlungs- und Schmuggelmethoden hat sich Werner Baumann auch seinen engsten Vertrauten gegenüber nie näher geäußert. Aus den Kontroll- und Verhörmethoden der deutschen Grenzorgane in jener Gegend lassen sich aber gewisse Schlüsse ziehen. So war bekannt, daß bei Passantenkontrollen immer zuerst die Geldbeutel peinlich genau durchsucht wurden. Die Vermutung liegt nahe, daß der Schweizer Nachrichtendienst mit Geheimtinte, die auf Leder anwendbar war, arbeitete. Nach den Erklärungen Baumanns betrafen die auf diesem Weg in die Schweiz gelangten Agentenmeldungen vor allem die Standorte grenznaher deutscher Truppen mit Einzelheiten über Mannschaft und Bewaffnung.

## Kaltes Blut in der Falle

Ein einziges Mal wagte sich Werner Baumann weiter vor – und prompt wäre es um ein Haar schiefgegangen. Zu Beginn des Jahres 1945 rief ihn ganz entgegen dem üblichen Dienstweg Masson direkt an. Etwas Ungewöhnliches war geschehen: Auf einer anderen Nachrichtenlinie hatte der Schweizer Nachrichtendienst erfahren, daß in der Gegend von

*Dieser Brief beendete das monatelange Martyrium des zum Tode verurteilten Schweizer Agenten Jakob Leonhard. Kurze Zeit später wurde «Leo» bei Bregenz ausgetauscht.*

Pontarlier marodierende Truppen der Waffen-SS, wahrscheinlich Freiwillige aus der Ukraine in Bataillonsstärke, gesichtet worden seien. Diese berüchtigten Gesellen, denen Mord, Vergewaltigung und Plünderung nachgesagt wurden, sollten die Absicht bekundet haben, auf schweizerisches Gebiet einzudringen. Masson bat Baumann, nach Pontarlier zu gehen und Genaueres in Erfahrung zu bringen. Die Bitte muß drängend, die Gefahr groß gewesen sein; entgegen seiner ausdrücklichen und akzeptierten früheren Bedingung willigte Baumann ein.

Nicht einmal seine Frau wußte genau, weshalb er sich anderntags als Bauer verkleidete und über die Grenze nach Frankreich ging. Es ist anzunehmen, daß es ihm dank seiner ausgezeichneten Beziehungen innert weniger Stunden gelang, die gewünschten Auskünfte zu beschaffen. Aber gegen Abend hatte Werner Baumann Pech. Jemand mußte ihn trotz der Verkleidung auf der Straße erkannt und denunziert haben. Eine Streife der Wehrmacht verhaftete ihn und warf ihn ohne Verhör in ein Kellerverlies, vor dem die ganze Nacht eine Schildwache patrouillierte.

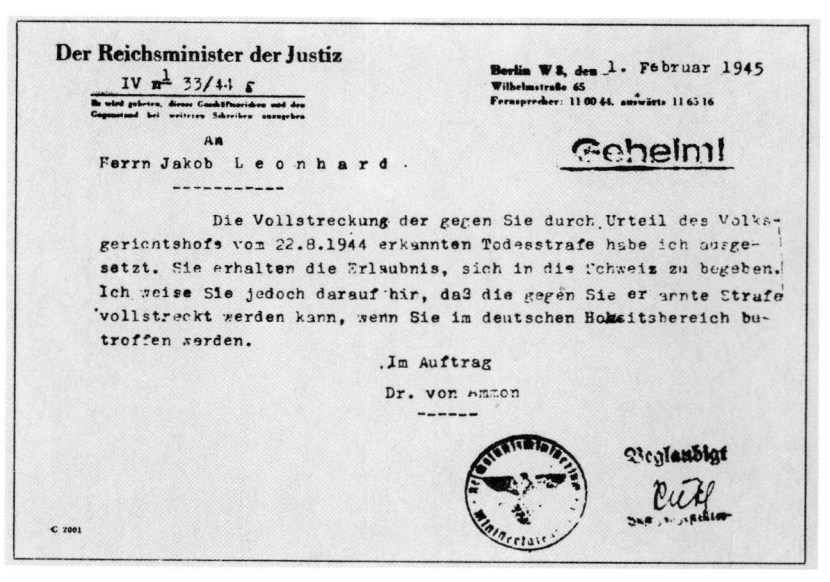

Kein Zweifel: Die zurückweichenden Deutschen hätten damals, als

alles in Scherben fiel, mit spionageverdächtigen Unbekannten ohne Ausweispapiere kurzen Prozeß gemacht. Werner Baumann war sich darüber im klaren. In seinem improvisierten Kellergefängnis legte er an den Tag, was schon seine Mitschüler immer an ihm bewundert hatten: So still dieser Werner Baumann war, so couragiert und nervenstark erwies er sich, wenn es ernst galt. Und dieses Mal war es ernster als damals in der Schule, als es um zerbrochene Fensterscheiben beim Fußballspielen und Bubenstreiche im Klassenzimmer gegangen sein mag...

Vor dem Kellerfenster hörte Baumann die Schildwache in monotonem Trott auf- und abgehen. Er begann die Schritte zu zählen, die sich langsam entfernten und ebenso langsam und regelmäßig zurückkehrten. Er merkte sich den Rhythmus der Ablösungen und die Augenblicke, da die Bewacher am weitesten von seinem Gefängnis weg waren. Dann untersuchte er seine Zelle. In den Betonboden war ein Schacht eingelassen. Der schwere gußeiserne Deckel ließ sich abheben. Was war mit der Tür? – Es müßte gehen!

*Das war Jakob Leonhard, als er sich auf das gefährliche Doppelspiel mit den Deutschen einließ und Agent in Zürich wurde.*

Wieder lauschte der Gefangene auf die Schritte seiner Bewacher, zählte sie – und rollte mit aller Kraft den mächtigen Schachtdeckel gegen die Tür. Ein Krachen und Splittern – sie gab nach, Baumann rannte davon und gelangte aus dem Haus. Natürlich schlugen die Wachen Alarm. Aber Werner Baumann, der schließlich jahrelang in dieser Stadt gewohnt hatte, kannte Pontarlier besser als seine Verfolger. In einem sicheren Versteck wartete er bis zur Morgendämmerung, dann schlich er auf einem seiner Schmugglerpfade wieder über die Grenze, in die Sicherheit der Schweiz. Der Auftrag war erfüllt.

Unverdrossen baute Baumann nach dem Krieg zum zweitenmal – diesmal in La Côte-aux-Fées – seine Firma auf. Aber als Geschäftsmann sollte er noch lange an den Folgen seiner Geheimdiensttätigkeit zu tragen haben. Aus Gründen, die wir nicht kennen, setzten ihn die Franzosen auf die schwarze Liste; die Einreise nach Frankreich und der Export seiner Erzeugnisse dorthin blieben ihm jahrelang verwehrt. Auch das Eidgenössische Politische Departement, das zu Baumanns Gun-

*Das war der gleiche Mann nach zehn Monaten unmenschlicher Haft: Die Folter hat unauslöschliche Spuren hinterlassen!*

sten intervenierte, konnte daran nichts ändern. Wie Dutzend andere mußte Baumann seine riskanten Dienste für die Schweiz schließlich noch mit empfindlichen materiellen Einbußen entgelten und am eigenen Leib einen alten Grundsatz erfahren: Geheimdienstleute braucht man, aber man liebt sie nicht!

## Agent «Leo» in Deutschland zum Tode verurteilt!

«Leo, Haus Manessestraße 2 überwachen!»

«Leo, Breitingerstraße 24 (?) muß Engländer wohnen, wie heißt er, seine Umgebung, seine Tätigkeit?»

«Leo, ist der Brasilianer Leroy (Name geändert) identisch mit Levy S., Scheuchzerstraße 18?»

«Leo, Lorenz Grenacher (Name geändert), Zollikon, wie ist seine wirtschaftliche Lage? Er will in Deutschland Arbeit – hat er vielleicht Verbindungen mit dem feindlichen ND?»

«Leo» hier, «Leo» dort, «Leo» überall! Jakob Leonhard (geb. 1897), Vertreter, war der Spitzenagent der Gestapo in Zürich. Dachte die Gestapo drei Jahre lang...

In der Nacht vom 19. auf den 20. April 1944 wurde der Handelsreisende Leonhard in einem Hotel nahe Straßburg von einem SS-Kommando aus dem Bett geprügelt, am 22. August des gleichen Jahres vom Volksgerichtshof in Zweibrücken zum Tode verurteilt – und am 2. März 1945 gegen einen unbekannten, in der Schweiz gefangenen deutschen Spion bei Bregenz ausgetauscht.

«Leo» war ein Doppelagent. Daß er das geworden war, hatte er dem Spanischen Bürgerkrieg zu verdanken. Und dem «schönen Emil».

«Leo» erlebte in den dreißiger Jahren die Krise der Lebensmitte. Der gelernte Kaufmann war als Herrschaftschauffeur eines bedeutenden Bankiers in ganz Europa herumgekommen. Seine erste Ehe war früh geschieden worden, weil seine Frau Schulden gemacht hatte. Die Tochter lebte in Deutschland. Auch die zweite Ehe war zerrüttet. Später erzählte «Leo». «Die Scheidung wollte ich nicht einreichen, denn es widerstrebte mir, meine Frau vor Gericht anzuklagen. So packte ich eines Tages das Nötigste in einen Koffer und setzte mich in die Eisenbahn.» Die Fahrt ging über Paris und Port-Bou nach Barcelona. Nicht weil er überzeugter Antifaschist gewesen wäre, sondern um der täglichen Hölle zu entfliehen, wurde Leonhard wie 800 andere Schweizer zum Spanienkämpfer auf der Seite der Republikaner. Er wurde schwer verwundet, kehrte in die Schweiz zurück, wurde zu sieben Monaten Gefängnis verurteilt, degradiert und aus der Armee ausgeschlossen.

Das wußte auch der «schöne Emil», ein Freund aus alten Tagen, der nach Frankreich ausgewandert war und dort ein blühendes Transportunternehmen aufgebaut hatte. Im September 1941 warf er einen Zettel in den Briefkasten des eher schlecht als recht dahinlebenden Staubsaugerreisenden Jakob Leonhard. Auf dem Zettel stand: «Der ‹schöne Emil› aus Paris ist wieder da.» Ein paar Tage später trafen sich die beiden.

## «Leo» wird angeworben

Bei einer guten Flasche Rotwein in einem verschwiegenen Beizli am Zugersee tauschen sie Erinnerungen aus. Leonhard merkt schnell, daß Emil nicht aus Heimweh in die Schweiz zurückgekommen ist, sondern etwas ganz Bestimmtes will. In seinen Erinnerungen gibt Leonhard die entscheidenden Äußerungen Emils wieder: «Dir haben sie's ja auch dreckig gemacht, Köbi, nicht wahr? Jagen dich mit Schimpf und Schande aus der Armee – ich würde mich gar nicht wundern, wenn du jetzt noch eine Höllenwut im Leibe hättest...»

Unter der Maske von Emils freundschaftlicher Teilnahme spürt Leonhard deutlich den Unterton der lauernden Berechnung. Ob ich auf das Spiel eingehen soll? überlegt er sich. Auf jeden Fall ist «Leo» neugierig geworden!

Emil zeigt Leonhard seine Minox-Kamera, die nicht größer ist als ein Feuerzeug. Damit soll er, so lautet der erste Auftrag, alle militärischen Bauten fotografieren, an die er herankommt. Jakob Leonhard kassiert einen fürstlichen Vorschuß von 500 Franken. Spanienfahrer Leonhard ist zum Gestapo-Agenten «Leo» geworden.

Beiläufig erwähnt der ‹schöne Emil›, er habe bei einer Frau B. an der Badenerstraße in Zürich eine Waffe und Munition versteckt, für alle Fälle. Wenige Wochen später reist Leonhard bereits zum erstenmal zu seinen neuen Chefs nach Straßburg. Emil erwartet ihn am Bahnhof und stellt ihn zwei Herren vor, die sich Dr. Martin und Dr. Baumeister nennen. Natürlich sind die Namen falsch. Es handelt sich um zwei Führungsoffiziere, mit denen Leonhard nun drei Jahre lang kutschieren soll.

## Gefährliches Doppelspiel

Auf schweizerischer Seite übernimmt die gleiche Aufgabe der legendäre Wachtmeister Bleiker vom Büro HF der Zürcher Stadtpolizei – HF ist die Abkürzung für Hüni und Frei, die Namen der beiden Männer, die der lange Arm der Bundespolizei in Zürich sind und trotz geringsten Beständen viele große Erfolge in der zivilen Spionageabwehr erzielt haben; Jakob Leonhard hat sich nach seiner Rückkehr aus Deutschland nämlich der Schweizer Polizei und Hauptmann Gyr anvertraut, seines Zeichens Chef des Zürcher Büros der militärischen Spionageabwehr. Was Leonhard nicht wissen kann: Obwohl er rückhaltlos ausgepackt hat, erwirkt Bleiker sofort eine Postkontrolle gegen ihn. Alle Briefe Leonhards werden fortan von der Abwehr heimlich mitgelesen.

Ein Mittelsmann in Basel, Reichsbahnangestellter im Badischen Bahnhof natürlich, funktioniert als Verbindungsstelle und Kurier.

Mit Wachtmeister Bleiker spricht Jakob Leonhard jede Einzelheit der Antworten ab. Dafür öffnet der Beamte auch geheime Dossiers der Politischen Polizei; denn natürlich wollen die Nazis erst einmal die Zuverlässigkeit ihres neuen Mitarbeiters testen. Viele Adressen, die sie ihm geben, gehören deutschen Agenten. Die Spione müssen sich gegenseitig kontrollieren. «Leo» muß damit rechnen, daß auch auf ihn einer angesetzt ist. Längst trifft er sich mit Bleiker nicht mehr in der Stapo-Hauptwache: Bleiker ist ein erfinderischer und vorsichtiger Mann.

Als Leonhard die Sache mit dem Schwarzsender am Mythenquai abklären soll, erhält er einen Ausweis als Monteur des Telefonamts. Die Suche verläuft negativ. Bei anderen Aufträgen tritt «Leo» als Inspektor des Elektrizitätswerks auf. Obwohl die nach Straßburg und Stuttgart gelieferten Informationen vom Büro HF sorgfältig gefiltert werden und sich viel Spielmaterial (Erfindungen des schweizerischen Nachrichtendienstes zur Irreführung des Gegners) darunter befindet, sind die SS-Offiziere mit «Leo» außerordentlich zufrieden.

Die Vergütungen, die er jeweils im Kreuzgang des Basler Münsters vom bewußten Reichsbahnangestellten entgegennimmt, werden immer großzügiger, die Aufträge immer zahlreicher und gewichtiger.

Doppelagent «Leo» fliegt erst auf, als infolge der Schlamperei eines Basler Untersuchungsrichters ein aufgrund seines Hinweises verhafteter deutscher Agent während der Besuchszeit seiner Frau bedeuten kann, er sei von Leonhard hereingelegt worden. Bleiker ahnt etwas: Er rät Leonhard dringend ab, nochmals nach Deutschland zu fahren. «Leo» geht trotzdem. Da wird er verhaftet.

Er durchleidet die Hölle der deutschen Gefängnisse. Wird halbtot geprügelt. Man läßt ihn hungern. Der Prozeß vor dem Volksgerichtshof ist nichts als ein Theater – das Urteil steht zum vornherein fest: der Tod! Aber die Hinrichtung läßt sechs qualvolle Monate lang auf sich warten.

Der Austausch, der nach dieser fürchterlichsten Zeit im Leben des Jakob Leonhard die Erlösung brachte, war – wie Wachtmeister Bleiker später in aller Gemütlichkeit erklärte – nichts Besonderes: «Solche Dinge wurden damals unter der Hand erledigt», sagte er, «ohne großes offizielles Aufsehen und viele Akten. Man einigte sich einfach auf die Person, den Ort und den Zeitpunkt. ‹Oben› wollte man solche Dinge gar nicht so genau wissen, weder bei uns noch bei den Deutschen. Hauptsache war ja, man hatte das Leben eines der eigenen Leute gerettet.»

## Paul, Sondrio und Anna an Nummer 11

Der Basler Typograph und AZ-Redaktor Werner Hungerbühler (geb. 1905) hatte sich im Januar 1941 gerade von einem Nabelbruch erholt, den er als Korporal

*Zwei Dokumente für den kargen Dank des Vaterlandes, den Jakob Leonhard entgegennehmen durfte: Die nach seinem Spanienabenteuer ausgesprochene Degradierung wurde zurückgenommen (Dienstbüchlein oben), für zehn Monate Haft in Todesangst zahlte der Bund nach langem Hin und Her 6000 Franken.*

> 11.August 1942 (11)
>
> Sondrio berichtet
>
> Kommerzienrat Sichler besass das Schloss Bürgeln im Bezirk Obereggenen Baden. Um einen Erbhof zu kaufen bot er das Schloss Bürgeln der Wehrmacht an, trotz einer Bestimmung, dass nach dem Tode Sichlers das Schloss dem Bürgelnbund überschrieben werde. Der Vorstand des Bürgelnbundes Kammüller Fabrikant in Kandern, erhielt nun eines Tages einen Brief aus Reichsluftministerium, dass dieses in den Besitz des Schlosses übernehme. Nach den Setzungen des Bürgelnbundes kann aber nur der erweiterte Vorstand entscheiden. Dieser beschloss einmütig sich nicht auf diese Abtretung einzulassen. Worauf der erweitete Vorstand in die Kaserne Müllheim berufen wurde. Dort erschien ein Oberstleutnant vom Luftfahrtministerium und erklärte gleich, dass nun die Abstimmung über die Abtretung noch einmal vorgenommen werde. Landrat Rippstein von Müllheim und Landrat Peter von Lörrach waren beigezogen, ebenfalls Kreisleiter Grüner von Müllheim, der zur Zeit auch den Kreis Lörrach betreut, da der Kreisleiter von Lörrach an Ostfront ist, weil er in eine Lebensmittelschiebung verwickelt war. Der erweiterte Vorstand erklärte aber, dass sie nach Müllheim gerufen worden seien, um eine Erklärung des Reichsmarschalls Göring entgegenzunehmen. Sie würden jetzt ein Telegramm an den Herrn Reichsmarschall nach Berlin senden. Daraufhin erklärte der Herr Oberstleutnant, dass er nicht alles gesagt habe. Der Herr Reichsmarschall wisse nichts von dem ganzen Handel, da beabsichtigt sei, das Schloss Bürgeln als Geschenk des deutschen Volkes dem Herrn Reichsmarschall zum Geburtstag zu überreichen. Das der Stand anfangs August 1942.
>
> In der letzten Woche hat sich in Binzen ein Soldat erschossen, Kunstmaler Brombacher, der war in einem Bewachungslager für russische Kriegsgefangene. Die Behandlung der russischen Soldaten hat die Nerven derart verloren, dass er zum Selbstmord griff. Burte hielt ihm die Gedächtnispansprache.
>
> In Gerspach zwischen Schopfheim und Todtmoos besitzt eine Frau einen Spezereiladen, dort verkehren viel Leute aus luftgefährdeten Gegenden, die in der dortigen Gegend untergebracht worden sind. Im dortigen Laden

---

> 2. Juni 1943 (11)
>
> Sondrio
>
> In Wehr im Wiesenthal wurde am Montag Lt.Rupp beerdigt, Ritterkreuzträger der Luftwaffe, einer der erfolgreichsten Jagdflieger der deutschen Luftwaffe. Er wurde über dem Kanal von einer "Fliegenden Festung" abgeschossen. Ein Generalleutnant nahm im Auftrage Görings an der Beerdigung ein und legte in seinem Namen einen Kranz nieder. In engem Kreis äusserte sich dieser Generalleutnant nach folgendermassen: Lt.Rupp sei nach seiner Rückkehr aus dem Urlaub nicht mehr der Gleiche gewesen. Es habe ihn immer wieder deprimiert, dass die Abwehr feindlicher Luftangriffe nicht in dem Masse geschehen konnte, weil die Jagdflugzeuge nicht zur Verfügung standen. Mit 40 bis 50 Jagdflugzeugen gegen dreihundert vierhundert feindliche Bomber anzukämpfen sei fast ein Ding der Unmöglichkeit gewesen. Da die feindlichen Verbände in geschlossenen Formationen fliegen hätten sie eine nicht zu überwindende Feuerkraft, ja man könne von einem rasenden Feuerschutz sprechen. Immer wieder habe Leutnant Rupp mehr Jagdflugzeuge verlangt. Die ganze Fliegertruppe seines Verbandes habe es enttäuscht, dass diesem Wunsch nicht Rechnung getragen worden sei. Vor seinem Todesflug habe Rupp erklärt. Diesmal ruhe er nicht, bis er doch wenigstens einen der feindlichen Bomber herunter geholt habe. Göring habe nun vor wenigen Tagen angeordnet, dass der Bau von schweren Bombern und Stukas zurückgestellt werde. Sämtliche Flugzeugfabriken hätten Anweisung erhalten, ausschliesslich Jagdflugzeuge zu bauen.
>
> Ein Lörracher namens Heitz ist II.Offizier auf einem U-Boot. Er befindet sich zur Zeit bei seinem Vater in Lörrach in Urlaub. Dieser erklärte, dass die Lage der U-Bootwaffe in den letzten zwei Monaten ganz bedenklich geworden sei, vor allem durch eine intensiver feindliche Abwehr. Das beginne schon bei der Ausfahrt. Die Ausgangsbasen seien von der feindlichen Luftwaffe scharf überwacht. Wenden`

---

*Zu Hunderten lieferte Werner Hungerbühler solche Geheimdienstberichte ab. Sie gaben Auskunft über Transport- und Versorgungsprobleme, über die Stimmung im Volk usw.*

des Landwehrinfanteriebataillons 53 erlitten hatte, da erreichte ihn ein Aufgebot für «Bürodienste». Im dritten Stock des Kirschgartenmuseums in Basel mußte er sich an einer Tür melden, die kein Schild trug. Hinter dieser Tür arbeiteten zwischen zwanzig und dreißig Mann, vorwiegend alte Bekannte des jungen sozialdemokratischen Politikers. Es waren in erster Linie Geschäftsleute mit internationalen Beziehungen und auffallend viele Rechtsanwälte. Als Chef fungierte der spätere Strafgerichtspräsident und damalige Hauptmann Emil Häberli. Die diskrete Firma war nichts anderes als die Basler Außenstelle «Pfalz» der NS1. Werner Hungerbühler hat nie erfahren, wie diese verschwiegene Truppe ausgerechnet auf ihn aufmerksam geworden ist.

Als aktiver Gewerkschafter und Journalist hatte Hungerbühler ausgezeichnete, über die Grenzen reichende Beziehungen zu den Eisenbahnern im Elsaß und im Badischen; das mochte einer der Gründe für die merkwürdige Einberufung gewesen sein. Korporal Hungerbühler ließ fortan seine Uniform im Schrank hängen. Tagsüber ging er zur Tarnung seinem Beruf als Redaktor der Basler «Arbeiterzeitung» nach, in der Nacht wurde er unter dem Kennzeichen «Nr. 11» zu einem von vielen Agentenführern des schweizerischen Nachrichtendienstes. Hungerbühler hielt die Verbindung zu zwei Nachrichtenlinien – ins Elsaß und ins Badische – aufrecht. Es gab vier Hauptagenten, die ihrerseits wieder Informanten hatten, von denen die Schweizer nichts wußten und nichts wissen wollten:

– «Paul» war ein höherer Beamter der Deutschen Reichsbahn in Lörrach/Weil, nach außen ein angepaßter unauffälliger Funktionär, in Wirklichkeit ein von glühendem Haß gegen das Dritte Reich erfüllter Demokrat und Freimaurer. Einer seiner Bekannten war Übersetzer im deutschen Generalstab in Rumänien und trug das Seine an Nachrichten bei;

– «Sondrio» war ein deutscher Prähistoriker und Archäologe, der sich «zu Forschungszwecken» jederzeit frei im Gelände bewegen durfte und dies natürlich vor allem im deutsch-schweizerischen Grenzgebiet tat. Er gab auch den Hinweis auf einen alten Freund, der dem schweizerischen Nachrichtendienst zum Geheimcode der deutschen Luftwaffe an der Westfront verhalf;

– «Anna» war ein beziehungsreicher Geschäftsmann aus Mülhausen;

– der vierte im Bunde besaß keinen eigenen Decknamen und arbeitete als Meldekopf und Anlaufstelle für Paul und Sondrio und deren Helfer. Er war ein biederer sozialdemokratischer Post-

**GEHEIM**

I. In Freiburg i.B. und Müllheim sollte wöchentlich mindestens einmal die Truppenbewegung kontrolliert werden:

An Kasernen sind uns in Freiburg bekannt: (möglicherweise ist die gleiche Kaserne zweimal mit verschiedenen Namen bezeichnet)
1) Schlageterkaserne, früher Schwarzwaldkaserne
2) Lorettokaserne
3) Mooswaldkaserne (Art. line)
4) Karlskaserne
5) Alte grosse Inf. Kaserne
6) Inf. Kaserne Gebelsberg
7) Panzer-Kaserne, Feuerbacher Heide bei Stuttgart
8) Adolf Hitler Kaserne
9) Gallwitzkaserne
10) Nordkaserne
11) SS-Kasernen an der Rheinstrasse und an der Adolf Hitler-Strasse
12) Fliegerhorst mit allen Gebäulichkeiten. beim Mooswald

II. In Müllheim ist uns die Artillerie-Kaserne bekannt. Es sollen aber noch andere Kasernen existieren, deren Name und Lage noch festzustellen ist.

III. Es ist nun wichtig, dass anlässlich der wöchentlichen Kontrollen der Orte Freiburg und Müllheim die Belegung der vorerwähnten Kasernen und des Flugplatzes so genau wie möglich nach Zahl, Waffengattung und Einteilung (RgtsNr. Nr. des Ers.Btl. Marschbtls, Batterie, Schwadron etc. etc.) durchgeführt wird. Dabei ist wichtig, festzustellen, ob es sich um Verbände des Feldheeres handelt. Im ersten Falle sollten die Regimentsnummern (oder bei Spezialtruppen die Btl. oder Abteilungs Nr.) im zweiten Falle die Nummern der Ersatzbataillone so genau wie möglich! festgestellt werden.

IV. Es ist klar, dass der vorerwähnte Auftrag nicht von einer Person durchgeführt werden kann. Es sollte daher unser Vertrauensmann sich einige Mitarbeiter suchen, die während seiner Abwesenheit die nötigen Feststellungen treffen und die Resultate wöchentlich einmal dem Vertrauensmann abliefern. (Instruktion über die Art der Erhebungen mündlich).

V. Sollte Freiburg oder Müllheim eine aussergewöhnliche Belegung erfahren, so sollte dies innert wenigen Stunden hierorts gemeldet werden können.

— 2 —

VI. Wichtig ist ferner, zu wissen, ob und wo in Freiburg höhere Stäbe (Div. Armeekorps etc.) untergebracht sind. Es wird sich hiebei meist um Unterbringung in Hotels oder Privathäusern handeln. Wissenswert sind die Namen der höheren Kommandeure und die Bezeichnung des Stabes (z.B. 45. Gren.Div. XXI. Armeekorps 7.Armee etc. etc.)
Des ferneren interessiert der Transport von Truppen und Material durch die Bahnhöfe von Freiburg, und zwar von und nach Richtung Höllental, Breisach, Offenburg und Basel. Am wichtigsten wird jedoch die Transversale Höllental – Breisach sein.
Bei Transporten ist auch Art der Ladung (Mannschaften, dann aber Einteilung, Waffe, Anzahl!! oder Material, was?) zu beachten, die Achsenzahl, die Art der Wagen und die Fahrtrichtung.

VII. Das Wiesental ist periodisch (wennmöglich wöchentlich) so weit wie möglich in der Tiefe nach Belegung (Einteilung, Waffengattung, Anzahl) zu kontrollieren.

*Diese Auftragsliste zeigt, mit welcher Genauigkeit sich der Schweizer Nachrichtendienst Informationen über deutsche Truppenbewegungen im Grenzraum beschaffte.*

halter im Südschwarzwald, der laufend die genauen Jahrgänge der Einberufenen meldete.

Diese Männer erkundeten das Geschehen im Dreiländereck in allen Einzelheiten. Besondere Aufmerksamkeit widmeten sie dem militärischen Eisenbahnverkehr, insbesondere allem, was nach Truppenverschiebungen aussah. Aus den immer stärker werdenden Transporten von der Westfront in östlicher Richtung schlossen die Auswerter des schweizerischen Nachrichtendienstes erstaunlich früh auf den bevorstehenden Angriff gegen die Sowjetunion. Offensichtlich lieferten die Informationen des Netzes Hungerbühler Teilbestätigungen dessen, was andere, in höchsten politischen, militärischen und wirtschaftlichen Führungsgremien angesiedelte Nachrichtenquellen wie die ebenfalls über Basel laufende Wiking-Linie und der NZZ-Korrespondent Dr. Johann C. Meyer alias «Sx.», in Erfahrung gebracht hatten.

Die Drehscheibe dieses diskreten Nachrichtenverkehrs war der für geheimdienstliche Aktivitäten aller Art ausgesprochen durchlässige Badische Bahnhof, der jeweils um Mitternacht geschlossen wur-

*Am Tag Redaktor, in der Nacht Geheimagent, daneben Fluchthelfer und antinazistischer Agitator: der Journalist Werner Hungerbühler.*

de und bis in die ersten Morgenstunden hinein menschenleer war. Der Nachtwächter war eingeweiht und hatte Hungerbühler zu einem Nachschlüssel für einen Nebeneingang verholfen. So konnte er sich fast jede Nacht mit «Paul» treffen und dessen Berichte entgegennehmen. Außerdem bediente er sich des Streckentelefons, um mit seinen Helfern im Elsaß in Verbindung zu treten. Denn diese Leitungen wurden nie abgehört. Man konnte sogar Klartext reden. Niemand verlangte von Hungerbühler, er solle der Versuchung widerstehen, in den nächtlicherweile verlassenen Bahnbüros herumliegende Dokumente mitzunehmen. Er eilte jeweils mit diesen Papieren – Sonderfahrplänen, Dienstanweisungen usw. – auf das Basler Polizeidepartement, fotokopierte sie dort und brachte sie ebenso heimlich zurück.

**Ergiebiger Ausflug nach Marseille**

Es lag in der Natur von Hungerbühlers Zivilberuf, daß er über-

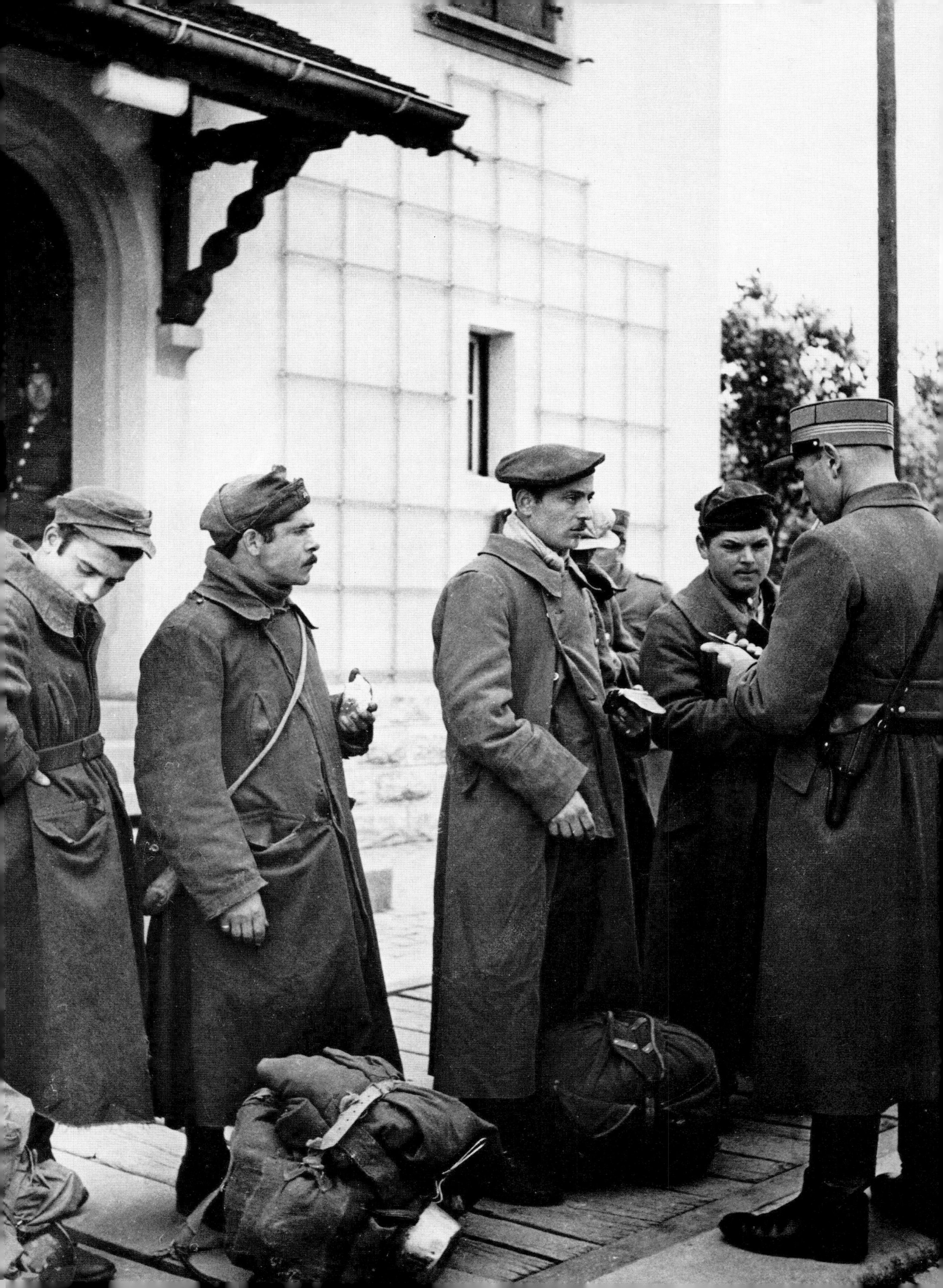

*Je weiter der Krieg fortschritt, je bedrängter die Lage der Deutschen wurde, desto schwieriger wurde die Situation an den Schweizer Grenzen. Internierte Soldaten (großes Bild links) und Flüchtlinge (oben) begehrten Einlaß. Doch in der Schweiz hieß es: «Das Boot ist voll!» Viele Flüchtlinge, namentlich Juden, wurden an der Grenze zurückgewiesen und in den sicheren Tod geschickt. Uniformen und menschliches Elend standen sich oft am Schlagbaum unversöhnt gegenüber (unten).*

all in Europa Bekannte und Kollegen hatte, so auch in Marseille, das zur Osterzeit 1942 noch unbesetzt war. Der Freund war ein Journalist, der vor den Deutschen aus Straßburg südwärts geflohen war und in Marseille Freundschaft mit dem Chef der deutschen Kontrollkommission geschlossen hatte. Hungerbühler bekam ein Zeichen, daß dieser Gewährsmann an wichtige wehrwirtschaftliche Unterlagen herangekommen war.

Aber es wäre zu auffällig gewesen, allein nach Marseille zu reisen. So stellte Hungerbühler mit einem befreundeten Zahntechniker und einem Wirt – beide nichtsahnend wie neugeborene Kinder – eine kleine Reisegesellschaft zusammen, die zur österlichen Vergnügungsreise nach Südfrankreich aufbrach. Was er, auf Seidenpapier getippt und in den Schuhsohlen versteckt, über die Grenze in die Schweiz zurückbrachte, bewies, daß die Deutschen – nach außen noch auf der Höhe ihrer militärischen Erfolge – schon damals wirtschaftlich auf dem Zahnfleisch liefen; denn der geheime Text war nichts weniger als ein Protokoll von der Tagung des Führungsstabes Wirtschaft in Karlsruhe vom 2. Februar 1942, in dem ungezählte geheime Einzelheiten über die Versorgung des Reichs mit Rüstungs- und Verbrauchsgütern aufgeführt waren. In dem Bericht stand zum Beispiel, daß nur die Hälfte des Friedensbedarfs an Schuhen gedeckt werden könne, daß größere Stillegungen von Textilbetrieben bald unvermeidlich seien, daß die natürlichen Rohstoffreserven für die Seifenproduktion erschöpft seien,

*In geheimen Druckereien des Schweizer Nachrichtendienstes wurden deutsche Lebensmittelkarten (oben und Mitte) gefälscht. Damit wurden Schweizer Agenten in Deutschland unterstützt. Ein anderes Mittel für die Nachrichtenbeschaffung war Nescafé, wie der Brief unten beweist.*

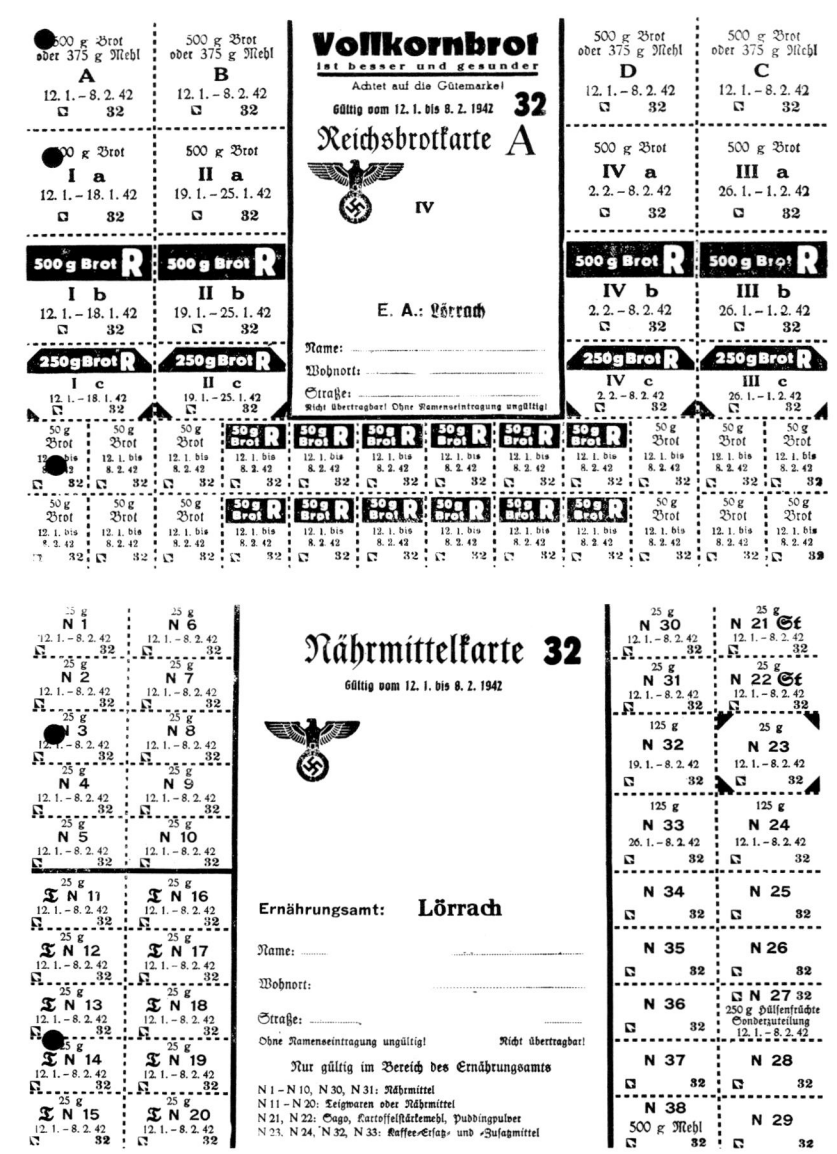

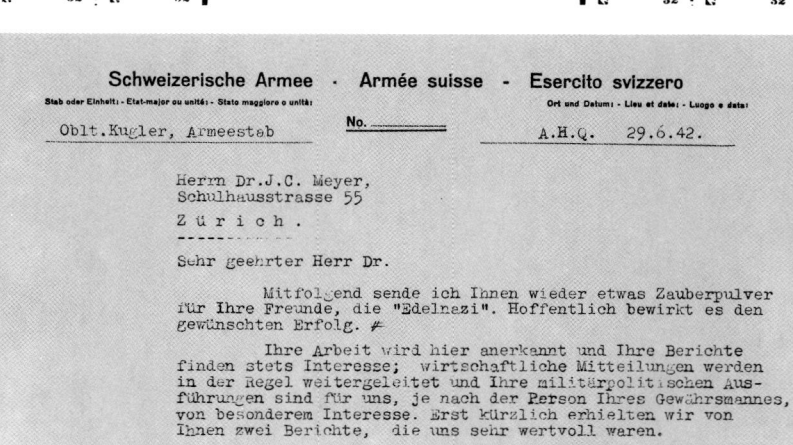

daß nur noch behelfsmäßig gebaut werden könne, daß dem deutschen Bergbau 178 000 Arbeitskräfte fehlten usw.

Was der Schweizer Nachrichtendienst – zumindest offiziell – nicht wissen durfte, war, daß Hungerbühler und seine Helfer am laufenden Band politisch Verfolgte, Deserteure, Juden und andere aufs höchste gefährdete Menschen auf den bewährten Schleichwegen des Badischen Bahnhofs in die Schweiz schmuggelten und heimlich gedruckte antinazistische Kampfschriften nach Deutschland verbrachten. So durchstöberte einer der Helfer beispielsweise das Amtsblatt der Deutschen Reichsbahn nach den Adressen der Angehörigen der als gefallen gemeldeten Eisenbahner; diese Angehörigen erhielten dann in verschlossenen Umschlägen Flugblätter gegen den Hitler-Krieg und mit Aufrufen zum Widerstand.

Werner Hungerbühler durfte den Dank des schweizerischen Vaterlandes ernten: Zwei Monate vor dem Waffenstillstand wurde er zum Wachtmeister befördert...

## Der Mann mit dem fotografischen Gedächtnis

Wenn Dr. Johann Conrad Meyer (geb. 1907) in Berlin für die Schweiz spionierte, schrieb er nie ein Wort auf: Der freundliche, gesellige Schweizer, der offiziell als Wirtschaftskorrespondent der «Neuen Zürcher Zeitung» arbeitete, besaß ein fotografisches Gedächtnis. Er konnte sich aufs Mal Dutzende, ja Hunderte von Zahlen, Informationen und Bildern merken und sie noch nach Tagen fehlerfrei wiedergeben – dann nämlich, wenn er wieder in der Schweiz war. Unter der Tarnbezeichnung «Sx.» war Dr. Meyer einer der besten Gewährsleute von Geheimdienstchef Roger Masson.

*Der Zürcher Wirtschaftsjournalist Dr. Johann Conrad Meyer war dank seiner erstklassigen, weitreichenden Beziehungen einer der erfolgreichsten Agenten.*

Meyer alias Sx. wies schon am 7. Dezember 1940 auf den deutschen Angriff gegen die Sowjetunion hin, der am 22. Juni 1941 begann. Als Hitler mit diesem Wahnwitz die Welt schockierte, lieferte Sx. bereits detaillierte Angaben über die Versorgungsschwierigkeiten der Wehrmacht und über die lawinenartig anwachsenden Probleme der deutschen Kriegswirtschaft.

Meisterspion Sx. verkörpert in besonderem Maße den Typus des schweizerischen Nachrichtenmannes im Zweiten Weltkrieg, nämlich das totale Gegenteil des Abenteurers und Tausendsassas, der in tausend Masken unerkannt zwischen den Hauptquartieren hin- und herpendelt.

Wie hätte der schweizerische Nachrichtendienst auch nur die Spesen eines solchen Playboys berappen wollen! Dieser Nachrichtendienst, der selbst seine Spitzenagenten anwies, für Bahnreisen Transportgutscheine bei der zuständigen Kantonspolizei zu beziehen und die Telefongespräche mit Gutscheinen zu bezahlen, diese durch und durch helvetische Organisation, die von ihren Mitarbeitern verlangte, vor der Einholung kostspieliger Informationen – d. h. solcher, die nur bei einem gemeinsamen Nachtessen mit dem Informanten im Kostenbetrag von 20 oder 30 Franken zu haben waren – «vorher anzufragen, ob Informationen unter diesen Umständen einzuziehen sind» (undatierter Brief von Hptm Mayr von Baldegg an Sx.).

### Milizsystem macht den Nachrichtendienst stark

Der Nachrichtendienst des Armeekommandos nutzte aus, was unsere Armee stark macht: das Milizsystem. Masson und Waibel, vom freiwilligen Patrioten Hausamann schon einschlägig unterstützt, rekrutierten systematisch Dienstpflichtige, die sich in ihrer zivilen Tätigkeit wertvolle Auslandskontakte geschaffen hatten: Industrielle, Wissenschafter, Rechtsanwälte, internationale Kaufleute und Journalisten wie Dr. J. C. Meyer.

Dieser Mann mit dem unauffälligsten aller Namen war 1936 nach Berlin gekommen. Als Wirtschaftskorrespondent der international angesehenen «Neuen Zürcher Zeitung» hatte er keine Mühe, unverdächtig mit höchsten Behördenstellen, Konzernherren, einflußreichen Anwälten und gutinformierten Diplomaten Kontakte zu pflegen.

Mit einem der letzten Züge kehrte Dr. Meyer im September 1939 in die mobilisierende Schweiz zurück, um als Korporal in der Stabskompanie des Gebirgsschützenbataillons 109 Dienst zu leisten.

Der damalige Hauptmann im Generalstab Max Waibel, Chef der Nachrichtensektion (NS 1), hielt ein scharfes Auge auf solche Rückkehrer. Bereits nach ein paar Wochen wurde der Journalist, der schon lange durch seine in der

```
                Spesenabrechnung für Juli 1945.
                                        Stunden         Fr.
Juli    3.      Tel. 041 27812   11.15                  -.70
         "    "    "             12.45                  -.70
         "    "    "             13.30                  1.70
        5.      Wbericht                  3
        6.      Tel. 041 27812   08.50                  -.70
         "    "    "             09.00                  -.70
         "      061 20948        09.05                  1.60
         "    "    "             09.15                  -.90
       11.      4 lokal                                 -.80
       11.      Tel. 061 20948   08.30                  -.90
         "      061 43828        08.35                  -.90
         "      041 27812        09.10                  -.70
         "      061 20948        09.15    1             -.90
       12.      Wbericht                  3
       14.      Besprech.Lindau (Leihbibl)12           29.50
       16.      Tel. 041 27812   09.45                  -.70
                4 lokal                                 -.80
       17.      Tel. 041 27812   14.05                  -.70
         "    "    "             14.10                  -.70
       18.      Konstanz (Bibl.)          6            22.-
                                         24         Fr. 65.60
Ich habe der Lohnausgleichskasse 3 Diensttage gemeldet und bitte
um gleichlautende Angabe.
31.Juli 1945.                                           Sx.
```

*Wie bescheiden der Schweizer Nachrichtendienst haushalten mußte, beweist diese Spesenrechnung des Spitzenagenten Meyer.*

«NZZ» publizierten scharfsinnigen Lageanalysen aufgefallen war, zum Armeestab umgeteilt.

### Sx. aus Berlin ausgewiesen!

Auf Waibels Wunsch kehrte Meyer nochmals als Korrespondent nach Berlin zurück. Doch seiner ungeschminkten und nicht eben deutschfreundlichen Zeitungsberichte wegen wurde er schon an Ostern 1940 endgültig aus dem Deutschen Reich ausgewiesen. Er verlor auch seine Stelle bei der NZZ.

In Zürich wurde Dr. Meyer freier Journalist, der sich mit wirtschaftlichen Beiträgen, mit Publikationen für Banken und Verbände eher kümmerlich durchschlagen mußte. Bis zum Herbst 1945 setzte er seine Tätigkeit für den Nachrichtendienst fort – zum Gradsold eines Wachtmeisters von 58 Franken im Monat!

Er war als freier Mitarbeiter der Zürcher Außenstelle «Uto» von NS 1 zugeordnet. Natürlich flossen die Quellen von Sx. weiter, denn immer lieber kamen viele deutsche Diplomaten, Journalisten, Industrielle, Anwälte und Beamte aus allen Schichten der Wehrwirtschaft, der Rüstungsindustrie, der Wehrmacht, der Reichsregierung und der Partei in die friedliche Schweiz – unter ihnen der spätere CDU-Bundesminister Lemmer, der unter dem Decknamen «Agnes» auch für die Roessler-Rado-Linie arbeitete.

Männer wie Lemmer informierten Sx. bewußt. Andere taten es, ohne es zu merken, wenn der gesellige und kultivierte Pressemann wie zufällig alte Bekanntschaften auffrischte. Tag für Tag tippte Dr. Meyer seine Berichte, manchmal Dutzende von engbeschriebenen Seiten. Er war auf dem laufenden über die immer prekärer werdende Versorgungslage der in Rußland blockierten Truppen. Er kriegte früh Wind von den zerstörerischen V-Raketen in Peenemünde und von den geheimen Atomplänen Hitlers, die aber nie über das Forschungsstadium hinausgerieten.

Über seine hochgestellten Berliner Gewährsleute erfuhr er auch Peinliches für die Schweiz, so zum Beispiel, daß einflußreiche Parteien- und Regierungsstellen am liebsten den deutschfreundlichen Korpskommandanten Ulrich Wille als Schweizer Botschafter in Berlin gehabt hätten.

Es war Dr. Meyer, der – sozusagen als Nebenprodukt seiner stark wirtschaftlich - rüstungstechnisch orientierten Nachrichtentätigkeit – die Schweizer Spionageabwehr früh vor gefährlichen Agenten und Landesverrätern warnte.

---

### Krach um Dr. Meyers Erbe

Wie viele Schweizer Nachrichtenleute behielt auch Sx. alias Dr. Johann Conrad Meyer die Doppel seiner Berichte — insgesamt Tausende von enggetippten Seiten — bei sich zurück. Kurz vor seinem Tod 1966 übergab er dieses Material seinem guten Freund, dem Zürcher Journalisten Kurt Emmenegger, und erlaubte ihm, einige Kopien dem Nachrichtenmagazin «Spiegel» auszuhändigen.

Da starb Dr. Meyer. Noch vor seiner Beerdigung forderte sein Stiefsohn, der Diplomat Alfred Wacker, als Erbe diese Dossiers zurück. Emmenegger wollte wenigstens die Beerdigung abwarten. Statt — wie bei erbrechtlichen Auseinandersetzungen üblich — zum Zivilrichter, eilte Botschafter Wacker zum Nachrichtendienst der Zürcher Kantonspolizei, die vom damaligen Bundesanwalt Dr. Hans Fürst kurzerhand den Befehl erhielt, die Akten «wegen dringenden Verdachts der mißbräuchlichen Verwendung» zu beschlagnahmen.

Die Polizeiaktion in der Wohnung des Journalisten und die Kompetenzüberschreitung des Bundesanwalts erregten größtes Aufsehen; sie waren ein Beweis mehr für die anhaltende Tendenz des Bundesrates und von Teilen der Verwaltung, die Erforschung der jüngeren Geschichte nur den der Regierung genehmen Historikern und Publizisten zu gestatten.

Übrigens war die Razzia bei Emmenegger ein Schlag ins Wasser: Der erfahrene Journalist hatte die Akten natürlich rechtzeitig kopieren lassen. Die Mikrofilme wurden nie gefunden.

*Gegen Ende des Krieges kam es zu zahlreichen Fehlbombardierungen schweizerischer Siedlungen durch alliierte, insbesondere amerikanische Flugzeuge. Die verheerendste war die von Schaffhausen. Rätselhaft geblieben ist aber die Zerstörung einer Häuserzeile an der Frohburgstraße nahe dem Milchbuck in der Stadt Zürich. Galt der Angriff in Wirklichkeit der etwa anderthalb Kilometer entfernten Waffenfabrik Bührle? Oder stimmen die hartnäckigen Gerüchte, wonach die Amerikaner eine deutsche Spionagezentrale in einem dieser Häuser vernichten wollten? Augenzeugen versichern, bei den Aufräumarbeiten sei unter den Trümmern eine Hakenkreuzfahne zum Vorschein gekommen.*

Nicht immer scheint die sonst überaus tüchtige Spab prompt reagiert zu haben: Schon 1941 hatte Sx. schriftlich auf das kuriose Treiben des Davoser Rechtsanwalts Dr. Josef Franz Barwirsch aufmerksam gemacht; er wurde in Ruhe gelassen und erst nach Kriegsende durch einen Zufall als einer der übelsten Landesverräter entlarvt!

## «Unternehmen Wartegau» – So platzt Görings Sabotageplan

Die wache Aufmerksamkeit des SBB-Zugführers Albert Stöckli vereitelte im Juni 1940 einen in der engsten Umgebung von Reichsmarschall Hermann Göring ausgetüftelten Sabotageplan. Wäre dieser Plan geglückt, hätte die noch im Aufbau begriffene Schweizer Flugwaffe einen gefährlichen Rückschlag erlitten!

Als die deutsche Wehrmacht am 10. Mai 1940 die Westoffensive gegen Holland, Belgien und Luxemburg auslöste, kam es im Jura zu zahlreichen rücksichtslosen Verletzungen des schweizerischen Luftraums durch deutsche Bomber und Jagdflugzeuge. Die Schweizer Flugwaffe mußte den Eindringlingen mit Waffengewalt entgegentreten. Allein im Mai 1940 ereigneten sich 113 Grenzverletzungen durch deutsche Flugzeuge, im Juni waren es weitere 84. In diesen beiden Monaten wurden insgesamt 82 Schweizer Jagdpatrouillen zu 41 Einsätzen kommandiert. Die Schweizer Patrouillen schossen etwa ein halbes Dutzend Maschinen vom Typ He-111 und Me-110 ab; einige weitere Flugzeuge wurden zur Landung gezwungen oder mit schweren Beschädigungen aus dem schweizerischen Luftraum gejagt. Drei Schweizer Flieger fanden bei diesen Luftkämpfen den Tod, wobei es am 8. Juni zu einem besonders empörenden Zwischenfall kam. Eine schweizerische C-35, die sich auf einem Grenzüberwachungsflug befand, wurde von sechs deutschen Flugzeugen angegriffen und in der Nähe von Alle abgeschossen, ohne daß sich die Besatzung zur Wehr setzen konnte. Die beiden jungen Fliegeroffiziere fanden den Tod.

Göring war über die Schweizer Flugwaffe erbost und befahl einen

Sabotageangriff auf ihre Bodenstützpunkte. Zehn Freiwillige, darunter zwei Auslandschweizer, wurden auf einem Flugfeld in der Nähe von Berlin in einem Blitzkurs in die Kunst des Sprengens von Flugzeugen und Hangars eingeführt und unter Androhung der Todesstrafe auf eisernes Stillschweigen vereidigt. Am 12. Juni wurde das Sabotagekommando von deutschen Grenzwächtern auf Schleichwegen bei Lottstetten/Jestetten, Kreuzlingen und Martina/Vinadi im Unterengadin in die Schweiz geschmuggelt.

*Schweizer Soldat auf der Wacht an der mit Stacheldrahtverhau gesicherten Nordgrenze bei Thayngen SH. Bekanntgewordene Sabotagepläne führten oft zu Großalarmen.*

## Der Auftrag der Saboteure

Die zehn Mann hatten den Befehl, in der Nacht vom 16. zum 17. Juni 1940 Flugzeuge und Flugplatzanlagen in Spreitenbach, Payerne, Biel-Bözingen und Lausanne durch Sprengladungen mit Zeitzündern zu zerstören. Hätten schweizerische Bewachungsmannschaften eingegriffen, wären diese erdolcht oder erschossen worden. Jeder der zehn Saboteure war mit einem falschen Paß, einem Rucksack mit Sprengladung, mit Landkarten, Kompassen, Drahtzangen, Taschenlampen, Verdunkelungsmaterial und Lebensmitteln ausgerüstet. Bewaffnet war jeder mit einer Pistole und 25 Schuß Munition sowie mit einem Stellmesser. 500 Franken in bar und 50 Reichsmark gehörten ebenfalls zur Ausrüstung.

Die Details, in denen bekanntlich der Teufel steckt, verrieten aber, daß der Sabotageplan offensichtlich übereilt und im Zorn entwickelt worden war: Die Saboteure und ihre Hintermänner begingen derart plumpe Fehler, daß es nur eines aufmerksamen und mutigen Bahnbeamten bedurfte, um sie außer Gefecht zu setzen.

## Zugführer Stöckli greift ein

*Fehler Nummer 1:* Obwohl jedem der Saboteure ein bestimmter Flugplatz zugeteilt war, reisten vier von ihnen im gleichen Zug, wenn auch in verschiedenen Abteilen, von Kreuzlingen nach Zürich.

*Fehler Nummer 2:* Die Berliner Planungsgruppe im Hauptquartier Görings hatte sich nicht über die Eigenheiten des schweizerischen Eisenbahnverkehrs informiert. So kam es, daß jeder der vier Männer ein abgelaufenes und somit ungültiges Billett besaß und nachzahlen mußte.

*Fehler Nummer 3:* Jeder zahlte mit nagelneuen Fünfziger- und Hunderternoten.

*Fehler Nummer 4:* Um sich, wie sie glaubten, besonders gut zu tarnen, sprachen alle vier Französisch, aber so schlecht, daß Zugführer Stöckli sofort merkte, daß hier etwas faul sein mußte.

Noch bevor der Zug im Zürcher Hauptbahnhof zum Stehen gekommen war, sprang der beherzte SBB-Beamte ab und eilte zu Wachtmeister Joseph Torti in den Polizeiposten. Er brauchte die Verdächtigen nicht lange zu suchen, denn die Spionageabwehr hatte aus Berlin einen Tip bekommen; Steckbriefe für zwei der vier merkwürdigen Fahrgäste lagen bereits auf dem Posten aus. In der Chüechliwirtschaft des Bahnhofbuffets entdeckte der Detektiv die beiden Gesuchten. Torti: «Ich ersuchte sie, sich auszuweisen. Der eine wurde totenblaß. Ich spürte, daß er entweder fliehen oder eine Waffe ziehen würde, und befahl: ‹Hände auf den Tisch!› Die Pistolen der beiden hatte ich mit zwei Griffen aus den Taschen. Dann wollte ich ihre Pakete öffnen. Zuoberst lagen als Tarnung pazifistische Flugblätter. Da fiel mir einer in den Arm und brüllte: ‹Nicht aufmachen, sonst fliegen Sie in die Luft!›»

Eine Stunde später waren sämtliche Schweizer Militärflugplätze in höchster Alarmbereitschaft. Am Abend waren sechs, am nächsten Morgen zwei weitere Saboteure hinter Schloß und Riegel. Einer ging bei Martina ins Garn, als er über die Grenze zurück ins angeschlossene Österreich wollte, einer entkam. Zwar hatte ihn die

*Diese beiden Männer vereitelten Görings Sabotageplan gegen die Schweizer Flugwaffe, der als «Unternehmen Wartegau» bezeichnet wurde: Zugführer Albert Stöckli (oben) und Polizeidetektiv Joseph Torti (unten).*

Bündner Polizei verhaftet, doch irrtümlicherweise aufgrund eines echt aussehenden brasilianischen Reisepasses wieder laufenlassen. Die neun Verhafteten wurden zu lebenslänglich Zuchthaus verurteilt und bis auf die beiden Auslandschweizer, die die volle Strafe abzusitzen hatten, in den fünfziger Jahren abgeschoben.

## «Operation Sunrise» – Geheimdienst für den Frieden

Es begann beim Forellenessen in einem stillen Restaurant am Vierwaldstättersee. Am Tisch saßen der als amerikanischer Diplomat in Bern akkreditierte US-Geheimdienstchef für Mitteleuropa, Allan Dulles, dessen engster Mitarbeiter Gero von Gaevernitz und der schweizerische Nachrichtenoffizier Max Waibel. Es war Sonntag, der 25. Februar 1945. Seit ihrer Landung auf dem italienischen Festland bei Anzio vor einem Jahr quälten sich die alliierten Truppen durch Italien nordwärts. Der deutsche Widerstand war stärker, als sie angenommen hatten. Jetzt stand die Front an der «Gotenlinie» (La Spezia–Apennin–Rimini).

Am Vormittag des gleichen Tages hatte Waibel Besuch von einem alten Bekannten bekommen, Dr. Max Husmann, Leiter des international renommierten Knabeninstituts Montana auf dem Zugerberg. Mit Husmann war ein hagerer, kahler Italiener gekommen: Baron Luigi Parrilli, Geschäftsmann; ein Verwandter von ihm hatte Husmanns Schule besucht und die Verbindung hergestellt. Parrilli hatte in Oberitalien den SS-Obersturmführer Guido Zimmer kennengelernt, einen überzeugten Katholiken, der befürchtete, die SS würde demnächst aus Berlin den Befehl zur Zerstörung Oberitaliens samt seiner großen Industrieanlagen, der Häfen und der vielen unersetzlichen Kunstschätze und Baudenkmäler erhalten. Parrilli hatte vorerst auf eigene Faust beschlossen, die Alliierten zu warnen.

Dulles schickte v. Gaevernitz zu einer ersten Fühlungnahme mit den beiden merkwürdigen Friedensboten ohne Auftrag und blieb sehr reserviert, denn Friedensfühler dieser Art waren ihm schon

89

*SS-General Karl Wolff, Herr über SS und Wehrmacht in Oberitalien, wußte, daß Deutschland den Krieg verloren hatte. Um nicht Tausende von Menschenleben und unermeßliche Werte zu gefährden, trat er hinter Himmlers und Hitlers Rükken in Friedensverhandlungen ein.*

viele untergekommen. Die Aussprache blieb im Unverbindlichen stecken; offensichtlich glaubten nur Waibel und Dr. Husmann wirklich, daß etwas daraus werden könnte. Für jeden Fall gab Waibel Parrilli ein Codewort, mit dessen Hilfe er bei Chiasso jederzeit wieder in die Schweiz einreisen konnte; entsprechende Weisungen erteilte er den dortigen Schweizer Grenzwächtern.

Von Zimmer erfuhr der direkt Himmler unterstellte SS-General Karl Wolff von den über Parrilli in die Schweiz und zu den Alliierten bestehenden unverbindlichen Kontakten. Wolff trug den Titel «Höchster Polizei- und SS-Führer»; gleichzeitig war er «Bevollmächtigter General der Wehrmacht für das rückwärtige Frontgebiet Italiens». Seine Aufgabe war es, SS und Wehrmacht in Oberitalien zu koordinieren und die Ruhe aufrechtzuerhalten. In der Folge erwies sich Wolff als realistischer Mann, der wußte, daß er auf verlorenem Posten stand, und dem es nun vor allem darum ging, sinnlose Opfer an Menschenleben und die von Hitler ins Auge gefaßte Zerstörung Oberitaliens zu verhindern, wie Dulles rückblickend bestätigte.

*Als alliierte Gesprächspartner Wolffs bei den von Waibel arrangierten geheimen Friedensverhandlungen von Ascona traten die Generäle Lyman L. Lemnitzer (oberes Bild, links) und Terence S. Airey (unteres Bild, rechts) auf. Um unerkannt in die Schweiz zu gelangen, zogen sie Unteroffiziersuniformen an und gaben sich als harmlose Soldaten auf Urlaub.*

*Oben: Feldmarschall Sir Harold Alexander (links) blieb Wolff gegenüber mißtrauisch und blockierte zeitweise die Friedensverhandlungen in der Schweiz.*

*Rechts: Kriegspremier Sir Winston Churchill bezeichnete die geglückte Geheimdienstoperation für den Frieden als einzigartig in der Kriegsgeschichte.*

## Riskante Reise

Nur fünf Tage nach der ersten Begegnung zwischen v. Gaevernitz und Parrilli erfolgte eine neue Fühlungnahme, dieses Mal in Lugano. Wieder hatte Waibel in aller Stille die Grenzübertritte ermöglicht. Auf deutscher Seite war außer Zimmer nun auch der einflußreiche SS-Standartenführer Eugen Dollmann zugegen, der außerordentliches diplomatisches Geschick besaß und früher als Hitlers persönlicher Beobachter in Rom geweilt hatte; Dollmann besaß das Vertrauen Wolffs. Von den Amerikanern war bei diesem Treffen, das im ersten Stock des Luganeser Nobelrestaurants Biaggi stattfand, ein anderer Mitarbeiter Dulles', Paul Blum, gekommen. Er und Dollmann verstanden sich, wenn auch – schließlich waren sie Feinde – nur auf der Basis äußerster Zurückhaltung.

Blum verlangte, General Wolff solle als Zeichen seines guten Willens und als Beweis seiner Befehlsgewalt die inhaftierten Partisanenführer Ferruccio Parri und Antonio Usmiani freilassen. Dulles ließ diese Forderung als Versuchsballon steigen; er glaubte immer noch nicht recht an die Ernsthaftigkeit dieser Kontakte. Am 8. März aber waren die beiden erbitterten Nazigegner frei. Waibel ließ sie in die Schweiz schaffen.

Zwei Stunden nach den Freigelassenen überquerte auch General Wolff in Zivil die italienisch-schweizerische Grenze und fuhr samt Gefolge nach Zürich. Welch ein Sicherheitsrisiko! Das einzige, was Waibel für den Fall, daß Wolff erkannt würde, vorkehren konnte, war die Erfindung eines Märchens: Wolff fahre in die Schweiz, um über die Benützung des Hafens Genua durch schweizerische Handelsschiffe zu verhandeln. Die Gruppe reiste in zwei geschlossenen Abteilen mit vorgezogenen Vorhängen. Aber auf der Gotthardstrecke war eine

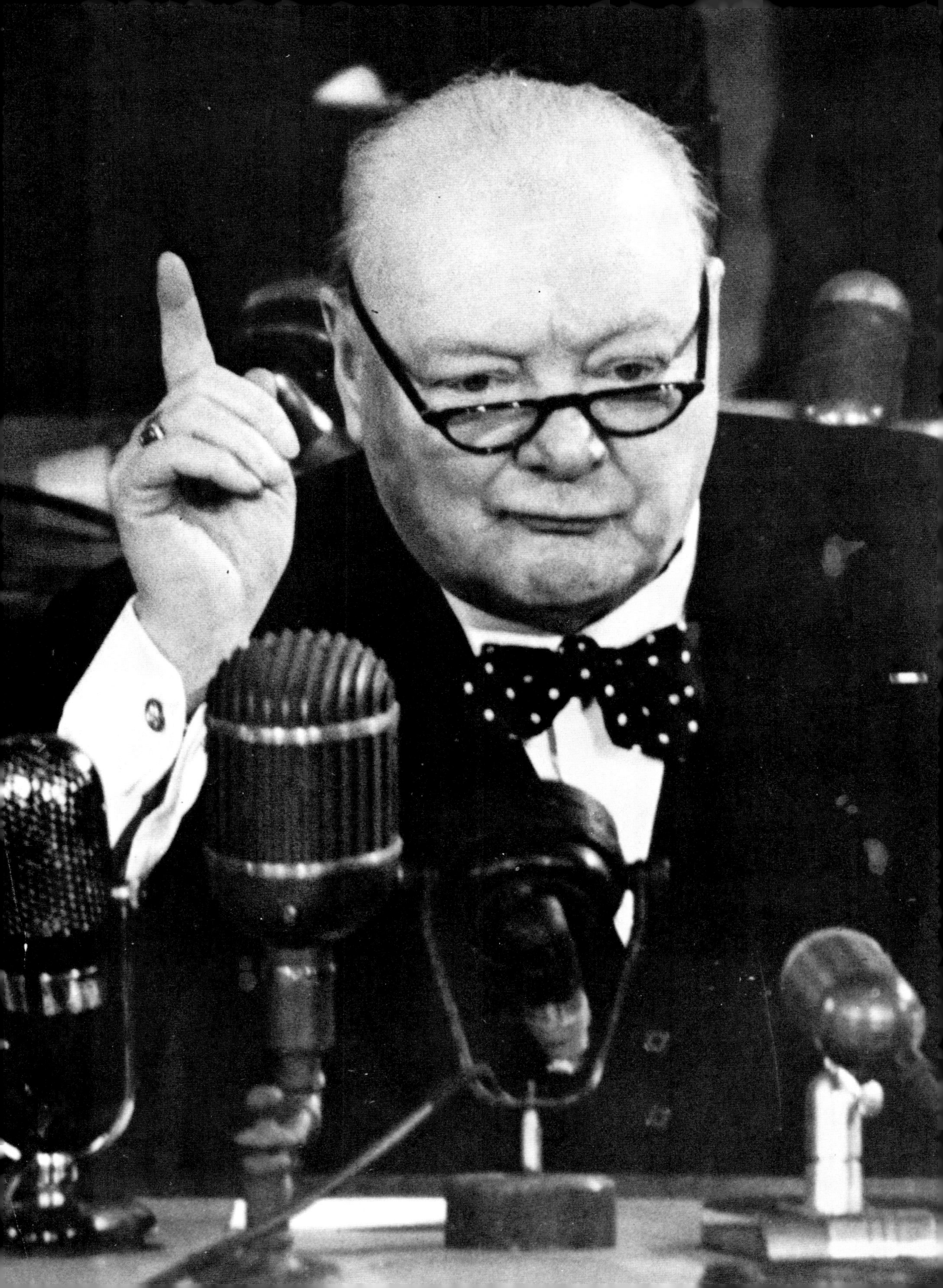

Oberkommando der Wehrmacht

August 1944  Nr. 335
Feldpostnummer 12111

# Mitteilungen für die Truppe

Die Mitteilungen dienen als Unterlage für Kompanie-Besprechungen

### Kameraden von der kämpfenden Front!

Laßt euch nicht zu Sündenböcken machen! Die jüngsten Ereignisse in der Heimat haben euch gezeigt, wie es um unser Vaterland steht. Ihr, die ihr jahrelang unter Todesgefahr und größten seelischen und leiblichen Opfern gekämpft und gelitten habt, werdet jetzt von den Drückebergern des herrschenden Systems für die herannahende, unvermeidlich gewordene Katastrophe verantwortlich gemacht.

Eine neue vom Führer und seiner Clique befohlene und bereits durchgeführte „Säuberungsaktion" hat unausfüllbare Lücken in eure Reihen gerissen. Die „Reinigung" wird von den berühmten SS.- und Gestapo-Rollkommandos durchgeführt und besteht darin, daß Tausende von euren Kameraden der kämpfenden Truppe, ohne Rangunterschied, an die Wand gestellt und niedergeknallt werden. Um diese Säuberungsaktion zu rechtfertigen, haben die Drückeberger vom OKW., von den Propagandastellen und die politischen Kommissare, die euch beaufsichtigen und bespitzeln, das famose Führerattentat inszeniert.

Ihr wißt, daß Adolf Hitler, für dessen Wahnwitz Millionen eurer Kameraden gefallen oder zu Krüppeln geschossen worden sind, wie durch ein Wunder einem merkwürdigen Attentat entging, das angeblich vermittels einer Höllenmaschine, die zwei Meter von ihm entfernt explodierte, verübt worden sein soll. Die Geschichte soll im OKW. passiert sein und soll unter den anwesenden Offizieren einige Opfer, worunter ein einziger Toter angeführt wird, gekostet haben.

Man hat euch erzählt, daß „**eine ganz kleine Clique gewissenloser, verbrecherischer und dummer Offiziere ein Komplott geschmiedet habe, um Hitler zu beseitigen und zugleich mit ihm den Stab der deutschen Wehrmachtsführung auszurotten**". Das hat euch Adolf Hitler selbst erzählt und damit hat er zu begründen versucht, warum eine neue Säuberungsaktion, die hauptsächlich in Massenerschießungen von angeblich rebellierenden Generälen, Offizieren und Soldaten besteht, die vor dem Feind jahrelang ihre Pflicht getan haben, durchaus notwendig sei.

Ihr seid ja alle, mehr oder weniger, Zeugen jener Vorgänge geworden und habt festgestellt, wie einer oder der andere eurer Offiziere und Kameraden spurlos von der Bildfläche verschwanden, ohne daß dieses Verschwinden auf Konto der „Bolschewisten", „Partisanen" oder „Kosaken" im Osten, oder das Sperrfeuer der Anglo-Amerikaner im Westen und auf dem italienischen Kriegsschauplatz gesetzt werden könnte.

Ihr habt auch erfahren, daß, „**um endlich Ordnung zu schaffen**", wie Hitler erklärte, Himmler, der größte Henkersknecht der Geschichte, zum Befehlshaber des Heimatheeres ernannt worden ist.

Seit wann habt ihr, Kameraden **von der Front**, etwas von einem Heimatheer gehört? Seit wann habt ihr vernommen, daß man **endlich** Ordnung schaffen müsse? Bisher bestand das Heimatheer aus den Ersatzzentralen der kämpfenden Einheiten und aus den Flakformationen, zur Abwehr feindlicher Fliegerangriffe!

und alles, was euch lieb war, verloren habt, sollt erfahren, was hinter dieser blutigen Tragikomödie steckt:

Ihr wißt, daß seit Beginn der Invasion im Westen und seit Einsetzen der russischen Großoffensive im Osten alles, aber auch alles, **schief gegangen** ist auf militärischem Gebiet.

Die **Invasion** der Briten und Amerikaner, die von den Propagandastellen in frevlerischer Weise herbeigewünscht worden war, glückte auf den ersten Schlag. Die anglo-amerikanischen Riesenheere haben in einigen Wochen auf dem westeuropäischen Festland eine Basis geschaffen, durch die sie ungeheure Truppenreserven und Kriegsmaterial in bisher ungekanntem Ausmaß an die neue Westfront werfen können. Diese Front wird jeden Tag breiter und wird allmählich zu einer direkten Bedrohung unserer eigenen Landesgrenzen.

In **Italien** kämpfen unsere Kameraden in verzweifelter Position. Sie weichen täglich weiter gegen die Reichsgrenze zurück und werden in diesen Rückzugskämpfen in sinnloser Weise zu Tausenden in den Tod getrieben.

Was aber im **Osten** geschehen ist, weiß ein jeder von euch: Auf mehr als 1500 Kilometer langer Front ist der Feind seit Wochen in ständigem unaufhaltsamem Angriff. Alle Verteidigungslinien, die man euch als uneinnehmbar geschildert hatte, sind zusammengekracht wie morsche Ruinen. Über eine halbe Million eurer Kameraden sind dort innerhalb weniger Wochen gefallen oder zuschanden geschossen worden. Hunderttausende tapferer deutscher Soldaten wurden von den Russen gefangen und mußten samt ihren Generälen — an die dreißig an der Zahl — und Tausenden von Offizieren, wie im Triumphzug, in Moskau auf dem Roten Platz im Kreml vor der russischen Zivilbevölkerung vorbeimarschieren.

Kein deutscher Soldat, außer den Gefallenen und Gefangenen, befindet sich mehr auf sowjetrussischem Boden. Halb Polen ist in der Hand der Russen, die unaufhaltbar vorwärts dringen gegen die deutsche Reichsgrenze, die in ihrem nördlichen Teil bereits erreicht worden ist.

Unterdessen mehren sich, trotz der Fliegerabwehr und unseren militärisch **völlig wertlosen** Geheimwaffen und Raketenbombern, die feindlichen Luftangriffe auf deutsches Reichsgebiet in erschreckender Weise. Bald wird die ganze Heimat nur noch ein wüster Trümmerhaufen sein, in dem, was euch von Angehörigen bleibt, wie Höhlenmenschen ein unsagbar trauriges, nur noch animalisches Leben fristen können.

Soweit hat das **Führergenie** Adolf Hitlers gebracht. Seine **völlige militärische Unfähigkeit** hat alle jene, eben kurz angeführten Katastrophen verschuldet. Durch sein und seiner Kreaturen Unvermögen wurden, ohne jeden militärischen Wert Hunderttausende eurer Kameraden geopfert. Unser ganzes Volk verblutet und geht dem völlligen Verderben entgegen. Bald wird der Feind **im Lande** stehen und ihr, die ihr es erfahren habt, weil ihr dabei waret, wie eine Feindbesetzung eines Landes aussieht und ausartet, wißt nur zu gut, auf welche Weise unsere unerbittlichen Gegner uns allen das heimzahlen werden, was die Verbrecher der SS. und Gestapo in den früher von uns besetzten Ländern ausgefressen haben.

Für all diese Fehler braucht aber Hitler und seine ver=

Lawine niedergegangen. Wohl oder übel mußte Wolff mit den anderen Reisenden über den Lawinenkegel zum Ersatzzug steigen. Das Glück stand ihm bei. Niemand erkannte ihn. Noch am gleichen Abend saß er in der Zürcher Absteige des US-Geheimdienstes, einer Villa an der Genferstraße, zum erstenmal Allan Dulles am flackernden Kaminfeuer gegenüber.

### Hindernislauf zum Frieden

Was dann geschah, ist Weltgeschichte geworden. Als die auf beiden Seiten mit äußerster Vorsicht und unter strengster Geheimhaltung geführten Verhandlungen konkret wurden, entsandte das alliierte Oberkommando in Caserta bei Neapel die Generäle Lyman L. Lemnitzer und Terence S. Airey zu Geheimverhandlungen nach Ascona. Die beiden hohen Militärs kamen, als harmlose Unteroffiziere auf Urlaub getarnt, in die Schweiz. Das Treffen fand in der Villa des Großindustriellen Edmund Stinnes statt. Waibel brachte General Wolff nebst Gefolge über die Grenze. Waibels Vorgesetzte wußten von den Kontakten ebensowenig wie Heinrich Himmler und Adolf Hitler von der eigenmächtigen Mission der Menschlichkeit, die sich ihr Untergebener Karl Wolff auferlegt hatte. Zu seiner Rechtfertigung schrieb Waibel später:

«Weder der Bundesrat noch der Oberbefehlshaber der Armee hätten solche Verhandlungen billigen dürfen. Aber das war für mich gar keine Frage; ich mußte meinem Gewissen folgen und gegen den Befehl (die Neutralität zu wahren) handeln.»

*Dieses hitlerfeindliche Flugblatt, das bei den deutschen Truppen unter Lebensgefahr verteilt und gelesen wurde, war genau den Wehrmachtsmitteilungen nachempfunden. Der Ursprung dieses Musters ist nicht klar. Viele solcher Flugblätter wurden in der Schweiz gedruckt.*

Am 29. April 1945, fünf Wochen nach dem geheimen Treffen von Ascona, wurde in Caserta bei Neapel die bedingungslose Kapitulation der in Italien stehenden deutschen Truppen unterzeichnet. Natürlich haben Waibel und Husmann auch im Interesse der Schweiz gehandelt, denn ein ungeordneter Rückzug der in Italien liegenden geschlagenen deutschen Truppen hätte ohne Zweifel Tausende, vielleicht Zehntausende von versprengten Soldaten in die Schweiz geschwemmt oder, schlimmer noch, deutsche Unterführer dazu verleiten können, sich gewaltsam einen Weg durch unser Land zu bahnen. Im Verlauf der Vorverhandlungen hatte Waibel von Wolff außerdem die Zusicherung erhalten, daß die bereits angeordnete Zerstörung der für die Schweiz wichtigen Häfen von Genua und Savona sowie der nach dem Gotthard und dem Simplon führenden Bahnlinien unterbleiben würde.

Waibel mußte übrigens auch mit Dulles in Luzern hartnäckig um den Erfolg der Mission kämpfen, die er zu seiner Herzenssache gemacht hatte; denn noch eine Woche vor der Unterzeichnung des Waffenstillstands waren die Verhandlungen auf einem toten Punkt angelangt. Wolff war zu Hitler und Himmler nach Berlin gerufen worden. Seine Schweizer Kontakte waren ruchbar geworden, doch er hatte sie den mißtrauisch gewordenen obersten Führern plausibel machen können. Es sei ein Versuch im Sinne Hitlers gewesen, die westlichen Alliierten und die Russen auseinanderzubringen.

Das nicht minder mißtrauische alliierte Oberkommando unter dem britischen Feldmarschall Sir Harold Alexander untersagte die Weiterführung der Verhandlungen mit den friedenswilligen Deutschen, zumal es Wolff nicht gelungen war, die Wehrmachtgeneräle auf seine Seite zu ziehen.

Waibel schildert diese dramatischen Stunden:

«Während in Italien der Kampf mit den Waffen erbittert weitertobte und sich steigerte, rangen wir in Luzern mit der ganzen Kraft unserer Seele, unseres Geistes und unseres Herzens um die Beendigung des Krieges. Als Offizier wußte ich, was hinter jeder alliierten Siegesmeldung für blutige Opfer standen: Am 23. April wurden der Po erreicht und die Brückenköpfe über den Strom geschlagen. Einen Tag später stieß die Fünfte US-Armee bei Ferrara über den Po vor. La Spezia fiel am gleichen Tag. Aufstand der Widerstandsbewegung in ganz Oberitalien!»

Schließlich ließ sich der hart pokernde Dulles vom unermüdlichen Waibel überzeugen. Dulles sandte Alexander ein Telegramm mit der Bitte, das Verbot zurückzunehmen. Alexander gab nach. Waibel brachte die beiden deutschen Unterhändler nach Annecy, von wo sie nach Caserta fliegen und die bedingungslose Kapitulation unterzeichnen konnten. Nach dem Urteil von Sachverständigen hat diese Unterschrift den Krieg in Europa um sechs bis acht Wochen abgekürzt. Industrie und Landwirtschaft in Oberitalien blieben produktionsfähig, Häfen und Eisenbahnlinien intakt, unermeßliche Kunstschätze wurden gerettet, und der geplante blutige Rachefeldzug der geschlagenen Deutschen gegen die italienischen Partisanen fand nicht statt. In seiner Rede vor dem britischen Unterhaus sagte Premier Sir Winston Churchill am 2. Mai:

«In der Geschichte des Krieges steht diese Kapitulation einzig da, durch die neben einer riesigen Armee, die aus dem Feldzug ausscheidet, ein außerordentlich weites und höchst wichtiges Gebiet befreit wird. Diese Kapitulation wird sich zweifellos günstig auf den Gang der weiteren Ereignisse auswirken.»

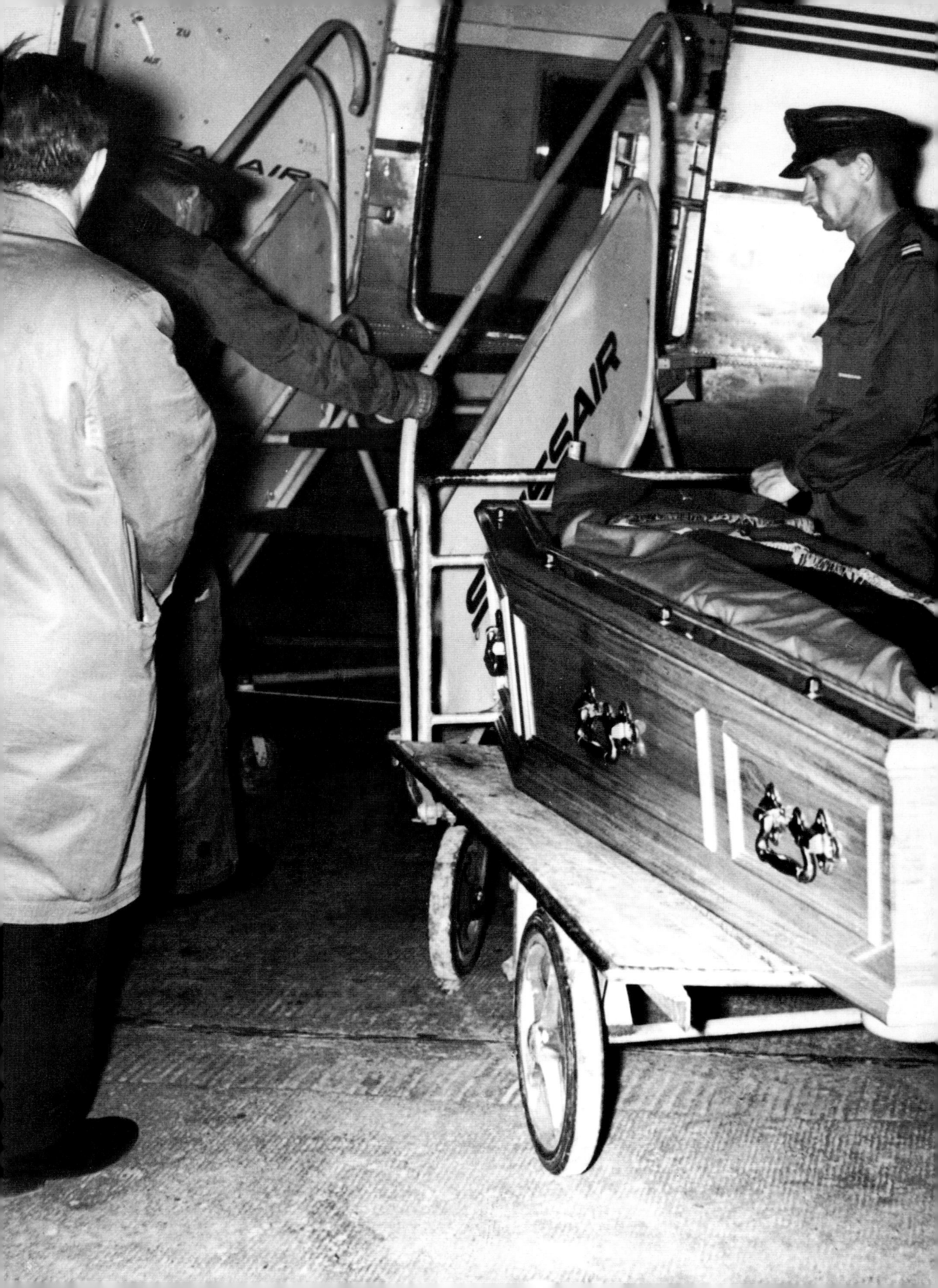

# Die großen Fälle der Nachkriegszeit

## Von Dubois zu Jeanmaire

Auch einem wirksamen Staatsschutz sind in einer Demokratie wie der unseren Grenzen gesetzt, die ein Polizeistaat nicht kennt. Wir sind aber kein Polizeistaat und wollen es auch nicht werden. Die Vorstellung beispielsweise, jeder Geheimnisträger sei ständig zu überwachen, ist unserer auf Vertrauen basierenden Gesellschaftsordnung fremd und unwürdig. Wir haben im Bereich des Staatsschutzes die Aufgabe, durch sorgfältiges Abwägen aller Werte eine Synthese zwischen den Interessen der staatlichen Ordnung und der Freiheit des einzelnen zu finden.
*Bundesrat Kurt Furgler am 7. Oktober 1976 vor dem Nationalrat*

*Das Ende einer Geheimdienstaffäre: Auf dem Genfer Flughafen Cointrin wird der Sarg des ermordeten kamerunischen Exilpolitikers Dr. Felix Moumié zum letzten Flug in die Heimat verladen. Moumié wurde vermutlich vom französischen Geheimdienst umgebracht.*

Von 1948 bis 1977 wurden in der Schweiz etwa 170 Spionagefälle aufgedeckt, in die gegen dreihundert Personen verwickelt waren. Nahezu ein Drittel waren Diplomaten. Zwei Drittel der Fälle betrafen verbotene Handlungen von Spionen des kommunistischen Machtbereichs, der Rest entfiel auf westliche oder westlich orientierte Staaten.

Was hat sich gegenüber der Nazispionage während des Aktivdienstes geändert? Viel und wenig zugleich! Wenig insofern, als sich die Spionage nach wie vor für alle Lebensbereiche interessiert, überall eindringt, allgegenwärtig und vielfach gerade dort präsent ist, wo man sie am wenigsten vermutet. Der Verrat des Brigadiers Jean-Louis Jeanmaire ist der schlagendste Beweis dafür.

Viel hat sich geändert, weil die Spionage professioneller geworden ist und sich aller technischen Mittel, einschließlich des Computers, bedient. An die Stelle des Agenten, der mit der Minox das Gelände nach Tanksperren und Bunkern durchstreift, ist der gekaufte Programmierer getreten, der die Magnetbänder kopiert – was aber nicht heißt, daß es den Mann mit der Minox nicht mehr gibt!

Noch weit mehr als während des Zweiten Weltkriegs ist die Schweiz zur Drehscheibe des internationalen Nachrichtenhandels geworden. Im Zentrum Europas gelegen, bietet unser Land den Männern und Frauen in geheimer Mission offenkundige Vorteile: Ein- und Ausreise sind denkbar einfach, die Paß- und Visabestimmungen gehören zu den liberalsten der Welt. Als Sitz vieler internationaler Organisationen, bedeutender und stark forschungsorientierter Hochschulen und Konzerne, als Asylland, Finanzplatz und internationaler Treffpunkt hat die Schweiz eine riesige Fülle wissenswerter Informationen aus allen Bereichen des modernen Lebens gehortet. Die Verkehrs- und Nachrichtenverbindungen sind überdurchschnittlich leistungsfähig und zuverlässig. Der hohe Ausländeranteil an der Bevölkerung und der rege Fremdenverkehr erleichtern die Tarnung.

Und was zur Spionage ebenfalls verlocken dürfte: die Abwehr ist – wenn auch mit auffallend tüchtigen Leuten besetzt – zahlenmäßig schwach. Obwohl es nie offiziell zugegeben würde, ist es ein offenes Geheimnis, daß die Bundesanwaltschaft wichtige vorsorgliche Maßnahmen, zum Beispiel die Durchleuchtung von Bewerbern für hohe Vertrauensstellen in Armee und Verwaltung, nicht mit der wünschbaren und in anderen westlichen Demokratien üblichen Gründlichkeit durchführen kann und daß sie in ernsthafte Verlegenheit gerät, wenn gelegentlich mehrere personal- und zeitintensive Erhebungen miteinander anfallen.

Die Weltoffenheit dieses hochzivilisierten Landes macht es zum Tummelplatz der Agenten; seine Staatsmaxime der Neutralität beschwört, wie der tragische Fall des Bundesanwalts René Dubois beweist, oft heikle Situationen und besondere Gefahren herauf. Bis vor kurzem hat denn auch die Öffentlichkeit nur von jedem dritten aufgedeckten Spionagefall Kenntnis erhalten, die anderen zwei Drittel wurden hinter den gepolsterten Türen der internationalen Diplomatie erledigt.

Die Mutmaßungen ernsthafter deutscher und amerikanischer Fachleute gehen dahin, daß auf jeden aufgedeckten Fall zehn verborgene kommen. So gesehen ist das, was an die Öffentlichkeit dringt, nur die Spitze des Eisbergs!

### Wer ist Igor Mürner?

Im Oktober 1974 verurteilte das Strafamtsgericht von Bern einen Mann, dessen richtigen Namen kein Mensch weiß. Er nannte sich Igor Mürner und gab an, 1927 als Kind von Auslandschweizern in Sinajewo (Rußland) geboren worden zu sein.

Der angebliche Mürner kam 1969 von Österreich her in die Schweiz und ließ sich zuerst in Zollikofen, später in der Stadt Bern nieder. Hier übernahm er die Führung eines Radio- und Fernsehgeschäfts mit Reparaturbetrieb und erwarb sich einen ansehnlichen Kundenkreis. Frau Mürner half wacker im Büro mit; der Wohlstand mehrte sich, so daß häufige Auslandsreisen unternommen werden konnten.

Natürlich sagt die Bundespolizei auch in diesem Fall nicht, wie sie dem falschen Auslandschweizer auf die Spur gekommen ist. Tatsache ist, daß in der Mansardenwohnung über der Heimstätte des verdächtigen Ehepaares ein relativ häufiger Mieterwechsel stattfand: Monatelang beobachteten von hier aus Inspektoren der Bundespolizei das Kommen und Gehen im Haus. Post und Telefon wurden überwacht, Peilgeräte installiert – aber in neun Monaten wurde nur einmal während zweieinhalb Minuten eine rätselhafte Funksendung festgestellt.

Als sich Anhaltspunkte dafür ergaben, daß das Paar in Wien ein anderes Geschäft übernehmen wollte, griff die Bundespolizei zu. Sie fand bei der Durchsuchung von Wohnung und Effekten eine Menge belastender Indizien, aber keinen schlüssigen Beweis. Im Kugelschreiber Mürners zum Beispiel wurden die Adressen von Leuten, die der Bupo als Sowjetagenten bekannt waren, aufbewahrt. Der Beweis, daß Mürner verbotenen Nachrichtendienst betrieben hatte, wurde jedoch nicht erbracht. Umgekehrt sprach nichts für die Annahme, Igor Mürner sei der wirkliche Name des merkwürdigen Mannes, so daß er wegen Widerhandlung gegen das Ausländergesetz und der Erschleichung falscher Beurkundungen zu zwei Jahren Zuchthaus verurteilt wurde. Die Ehefrau wurde aus Mangel an Beweisen freigesprochen.

## Fälle, die verborgen bleiben

Wie war das mit Professor R., der 1948 aus Ostberlin in die Schweiz kam, mit hiesigen Kommunisten Verbindung aufnahm und junge Schweizer Physiker für Anstellungen in der DDR zu gewinnen suchte?

Wie war das mit seinem ungarischen Kollegen Professor G., der nach seiner Landung in Zürich einen Professor der ETH aufsuchte, ihm eröffnete, er habe den Auftrag, sein Institut auszuspionieren, wolle aber abspringen? Professor G. wurde diskret nach Amerika weitergereicht.

Was ist aus der englischen Studentin S. geworden, die 1950 mit seltsamem Eifer in der Festungsgegend von Sargans Fotos machte und Skizzen anfertigte und, als sie gestellt wurde, mit der Empfehlung eines ETH-Professors angab, sie wolle eine Doktorarbeit über die geologischen Verhältnisse im Seeztal schreiben?

Oder wie war das mit dem deutschen Studenten, der sich bedeutende Unterlagen über die Elektrizitätsversorgung der Schweizerischen Bundesbahnen verschaffen konnte, die ihm angeblich ebenfalls für eine wissenschaftliche Arbeit dienten, gleichzeitig aber militärische Geheimnisse enthielten?

Vier von vielen Dutzend Fällen, wie sie das tägliche Brot der Schweizer Abwehr in den Nachkriegsjahren waren und es – mit den zeitbedingten Änderungen – wohl heute noch sind! Fälle, in denen es beim Verdacht blieb, die nie zu einem Gerichtsverfahren führten und die in keinem bundesrätlichen Geschäftsbericht auftauchten.

Wer die richtigen Leute fragt und an den richtigen Orten nachschaut, stößt auf Dutzende von Fällen, die verborgen geblieben oder längst vergessen worden sind.

*Auf einem nur punktgroßen Mikrofilm steht eine verschlüsselte Nachricht. Der Mikropunkt wird unter Briefmarken transportiert.*

In Bönigen bei Interlaken ließen zwei Offiziere einen geheimen Plan der Flugplatzverbindungen in einem Restaurant liegen. Als sie ihren Fehler bemerkten, erstatteten sie keine Anzeige, sondern fahndeten auf eigene Faust. Als die Polizei dann schließlich doch eingreifen mußte, fand sie das Papier im Zimmer eines österreichischen Kellners, der sich inzwischen ins Ausland abgesetzt hatte. In Gstaad wurde im Herbst 1950 ein Österreicher namens D. verhaftet, weil er den Flugplatz Saanen und die Befestigungsanlagen in der Nähe fotografiert hatte. Er stand in Verbindung mit einer tschechischen Agentin, die kurz darauf mit einem falschen österreichischen Paß in die Schweiz kam. Die beiden sollten nach Tanger in Marokko weiterreisen, wo sie ein gegen Spanien gerichtetes tschechisches Spionagenetz aufzubauen hatten. Ein Divisionsgericht verurteilte den Österreicher zu drei Jahren Zuchthaus, die Tschechin beging Selbstmord.

In der chemischen Fabrik Ciba in Basel kamen geheime Forschungsergebnisse über eine neue Infrarottarnfarbe für militärische Zwecke abhanden. Sie fanden sich wieder in der Aktenmappe des 22-jährigen Laboranten Oskar H., der zusammen mit dem Kaufmann Werner K. in den Diensten der sowjetischen Militärmission in Frankfurt am Main stand. Die am 5. Oktober 1952 in Basel durchgeführten Verhaftungen verhinderten, daß die kompletten Meßergebnisse, Versuchsresultate und Berechnungen nebst einem Bericht der Schießschule Walenstadt über die Sichtergebnisse bei der Beobachtung militärischer Anlagen mit Infrarotgeräten in die Hände der Sowjets gerieten. H. hatte einen Nachschlüssel zum Aktenschrank anfertigen lassen, in dem diese Unterlagen aufbewahrt wurden; nach Büroschluß hatte er zu fotokopieren gepflegt.

Im chemischen Forschungslaboratorium von Bührle in Oerlikon konnte sich Johann N. etwa fünfzig geheimgehaltene Formeln für Elektroden nebst der Zusammensetzung einiger Stoffe und den Namen ihrer Lieferanten beschaffen. Er stahl unbemerkt 472 Elektroden von 37 verschiedenen Typen, 57 Muster von Mineralien und einen Plan für eine neue Versuchspresse. N. bot diese Beute der ungarischen und der sowjetrussischen Botschaft in Bern für 20 000 Franken zum Kauf an. Am 19. Januar 1954, als N. verhaftet wurde, riefen gerade die Russen aus Bern an, um ihre Interesse zu bekunden.

### Militärattachés als legale Spione

Im aufsehenerregenden Prozeß vom Juni 1977 hat Brigadier Jean-Louis Jeanmaire zu Protokoll gegeben, er sei sich darüber im klaren gewesen, daß das Sammeln von Nachrichten zu den Pflichten der Militärattachés gehörte.

Wie wahr! Schon kurz nach dem Krieg verlangte die Schweiz die Abberufung des tschechischen Militärattachés Oberst Bilek, der sich nicht nur für tschechische Emigranten in der Schweiz, sondern auch für Atomforschung, für Flugplätze, Befestigungsbauten,

Munitionsfabriken und -lager, Raketenversuche, Flabgeschütze und Waffenverkäufe stärker interessierte, als ihm guttat. Ein Gehilfe seines Nachfolgers warb zwei Schweizer zu Spionagediensten an, die ihm gegen 2500 Franken Entschädigung Pläne des 20-mm-Geschosses der Oerlikoner Kanone und eines französischen Maschinengewehrs lieferten; der Beamte stellte den beiden Schweizern eine monatliche Entschädigung von 2500 bis 3000 Franken plus Spesen in Aussicht, wenn sie ihn über den Aufbau der schweizerischen und der französischen Armee, die politische Einstellung von Truppenführern beider Länder, Erfindungen auf militärischem Gebiet, Flugplatzpläne und die schweizerische Bazooka auf dem laufenden hielten.

Ähnliche Interessen vertrat der im März 1952 akkreditierte tschechische Militärattaché Sochor, der im blühenden Alter von 24 Jahren bereits den Rang eines Oberstleutnants bekleidet hatte und mit 26 zu seinem Posten gekommen war. Er versuchte Einzelheiten über die neue Truppenordnung, das Reglement über die Truppenführung, die Mobilmachungspläne und verschiedene Waffen und Geräte wie zum Beispiel die ferngelenkten Bührle-Raketen und -Kanonen in Erfahrung zu bringen.

Auch Ungarn war nicht untätig! 1954 versuchte dessen Geschäftsträger Emerich Pehr Einzelheiten über Waffenlieferungen schweizerischer Firmen, darunter von Bührle und Contraves, an Jugoslawien und an die Staaten des Atlantikpakts zu ergründen. Die Nachrichten wurden nach allen Regeln der Kunst über tote Briefkästen weitergeleitet. Wenn an einem Baumstamm in der Nähe ein blauer Reißnagel steckte, war die Luft rein; ein roter Reißnagel bedeutete Gefahr. Es wurden Fälle bekannt, da in der Schweiz lebende Ungarn zur Mitarbeit gezwungen wurden, indem man ihnen erklärte, nur so könnten die Pensionsansprüche ihrer in Ungarn lebenden Eltern gesichert werden. Eine in Ungarn aufgewachsene Schweizerin wurde bei einem Besuch in Budapest mit der Drohung gefügig gemacht, man lasse sie sonst nicht in die Schweiz zurückreisen. Aufgrund dieser Fälle wurde im Dezember 1956 der Zweite Sekretär der ungarischen Botschaft in Bern, Mate Vegh, ausgewiesen.

## Der Mann, der jedes Wort verkauft

Alles, was ich erfahre, schreibe ich auf einen Zettel; den stecke ich in den Briefkasten der Botschaft, die mir am meisten dafür bezahlt...

So stellt sich der kleine Moritz den Spion vor, und genau so ist der Mechaniker Willi Gerber (geb. 1903) vorgegangen. Er verriet Tausende von Einzelheiten aus den Eidgenössischen Konstruktionswerkstätten in Thun und wurde dafür im Februar 1950 zu zwanzig Jahren Zuchthaus verurteilt.

Gerber beweist eine Selbstverständlichkeit: Auch die Alliierten haben während und nach dem Aktivdienst nicht nur in der Schweiz, sondern auch gegen die Schweiz spioniert, und sie tun es bis auf den heutigen Tag.

Gerber war das genaue Gegenteil des romanhaften, smart-verwegenen Agententyps: ein sparsamer Kleinbürger mit geregeltem Tageslauf, untergeordnetem Aufgabenbereich und kleinen Lastern; eine graue Maus, die Augen und Ohren weit aufsperrt und mit Bienenfleiß alles zusammenträgt, was im entferntesten nach einer verwertbaren Information aussah. Als Bundespolizeiinspektoren die Tür zu Gerbers bescheidenem Pensionszimmer in Thun aufrissen, saß der damals 46jährige Junggeselle ganz in Gedanken versunken über einem Wust winziger Zettelchen, die er ordnete und auf die er die Beobachtungen des Tages notiert hatte: Gespräche mit Kollegen, beiläufige Bemerkungen von Vorgesetzten, Zahlen, Daten, technische Werte von Panzern, Flugzeugen sowie Fliegerabwehr- und Artilleriegeschützen der Schweizer Armee. Praktisch jede freie Minute hatte Gerber an diesem Tisch im billigen Pensionszimmer verbracht. Mit den Jahren hatte er sich in eine eigentliche Sammelleidenschaft hineingesteigert. Kaum ein Wort, das er vernommen hatte, war unaufgezeichnet geblieben. Als das Zimmer geräumt wurde, fand die Bundespolizei rund 1650 Zettel mit verbotenen Aufzeichnungen.

### Geheimnisverrat aus Arglosigkeit

Willi Gerber arbeitete als junger Mechaniker in Frankreich und Holland. Dort lief er einem Ingenieur über den Weg, der in Wirklichkeit Offizier im französischen Nachrichtendienst war. 1931 kehrte Gerber in die Schweiz zurück und war froh, in dieser Krisenzeit eine sichere Stelle bei den Eidgenössischen Konstruktionswerkstätten zu finden.

In dieser Mehrzweck-Waffenschmiede blieb er all die Jahre hindurch der unauffällige, zuverlässige Facharbeiter. Einer seiner Kollegen, der damals in der Flugkontrolle tätige Max Burkhard, erinnert sich an seine vier Jahre an der Seite des Spions:

«Er war Mechaniker bei der Geschützmontage. Wir hielten ihn für einen harmlosen, etwas wunderlichen älteren Knaben, der uns vor allem durch seinen Geiz auffiel: Wenn er sich einmal hundert Gramm Bierwurst zum Znüni kaufte, reichte das ihm für drei Tage. Nie sah man ihn in Wirtschaften. Nach Feierabend ging er sofort in sein Zimmer. Es heißt, er habe seine Pensionswirtin heiraten wollen; aber kurz vorher wurde er verhaftet. Als ich als Zeuge einvernommen wurde, fiel ich aus allen Wolken, denn da waren in der Tat alle Gespräche, die wir als Arbeitskollegen miteinander geführt hatten, genau und richtig notiert. Ich wunderte mich, wie viele brauchbare Informationen Gerber aus diesen Kollegenplaudereien herausgefiltert hatte. Eine Zeitlang hatte ich richtiggehend Angst, ich könnte auch noch drankommen!»

Genau so ist es! Die meisten Geheimnisse werden nicht aus bösem Willen verraten, sondern aus Leichtfertigkeit und in kleinen Stücken. Gerber mimte einfach den interessierten Handwerker, der die Leistungen seiner Kollegen bewunderte und ihnen mit dieser Bewunderung zu schmeicheln verstand. Max Burkhard: «Von mir hatte er zum Beispiel erfahren, daß ich ein begeisterter Segelflieger war. So kamen wir ganz unverfänglich über die Fliegerei ins Gespräch. Gerber verstand es, unmerklich für ihn wichtige Fragen einfließen zu lassen, zum Beispiel über die Beschaffenheit bestimmter Flugplätze und ihre Aufnahmefähigkeit. Häufig machte er sich auch an Lehrlinge in anderen Abteilungen heran. Die waren natürlich hocherfreut, daß sich ein Erwachsener für ihre Arbeit interessierte – und schon wußte er wieder etwas!»

Bald arbeitete Gerber nicht mehr allein für die Franzosen. Er verkaufte die gleichen Informationen den Engländern und den Amerikanern. Einzelne Berichte gingen außerdem an die Schweden, die Türken und die Jugoslawen.

**Spionagelohn auf Reduitbanken**

Mit den Amerikanern zum Beispiel kam er in der Tat ins Geschäft, indem er unaufgefordert einen Bericht in den Briefkasten

*Ein Spion der Nachkriegszeit: Willi Gerber verriet unzählige Informationen aus den Eidg. Konstruktionswerkstätten in Thun. Er belieferte in erster Linie die Franzosen und die Amerikaner.*

ihrer Berner Botschaft warf und naiverweise sogar seine richtige Adresse dazuschrieb. Die als Diplomaten getarnten Agenten ließen sich nicht zweimal bitten! Wiederholt ließ sich Willi Gerber auch für Ferienreisen ins Ausland anwerben. Er bevorzugte dafür das Velo, mit dem er bis nach La Spezia kam, wo die nichtsahnenden italienischen Matrosen der Landratte aus der Schweiz viel mehr sagten und zeigten, als für sie gut war.

Der Mechaniker spionierte auch die Dornier-Werke in Altenrhein aus, lieferte Informationen und Skizzen über schweizerische Befestigungsanlagen im Wallis, im Tessin, am Brünig und an der Luziensteig. Bei der Divisionsgerichtsverhandlung hinter verschlossenen Türen stellte sich heraus, daß seine Skizzen und Notizen auch Truppen, Flugwaffe, Munition, Panzer, Panzerjäger, alle möglichen Waffen, technische Versuche usw. betrafen.

Vorsichtig, wie er nun einmal war, hatte Gerber den für die damaligen Zeiten sehr hohen, aus Spionagelohn geäufneten Betrag von 40 000 Franken sicher bei einer Bank in New York angelegt. Weitere 30 000 Franken lagen auf Konten von acht Schweizer Banken, aber nicht irgendwelchen beliebigen! Gerber hatte sein Geld nur Kantonalbanken anvertraut, die im Reduitgebiet lagen. Sicher ist sicher...

## Wenn der Jäger zum Wild wird

«Verzeih mir, ich bin unschuldig. Man kann keinem Menschen mehr trauen. René.»

Unfaßbar! Diesen Abschiedsbrief schrieb ein Mann auf dem Höhepunkt seines beruflichen Erfolges. René Dubois war 49 Jahre alt, sah blendend aus, war glücklich verheiratet und vor zwei Jahren auf einen der einflußreichsten Posten berufen worden, die die Eidgenossenschaft zu vergeben hat. Und jetzt das! Am späten Vormittag des 23. März 1957, einem Samstag, kritzelte dieser Mann die Worte der Verzweiflung in sein Notizbuch. Dann legte er sich auf dem Dachboden seines Hauses den Lauf der Offizierspistole an die Schläfe und drückte ab.

Dieser verhängnisvolle Schuß schreckte die ganze Schweiz auf. «Eine Säule stürzt», hieß die Schlagzeile im Berner «Bund».

*Massenverhaftungen in Constantine (oben), ungezählte Bombenanschläge auf Ladengeschäfte in Algier (unten). Der Algerienkrieg wurde aber auch im schweizerischen Untergrund ausgetragen.*

Gestürzt war Dr. René Dubois, Bundesanwalt, höchster Staatsschützer und Ankläger der Eidgenossenschaft, durch ein Gewirr von heimtückischen Fußangeln, das noch zwei Jahrzehnte nach der Tragödie nicht ganz entwirrt ist. In einer weltpolitisch außerordentlich heiklen Zeit war der Jäger im Dickicht der internationalen Spionage zum Wild geworden! Der Selbstmord des Bundesanwalts war die schwerwiegendste in einer Reihe von Affären, die 1956 und 1957 das Vertrauen des Schweizervolks in seine Verwaltung ernsthaft erschütterten. Ein Jahr zuvor hatte der ehemalige Oberzolldirektor wegen Amtsmißbrauchs, Betrugs und weiterer Delikte vier Jahre Zuchthaus erhalten. Gegen den Chef der Finanzabteilung der Generaldirektion PTT lief eine Strafuntersuchung wegen Verdachts auf ähnliche Vermögensdelikte. Drei Monate zuvor war der schweizerische Militärattaché in Washington in eine Untersuchung verwickelt worden; er hatte seinen Bruder als Vertreter des englischen Rüstungskonzerns Vickers-Armstrong empfohlen und sich an Provisionen für die von der Schweiz erworbenen Centurion-Panzer bereichert. Der Chef des Auslandschweizerbüros hatte, des Vertrauensbruchs bezichtigt, Selbstmord begangen.

Auch in der Weltpolitik brodelte es. Noch schwelte in den freien Ländern der Zorn auf Moskau wegen seines brutalen Überfalls auf Ungarn im Spätherbst 1956. Der kalte Krieg und die Sorge um die zu Tausenden hereingeströmten Ungarnflüchtlinge bewegten die Herzen des Volkes.

Gleichzeitig herrschte in Algerien die Revolution, und um den Suezkanal kam es um ein Haar zu einem Krieg: Der Aufstand gegen die französische Kolonialmacht in Algerien hatte allein auf französischer Seite schon über 10 000 Soldaten und Zivilisten das Leben gekostet. Nachdem die Ägypter aus Zorn über verweigerte amerikanische Hilfe zum Bau des Assuan-Damms den Suezkanal verstaatlicht hatten, griffen britische und französische Fallschirmjäger die Kanalzone an. Amerika ließ seine Atombomber aufsteigen, Moskau drohte mit Fernraketen. Da zogen die Truppen ab.

Diese beiden Ereignisse bildeten den Hintergrund zur Tragödie von René Dubois, denn wie immer, wenn die Welt in Aufruhr war, wurde das ruhige Bern zu einer der wichtigsten internationalen Nachrichtendrehscheiben.

## Bundesanwalt auf glitschigem Parkett

Die ägyptische Botschaft in Bern war als Nassers Vorposten im Westen bekannt. Über das herrschaftliche Botschaftsgebäude an der Taubenstraße liefen eine chinesische 20-Millionen-Anleihe an Nasser und fast der gesamte internationale Zahlungsverkehr Ägyp-

tens, einschließlich seiner umfangreichen Waffenkäufe. Gleichzeitig war die ägyptische Botschaft eine Anlaufstelle und Organisationszentrale des Waffennachschubs und der Nachrichtentätigkeit der algerischen Befreiungsbewegung.
Mitten in diesem undurchdringbaren Geflecht stand René Dubois. Er sollte die Neutralität der Schweiz durchsetzen und die ungesetzlichen geheimen Umtriebe bekämpfen, gleichzeitig aber lebenswichtige Nachrichten für die Schweiz beschaffen, denn schließlich hingen Sicherheit und Versorgung unseres Landes eng mit der Entwicklung des Suezkonflikts zusammen. Diese Doppelaufgabe war ein Widerspruch in sich, denn Nachrichten erhält nur, wer anderen Nachrichten gibt.
Dazu kam, daß jeder Schritt des Bundesanwalts von einem seiner eigenen Untergebenen, der sein Feind war, mit Sperberaugen verfolgt wurde. Und René Dubois wußte, daß er sich um jeden Preis bewähren mußte: Zwei Jahre zuvor, bei seiner überraschenden Wahl, hatte es an verhaltener Kritik nicht gefehlt; zum erstenmal war ein Sozialdemokrat Bundesanwalt geworden!

## Mercier, der Meister der Intrige

Im Hintergrund, getarnt als harmloser Attaché bei der französischen Botschaft, spann Oberst Marcel Mercier (geb. 1911) eine kunstvolle Intrige. Mercier war in Wirklichkeit ein Offizier des französischen «Service de Documentation extérieure», d. h. des Auslandsnachrichtendienstes.
Obwohl der Bundesrat in seinem später erschienenen Bericht über die Affäre diese Kernfrage elegant umgeht, darf als sicher angenommen werden, daß die Bundesanwaltschaft die Telefonleitungen der ägyptischen Botschaft angezapft hatte. Bundesanwalt Dubois gab seinem vermeintlichen Freund Mercier wahrscheinlich Einblick in die Abhörprotokolle, die für Frankreich im Vorfeld der Suezkrise und als bedrängte Kolonialmacht in Algerien natürlich von unschätzbarem Wert waren.
Bundesrat Markus Feldmann bestätigte: «Dubois hat nicht nur im Nachrichtenaustausch mit Attaché Mercier den legalen Rahmen erheblich überschritten, sondern er hat auch durch Auslieferung interner Aktenstücke und von Weisungen des Departements in der Untersuchungssache gegen Ulrich eine schwere Verletzung des Amtsgeheimnisses begangen.»
Stichwort Max Ulrich (geb. 1906), Inspektor der Bundespolizei seit deren Gründung im Jahre 1936. Dubois und Ulrich hatten sich nie gemocht, zu verschieden waren ihre Naturelle. Ulrich war schon früher in den Verdacht geraten, seinerseits geheime Akten der Bundesanwaltschaft an Attaché Mercier geliefert zu haben. Eine Untersuchung gegen ihn lief.

*Bundesanwalt Dr. René Dubois wurde das Opfer einer teuflischen französischen Geheimdienstintrige. Als er keinen Ausweg mehr sah, beging er Selbstmord.*

Mit der Meisterschaft des professionellen Agenten spielte nun Mercier die heftig verfeindeten Beamten gegeneinander aus. Indem er freundschaftliche Beziehungen zu beiden unterhielt, brachte er ihre Schwächen in Erfahrung, die er dann hemmungslos ausnützte. Dubois, der welsche Sozialdemokrat, war ausgesprochen temperamentvoll und trug häufig das Herz auf der Zunge, wenngleich er als zupackend, energisch und intelligent galt. Ulrich dagegen war der katholisch-konservative Vertrauensmann der Innerschweiz in der Bundesanwaltschaft, seit mehr als zwanzig Jahren ein routinierter und gefürchteter Bupo-Inspektor, fanatischer Antikommunist und – wie frühere Vorfälle bewiesen – nicht immer fähig, seine Amtstätigkeit von privaten Interessen und Gefälligkeiten sauber zu trennen.
Mercier tat alles, um die Feindschaft zwischen Dubois und Ulrich zu schüren, indem er dem einen nachteilige Informationen über den andern zuspielte, im Austausch von beiden wertvolles Geheimmaterial aus Bundesanwaltschaft und Bundespolizei erhielt und zugleich noch genügend Beweise für Amtspflichtverletzungen in die Hände bekam, um alle beide damit zu erpressen.
So erzählte Mercier seinem alten Bekannten Ulrich, Dubois habe – ob wahr oder nicht, sei dahingestellt – einen internationalen Geschäftsmann namens Grigori Messen früher bei den Franzosen als Nazikollaborateur denunziert; Mercier wußte genau, daß Messen ein langjähriger Freund Ulrichs und Pate dessen Sohnes war. Nun wollte Ulrich natürlich von Mercier das belastende Beweismaterial haben, denn er hoffte, seinen verhaßten Chef damit aus dem Sessel heben zu können. Als Gegenleistung lieferte der Bupo-Inspektor dem durchtriebenen Mercier ganze Monatsberichte der Bundesanwaltschaft, Fern-

schreiben und Rapporte kantonaler Polizeikorps über verdächtige Algerier usw.

Man darf durchaus vermuten, daß Mercier seinen inzwischen zum Bundesanwalt aufgestiegenen Freund Dubois mit den gleichen alten Geschichten zu neuen Gefälligkeiten erpreßt hat. In der Tat hatte Dubois, als er noch Sachbearbeiter der Bundesanwaltschaft gewesen war, in einem Routine-Untersuchungsfall, wirtschaftlichen Nachrichtendienst betreffend, einen Sündenfall begangen: Die Lausanner Firma Matisa SA, die Geleisestopfmaschinen mit abgelaufenen Patenten herstellte, geriet in Streit mit ihrem früheren Generalvertreter Messen, weil dieser die gleichen Maschinen bei einer deutschen Firma billiger bauen ließ. Es war ein Wirtschaftskampf bis aufs Messer. Dubois gab Prozeßakten pflichtwidrig der Matisa zur Einsicht; Ulrich mischte gleichzeitig auf der Seite Messens mit, indem er in Mißbrauch seiner amtlichen Stellung Erhebungen durchführte.

### Die Affäre fliegt auf

Als die ganze Intrige dann aufflog, glaubte Mercier genügend Material zu besitzen, um sich selbst aus der Schlinge zu ziehen. Vom nachmaligen Bupo-Chef Dr. André Amstein zur Rede gestellt, antwortete Mercier selbstbewußt: «Wir Franzosen haben genug in der Hand, um den Bundesanwalt auffliegen zu lassen.»
Dieser höhnische Satz fiel am Morgen des Samstags, 23. März 1957. Die Untersuchung war inzwischen ausgedehnt worden, denn seit drei Monaten hatte

*Für den späteren Bupo-Chef Dr. André Amstein (oben) und Bundesrat Dr. Markus Feldmann (Mitte) wurde die Affäre Dubois zu einer Belastungsprobe. Den Schlußstrich unter den Fall zog das Bundesstrafgericht im Prozeß gegen Inspektor Max Ulrich zum Teil hinter geschlossenen Türen (unten).*

Bundesrat Feldmann aus verschiedenen Quellen Hinweise auf undichte Stellen an der Spitze der Bundesanwaltschaft erhalten. Ihm fiel auf, daß der sonst so energisch zupackende Bundesanwalt bei der Abklärung dieser Vorwürfe ungewöhnlich passiv war.

Schon seit längerer Zeit hatte der damalige Bupo-Chef Dr. Fritz Dick seinen Untergebenen Ulrich beschatten lassen. Fünf Tage vor dem Selbstmord Dubois' hatten die Beschatter gesehen, wie Ulrich in die französische Botschaft geschlichen war. Darauf wünschte Mercier, der vom Verdacht Wind bekommen haben mußte, von sich aus eine Unterredung mit Dr. Amstein. Der Attaché fürchtete offensichtlich um seine gute Quelle Ulrich. Mit der berühmten Drohung gegen Dubois glaubte Mercier das Auffliegen der Affäre verhindern zu können.

### Dramatische Sitzung im Bundeshaus

An diesem Samstagmorgen fand eine der dramatischsten und schicksalhaftesten Sitzungen statt, die es im Bundeshaus je gegeben hatte. Inzwischen war die Affäre ruchbar geworden: Am Mittwoch hatte die amerikanische Agentur «Associated Press» eine Meldung über die Untersuchung gegen Ulrich veröffentlicht; die Quelle blieb unbekannt. In einer Sitzung zwischen Feldmann und seinen Chefbeamten (Dubois, Dick und Hänni vom Rechtsdienst des EJPD) war am Freitagabend die Verhaftung Ulrichs erwogen worden. Dubois, der an dieser Besprechung wiederum ungewöhnlich passiv gewirkt hatte, hatte sich bereit erklärt, nötigenfalls den Haftbefehl zu unterzeichnen. Am nächsten Morgen wollte er dies plötzlich nicht mehr tun. Da kam Dr. Amstein zurück und berichtete seinem Chef Dick von der Unterredung mit Mercier. Die Bundespolizisten waren sich darin einig, daß Bundesrat Feldmann zu verständigen sei. In diesem Augenblick betrat Bundesanwalt Dubois das Büro von Bupo-Chef Dick. Der Bericht des Bundesrats hält fest:

«Letzterer forderte Dr. Amstein auf, seinen Bericht über die Unterredung mit Attaché Mercier zu wiederholen, was mit einer gewissen Zurückhaltung geschah. Bundesanwalt Dubois erklärte sich in offensichtlicher Aufregung mit der unverzüglichen Orientierung des Departementschefs einverstanden, entfernte sich jedoch unvermittelt von seinen Mitarbei-

*Der Drahtzieher in der Affäre Dubois/Ulrich blieb unbehelligt: «Attaché» Marcel Mercier, in Wirklichkeit ein französischer Geheimdienstoffizier, verschwand diskret.*

tern und verließ daraufhin – zum letztenmal – das Bundeshaus, ohne mit jemandem mehr Verbindung aufgenommen zu haben. Am 23. März gegen Mittag empfing der Vorsteher des Justiz- und Polizeidepartements den Chef der Bundespolizei und seine Mitarbeiter, welche ihn über die Aussagen des Attachés Mercier orientierten; der Bundesanwalt, welcher an dieser Besprechung auch hätte teilnehmen sollen, war nicht mehr auffindbar.»

Besonders muß Dubois erschüttert haben, daß Mercier gegenüber Dr. Amstein erklärt hatte, er habe wohl vertrauliche Akten aus der Bundesanwaltschaft erhalten, aber nicht von Ulrich, sondern «legal und offiziell».

Die Leiche des Bundesanwalts wurde erst nach 24stündiger Suche gefunden.

**Bupo-Inspektor weint vor seinen Richtern**

Die Affäre hatte den einen das Leben gekostet, den andern kostete sie die Stelle und die bürgerliche Existenz. Am 5. Mai 1958, nach einjähriger Untersuchungshaft, mußte Bundespolizeiinspektor Max Ulrich im Assisensaal des Berner Amtsgerichts vor dem Bundesstrafgericht Rechenschaft ablegen.

Nach vier Verhandlungstagen, als er das Recht zum letzten Wort erhielt, kam der bitterste Augenblick im Leben des 52jährigen hünenhaften und harten Polizeimannes. Ulrich weinte. Er vergrub sein Gesicht in den Händen. Er bat seine Richter, sie möchten auch an seine Frau und seine drei Kinder denken, um die er sich infolge seines Berufes nicht so habe kümmern können, wie er es gerne getan hätte.

Das Bundesstrafgericht verurteilte Max Ulrich am 9. Mai 1958 zu zweieinhalb Jahren Zuchthaus wegen fortgesetzten und wiederholten politischen Nachrichtendienstes sowie wegen fortgesetzter und wiederholter Verletzung des Amtsgeheimnisses. Ulrich wurde seines Postens enthoben und auf zehn Jahre als nicht wählbar für ein Amt erklärt. Der einzige, der schadlos aus der Affäre hervorging, war Oberst Marcel Mercier: Als der Bundesrat auf diplomatischem Wege seine Ausreise verlangte, war Mercier bereits weg. Er tauchte später in Deutschland wieder auf und ging dann in Pension.

### Die Moral von der Geschicht'

Wenn es in dieser unmoralischen Geschichte doch eine Moral gibt, dann die, daß im lautlosen Krieg der Geheimdienste mit Anstand und Treue kein Blumentopf zu gewinnen ist. Um seinen Staat zu schützen, muß mancher Agent dann und wann genau das tun, was dieser gleiche Staat verboten hat: lügen, betrügen, verleumden, denunzieren, stehlen und gelegentlich morden. Die Zehn Gebote sind außer Kraft, es gilt nur das «elfte»: Du sollst dich nicht erwischen lassen! Und wem das dennoch passiert, dem ergeht es wie Max Ulrich, der an diesem Maitag in Bern vor seinen Richtern stand.

«Er ist ein Opfer seines Berufes», rief sein Verteidiger Dr. Georges Brunschvig aus. «Ulrich gehörte zu den Leuten, welche beruflich Nachrichten austauschen müssen. In diesem Dschungel des Nach-

*Verhandlungspause im Bundesstrafprozeß gegen Bupo-Inspektor Max Ulrich (links). Der Angeklagte berät sich mit seinem Verteidiger Dr. Georges Brunschvig (rechts).*

richtendienstes braucht das Land Männer wie Ulrich, doch sind sie gerade wegen ihrer Eigenschaften, die sie für diesen Beruf geeignet machen, auch wiederum gefährdet.»

Ganz anderer Meinung war der damals als außerordentlicher Bundesanwalt auftretende Dr. Hans Fürst: «Der Angeklagte hat seine Delikte aus Feindschaft zu Bundesanwalt Dubois begangen und für Grigori Messen, seinen langjährigen Freund und Paten seines Sohnes, in einer für seine Stellung unverantwortbaren Intensität Partei ergriffen, die ihn bis zur Preisgabe strenggehüteter Geheimnisse der Bundesanwaltschaft führte.»

Es liegt in der widersprüchlichen und mit bürgerlichen Ehrbegriffen schwer faßbaren Natur der Geheimdienste, daß wahrscheinlich beide Auffassungen bis zu einem gewissen Grad zutrafen. Das Gericht jedenfalls schien dies, wenn auch unausgesprochen, anzuerkennen, indem es den auf vier Jahre Gefängnis lautenden Strafantrag ganz wesentlich herabsetzte.

Der Tatbestand war klar: Neben den Monatsberichten der Bundes-

anwaltschaft hatte Ulrich rund hundert Fernschreiberkopien mit mindestens 550 Einzelmeldungen kantonaler und städtischer Polizeibehöden sowie Polizeirapporte, Fahndungsblätter und dergleichen an Mercier geliefert. Sie betrafen vor allem algerische Reisende und Emigranten sowie als kommunistisch verdächtigte Organisationen in der Westschweiz.

In der Gerichtsverhandlung erklärte Ulrich, er habe dafür von den Franzosen Hunderte von weit wertvolleren und für die Schweiz bedeutenderen Berichten namentlich über die kommunistische Wühlarbeit in Europa erhalten. Wörtlich fügte er hinzu: «Ich erkläre Ihnen heute feierlich, daß ich alles, was ich tat, im Interesse meines Landes gemacht habe und nie hätte glauben können, dadurch mit bundesstrafrechtlichen Bestimmungen in Konflikt zu kommen.»

Den menschlichen Schwächen des Beamten Ulrich standen aber auch offensichtliche organisatorische Mängel und Unklarheiten innerhalb der Bundesanwaltschaft gegenüber. Jedenfalls erließen der Bundesrat und das Justiz- und Polizeidepartement als Lehren aus dem namentlich in den Entwicklungsländern stark beachteten Dubois/Ulrich-Skandal zwei Verordnungen. In der einen wird das Verhältnis zwischen Bundesanwaltschaft und Bundespolizei geregelt. In der anderen werden Vorschriften über die Erteilung von Auskünften an ausländische Amtsstellen aufgestellt, die ihre Bedeutung über Jahre hinweg behalten haben. Eine der wichtigsten Bestimmungen lautet: «Von den Grundsätzen der schweizerischen Neutralitätspolitik darf nicht abgewichen werden. Insbesondere dürfen einem fremden Staat keine gegen ihn gerichteten Vorgänge zur Kenntnis gebracht werden, welche schweizerische Interessen nicht unmittelbar berühren.»

## Divisionärssohn mit Sex verführt

Hans-Ulrich Berli, geboren 1931, war der Sohn des ehemaligen Waffenchefs der Infanterie und Kommandanten der 7. Division. Der junge Mann kannte keine Geldsorgen. Aber als er 26 Jahre alt war, hatte er noch nicht einmal seine kaufmännische Berufslehre abgeschlossen. Dafür war er Oberleutnant der Schweizer Armee!

Ein junger Mann, voll von Selbstzweifeln und Minderwertigkeitskomplexen, aber mit Zugang zu wichtigen militärischen Geheimnissen. Derart ideale Zielpersonen bleiben den Geheimdiensten nicht lange verborgen! Einmal mehr waren es die Tschechen, die sich durch besonderen Eifer hervortaten.

Der Weg Berlis ins Verhängnis führte über das Bett eines schönen blonden Mädchens, das sich Ilse Stieberova nannte und als Reiseleiterin des staatlichen tschechischen Reisebüros Čedok auftrat. Die beiden lernten sich kennen, als Hans-Ulrich Berli mit seiner Mutter eine Autobusreise nach Prag unternahm. In der letzten Nacht vor der Rückreise verriet die schöne Ilse dem entflammten Schweizer, sie sei in Wirklichkeit eine Agentin und müsse über sämtliche Reiseteilnehmer Bericht erstatten. Die junge Frau ließ aber durchblicken, sie würde sich gerne aus den Fängen des Geheimdienstes befreien und in der Schweiz ein neues Leben anfangen. Dieser Trick, obwohl schon seit dem Turmbau zu Babel bekannt, verfing bei Berli, der sich bei seiner Ritterlichkeit gepackt sah. Er lud Ilse zu sich nach Bern ein. Dann, mit 27 Jahren, schloß er endlich seine kaufmännische Lehre ab. Das war der erste wirkliche Erfolg seines Lebens. Offizier war er nur geworden, weil – so wenigstens lautete die offizielle Version – just in dem Augenblick, als der Kommandant der Offiziersschule den offensichtlich unfähigen Aspiranten hatte entlassen wollen, der prominente Vater gestorben war; da habe man den jungen Mann eben aus menschlichen Gründen behalten.

Mutter Berli war froh, daß ihr Sohn endlich einen ordentlichen Beruf hatte. Als Belohnung schenkte sie ihm Geld, damit er erneut zu Ilse nach Prag fahren konnte. Das war Anfang April 1958. Bei dieser Gelegenheit kam das blonde Schätzchen zur Sache. Ilse und Hans-Ulrich beschlossen zu heiraten. Schon am zweiten Tag führte sie ihn ins Außenmini

*Letzter Auftritt in Uniform: Der mit Sex verführte Oberleutnant Berli verläßt das Gerichtsgebäude in Zürich. Nach dem Prozeß wurde er aus der Armee ausgeschlossen.*

sterium, wo sich der Bräutigam um die Ausreisebewilligung für die Braut und deren Sohn aus erster, angeblich durch Tod des Gatten beendeter Ehe bemühen sollte.

Der naive Schweizer merkte nicht, daß ihn die gewiegte Gefährtin nicht ins Außenministerium, sondern ins ehemalige bischöfliche Palais dirigierte, wo eine Abteilung der Staatspolizei untergebracht war. Am ersten Tag waren die Herren sehr freundlich. Der Hochzeit stehe nichts im Wege, der Schweizer solle morgen nochmals kommen. Dann aber folgte die unvermeidliche Überraschung: Man sehe es natürlich nicht gerne, wenn Tschechinnen ins kapitalistische Ausland heirateten, vor allem dann nicht, wenn es sich um so qualifizierte Mitarbeiterinnen wie Ilse Stieberova handle. Man müsse da schon über Gegendienste reden. Natürlich nichts, was sich gegen die Schweiz richte, nur ein paar wirtschaftliche Meldungen...

Da beging Hans-Ulrich Berli die größte Dummheit seines Lebens: Die glückliche Zukunft mit Weib und Kind vor Augen, unterschrieb er eine Verpflichtung, «für die Tschechoslowakische Republik zu arbeiten». Die Falle war zugeschnappt.

### Akten aus Vaters Schrank

Am 10. Mai 1958 um 15 Uhr traf sich Berli mit seinem Kontaktmann in der Schweiz, dem dritten Sekretär der tschechischen Gesandtschaft, Jaroslav Antos, beim Zytgloggeturm. Als Erkennungszeichen trug er das internationale Segelfliegerabzeichen im Revers. Die beiden Männer tauschten zur Sicherheit eine in Prag vereinbarte Parole aus.

Sechs Wochen später lieferte Berli bereits – Treffpunkt: Perron 1 des Bahnhofs Thun – die Namen und Adressen von zwölf Instruktions- und Truppenoffizieren, ein schließlich derjenigen seiner eigenen Regiments- und Bataillonskommandanten. Kurzfutter für Spione! Aber was wichtiger war: Nun zappelte der Oberleutnant im Netz. Hätte er abspringen wollen, hätte ein anonymer Anruf an die Bundespolizei genügt. Berli war fortan unbegrenzt erpreßbar. Er mußte alles tun, was Antos befahl.

Schon zwei Wochen später übergab er ihm in Freiburg die Aufmarschpläne einer Division und einer Brigade sowie Dokumente über Zusammensetzung und Gliederung eines Schützenbataillons mit detaillierten Angaben über die Bewaffnung. Es waren Informationen, die Berli aus den Lehrmitteln der Offiziersschule abgeschrieben hatte.

*Umgeben von Leibwächtern, verharrt die Witwe des ermordeten Dr. Moumié (links außen) einige Augenblicke auf dem Genfer Friedhof Plainpalais. Sie behauptete, auch auf sie sei in Genf ein Attentatsversuch verübt worden.*

Antos wurde immer begehrlicher: Jetzt mußte Berli den Nachlaß seines Vaters nach militärischen Unterlagen durchforschen. Er fand eine 60seitige Denkschrift über Probleme des Instruktionsdienstes, die vermutlich intime Angaben eines Kenners über Schwachstellen der Schweizer Armee enthielt. Dieses Dokument dürfte sich heute noch in einem Prager Geheimarchiv befinden. Die Tschechen, die Berli dafür vorerst nur hundert Franken bezahlt hatten, doppelten später mit weiteren dreihundert nach, weil die Lieferung so interessant und wertvoll gewesen war.

In einer schwachen Stunde zog Berli, der sein Elend nun durchschaut hatte, einen Kollegen ins Vertrauen. Kurze Zeit später wurde er verhaftet. Er erhielt vier Jahre Zuchthaus und wurde aus der Armee ausgeschlossen. Der Bundesrat ersuchte Jaroslav Antos, innert 24 Stunden aus der Schweiz zu verschwinden.

## Wer hat Felix Moumié vergiftet?

«Merkwürdig», sagte der Arzt und Politiker Dr. Felix Moumié (geb. 1926) aus Kamerun zu seiner blonden Schweizer Freundin. «Der zweite Pernod heute abend hat so bitter geschmeckt.» Dann legte sich der Mann in seinem Genfer Hotelzimmer zur Ruhe. Aber an Schlaf war nicht zu denken. «Es fing mit einem Brennen in den Füßen an», berichtete später die attraktive Liliane. «Ich massierte ihm die Beine, aber die Schmerzen krochen unaufhaltsam höher.» Später fielen dem blendend aussehenden Afrikaner die Haare und die Zähne aus. Die Ärzte waren machtlos. Nach 17 Tagen war Felix Moumié tot: Rattengift!

Das Rätsel um diesen Agentenmord ist ungelöst geblieben. Alle Verdachtsmomente sprachen gegen die französische Terrororganisation «Rote Hand» und deren zeitweiligen Schweizer Mitarbeiter William Bechtel, der sich als Chemiker und Journalist tarnte. Als aber die Genfer Polizei im September 1976, 16 Jahre nach dem Mord an Moumié, diesen inzwischen 82 Jahre alt gewordenen Kämpfer für das koloniale Frankreich endlich am Wickel hatte, fehlten die letzten schlüssigen Beweise. William Bechtel wurde auf freien Fuß gesetzt.

**Guerillaführer und Lebemann**

Es war das erklärte Ziel des Dr. Moumié, aus seiner Heimat Kamerun ein sozialistisches Land zu machen. Die Franzosen wollten dies verhindern; als Präsident der «Union des Populations Camerounaises» lenkte Moumié nämlich von seinen wechselnden Hauptquartieren in Guinea und Ghana den Guerillakrieg seiner Anhänger gegen die Franzosen. Moumié erfreute sich sowjetischer Unterstützung. Nach Genf war er gekommen, um Waffen zu kaufen, Spenden zu sammeln, Bankkonten einzurichten und sich mit konspirativen Gewährsleuten zu treffen. Auf einem seiner Konten lagen bereits rund drei Millionen Franken, möglicherweise Gelder, die Moskau zur Unterstützung des kamerunischen Guerillakriegs überwiesen hatte.

Aber der von seiner Frau getrennt lebende junge Arzt ließ auch Sinn für das angenehme Schweizer (Nacht-)Leben erkennen. Er verliebte sich in die 26jährige Genferin Liliane F. Schon nach den ersten zärtlichen Stunden schärfte er ihr ein: «Wenn mir etwas zustoßen sollte, dann bringe meine Papiere sofort zur Botschaft von Guinea nach Paris.» Dr. Moumiés letztes afrikanisches Hauptquartier hatte in Conakry, der Hauptstadt dieses Staates, gelegen.

**Was will William Bechtel?**

Als Journalist und Inhaber einer außenpolitisch orientierten Genfer Presseagentur getarnt, traf sich William Bechtel, damals schon 66 Jahre alt, am Abend des 15. Oktobers 1960 mit Dr. Moumié im Restaurant Le Plat d'Argent in Genf zum Nachtessen. Fest steht: Nach diesem vom bewußten bitteren Pernod eingeleiteten Mahl begann es dem Afrikaner schlechtzugehen. Fest steht ferner: William Bechtel war kein Mann der Presse; er wurde vielmehr als französischer Fallschirmoberst, Widerstandskämpfer, Veteran von Dien Bien Phu sowie mutmaßlicher Agent des «Deuxième Bureau» und der «Roten Hand» identifiziert.

Als französisch-schweizerischer Doppelbürger reiste er häufig mit dem Schweizerpaß Nr. 2380219, wobei die Vermutung naheliegt, der französische Geheimdienst habe ungeachtet seines Pensions-

*Frau Moumié läßt in Genf das Gepäck ihres ermordeten Mannes verladen. Hinter ihr ein Bruder und der Sekretär des Ermordeten. Dieser Geheimdienstmord blieb unaufgeklärt.*

alters jeweils auf Bechtel zurückgegriffen, wenn es knifflige Aufgaben zu erledigen galt.

Obwohl Bechtel seine zwei Wochen vor dem Nachtessen mit Moumié gemietete Villa in Chêne-Bourg zum voraus bezahlt hatte, verschwand er spurlos aus Genf, als Felix Moumié unter peinigenden Schmerzen ins Kantonsspital eingeliefert wurde. Weisungsgemäß setzte sich auch Liliane F. mit allen Papieren nach Paris ab. Der Sterbende, den eine schleichende Lähmung befallen hatte, konnte nur noch flüstern: «Es war die ‹Rote Hand›.»

Später gab die Witwe des Ermordeten zu Protokoll, ihr Mann habe am laufenden Band Todesdrohungen per Telefon erhalten. In Léopoldville habe man ihn zu entführen versucht, und in der kamerunischen Heimat sei er mehreren Attentaten nur knapp entkommen.

Kaum aus Paris zurückgekehrt, stieß auch Liliane F. Merkwürdiges zu, ohne daß sie es vorerst merkte. Erschöpft und verzweifelt hatte sie eine Überdosis Schlaftabletten genommen und war in eine Klinik eingeliefert worden. Eines Nachts, als die Patientin schon auf dem Weg der Genesung war, umrundete ein schwarzes Auto mit französischen Kontrollschildern das Klinikgebäude. Zwei Männer stiegen aus und suchten Einlaß. Dann aber, wahrscheinlich bei ihrem Einbruchsversuch gestört, flohen sie hastig. Die Polizei bewachte die Zeugin darauf. Vermutlich hatten es die

*Oben: Der mutmaßliche Mörder von Moumié, der schweizerisch-französische Doppelbürger und Geheimdienstoffizier William Bechtel. 14 Jahre nach dem Mord wagte sich Bechtel aus Frankreich heraus, wurde verhaftet und an die Schweiz ausgeliefert. Aber die Tat konnte ihm trotz schwerwiegender Indizien nicht nachgewiesen werden. Mitte: Der ermordete Exilpolitiker Dr. Felix Moumié. Unten: Auf der Aussichtsterrasse des Genfer Flughafens verfolgt Liliane F. (hinten) den Abtransport des Sarges, in dem ihr Geliebter ruht.*

Unbekannten auf die Papiere des Ermordeten abgesehen gehabt.

Bechtel, von Moumié auf dem Sterbebett des Mordes bezichtigt, hatte nicht einmal mehr die Zeit gehabt, alle Spuren zu verwischen: Bei der Haussuchung fand die Polizei den Anzug, den er am Abend des Treffens mit dem Afrikaner getragen hatte. Es waren Mikrospuren von Thallium dran, dem gleichen Gift, an dem das Opfer gestorben war. Außerdem wurden im zurückgelassenen Gepäck des hochdekorierten Fremdenlegionärs Minox-Fotos gefunden, die Moumié, schweizerisch-französische Zollgebäude auf dem vorgesehenen Fluchtweg und andere verräterische Einzelheiten zeigten. Außerdem gab es Aufnahmen von Häusern, in denen polizeibekannte Agenten und Sympathisanten der algerischen Befreiungsbewegung FLN wohnten.

14 Jahre lang blieb es still um die mysteriöse Affäre Moumié/Bechtel. Die internationale Ausschreibung des Verdächtigten wurde aber aufrechterhalten. Natürlich war Bechtel in Frankreich trotzdem sicher. Im Herbst 1974 wagte sich der inzwischen 80 Jahre alt gewordene Exagent jedoch nach Belgien – und wurde aufgrund des schweizerischen Fahndungsersuchens prompt festgenommen und nach Genf ausgeliefert. Im Prozeß im September 1976 leugnete der Angeklagte eisern. Das gerichtsmedizinische Gutachten kam ihm zu Hilfe. Es lautete dahin, das tödliche Gift müsse schon lange vor der Einnahme des merkwürdig bitteren Pernod in Moumiés Körper gelangt sein. Eine frühere Begegnung zwischen Bechtel und Moumié – angeblich hatte ein erster Kontakt bei einem «Interview» in Accra stattgefunden – war weder auszuschließen noch zu beweisen. Das Verfahren wurde eingestellt, und Bechtel reiste unbehelligt nach Paris zurück.

## Die falschen Auslandschweizer

Es gibt vier Prototypen von Agenten: den kühlen Profi, der seinen Auftrag ausführt und dann wieder verschwindet – wie William Bechtel; den Diplomaten oder Mitarbeiter einer internationalen Organisation, der oft unter den Augen oder wenigstens unter dem Verdacht der Abwehr jahrelang seine Fäden spinnen kann – wie Frolov/Modin und die vielen diplomatischen Spione Nazideutschlands; den kompromittierten Spion, der für Geld arbeitet (wie Gerber) oder aus den verschiedensten Gründen, wie sexuellen Fehltritten, Bestechlichkeit, Geschwätzigkeit usw., erpreßbar ist – wie Berli oder Jeanmaire; seit dem Beginn der sechziger Jahre setzt der Ostblock immer häufiger einen besonderen und schwer erkennbaren Agententyp ein, den «schlafenden» Agenten, auch Perspektivagent genannt.

Als Flüchtlinge oder Rückwanderer kommen unauffällige Menschen in den Westen, suchen sich hier – meist mit öffentlicher Hilfe – Arbeit und Wohnung und bauen sich vermeintlicherweise eine neue Existenz auf. Ihre «Legenden» (Lebensgeschichten) sind meist Schicksalsromane von verlorener Heimat und zerbrochener Familie; ihre Papiere machen einen authentischen Eindruck und halten auch kritischer Überprüfung stand; denn nicht selten laufen diese Agenten unter einem Namen, dessen Träger ahnungslos und ohne die Möglichkeit der Ausreise und des Protests weiter

*Die angebliche Auslandschweizerfamilie Schwarzenberger besucht das Haus ihrer angeblichen Großmutter in der Schweiz (Szenenbild aus dem ZDF-Film «Ein Schweizer wie bestellt» der Sator-Film Hamburg).*

im Ostblock lebt. Diese «schlafenden» Agenten sind angewiesen, durch eigenes Können und eigene Leistung Karriere in Schlüsselpositionen zu machen. Ihr Einsatz ist eigentlich erst für den Krisen- oder Kriegsfall vorgesehen.

### Sogar die Eheringe passen

Der 29. Oktober 1953 war als Hochzeitsdatum in die Ringe von «Otto» und «Ludmilla» graviert. Selbst dieses Detail war genau auf die Legende zugeschnitten, die das tschechische Berufsagentenpaar Eva und Otto Schwarzenberger für seine Langzeitmission in der Schweiz entgegenzunehmen hatte. Alles außer dem Vornamen des Mannes war erfunden: der rührende Schicksalsroman des Auslandschweizer-Ehepaars Baltensperger, seine Mittellosigkeit, seine Abscheu vor dem Kommunismus, sein Wille, in der alten Heimat ein neues Leben anzufangen.

Es war wirklich eine ergreifende Geschichte, die der damals 31jährige Otto Schwarzenberger alias Baltensperger dem Beamten in der Schweizer Gesandtschaft zu Prag erzählte. Vor einem Jahr, so Schwarzenberger, habe sich bei der allgemeinen Erneuerung der Personalausweise in der Tschechoslowakei zu seinem größten Entsetzen herausgestellt, daß er ja gar kein richtiger Tscheche sei, sondern Schweizer; seine Pflegeeltern hätten ihm immer verschwiegen, daß er der uneheliche Sohn der ostwärts ausgewanderten Emma Baltensperger von Brütten ZH sei. Jetzt hätten ihm die tschechischen Behörden nur einen Ausweis für Staatenlose gegeben. Trotz seines abgeschlossenen Studiums sei er in ein Bergwerk geschickt worden und müsse als Hilfsarbeiter seine Frau und die beiden Kinder durchbringen. Er habe nun keinen sehnlicheren Wunsch, als in Gottes Namen in seine unbekannte Schweizer Heimat auszuwandern.

Der Gesandtschaftsbeamte blieb vorsichtig. Der Besucher hatte zwar einwandfreie Papiere, die seine Legende stützten; aber natürlich waren zuerst Nachforschungen in der Schweiz anzustellen. Als sich in Brütten bestätigte, daß es wirklich eine Emma Baltensperger gegeben hatte, deren Verbleib infolge Auswanderung

*Oben: Otto Schwarzenberger (links) und Vlastimil Glaser (rechts) warten vor dem Gerichtssaal auf ihren Prozeß. Unten links: Die Spionageausrüstung der Familie Schwarzenberger. Rechts: Eva Schwarzenberger, bewacht von einem Polizeibeamten, im Korridor des Gerichtsgebäudes in Aarau.*

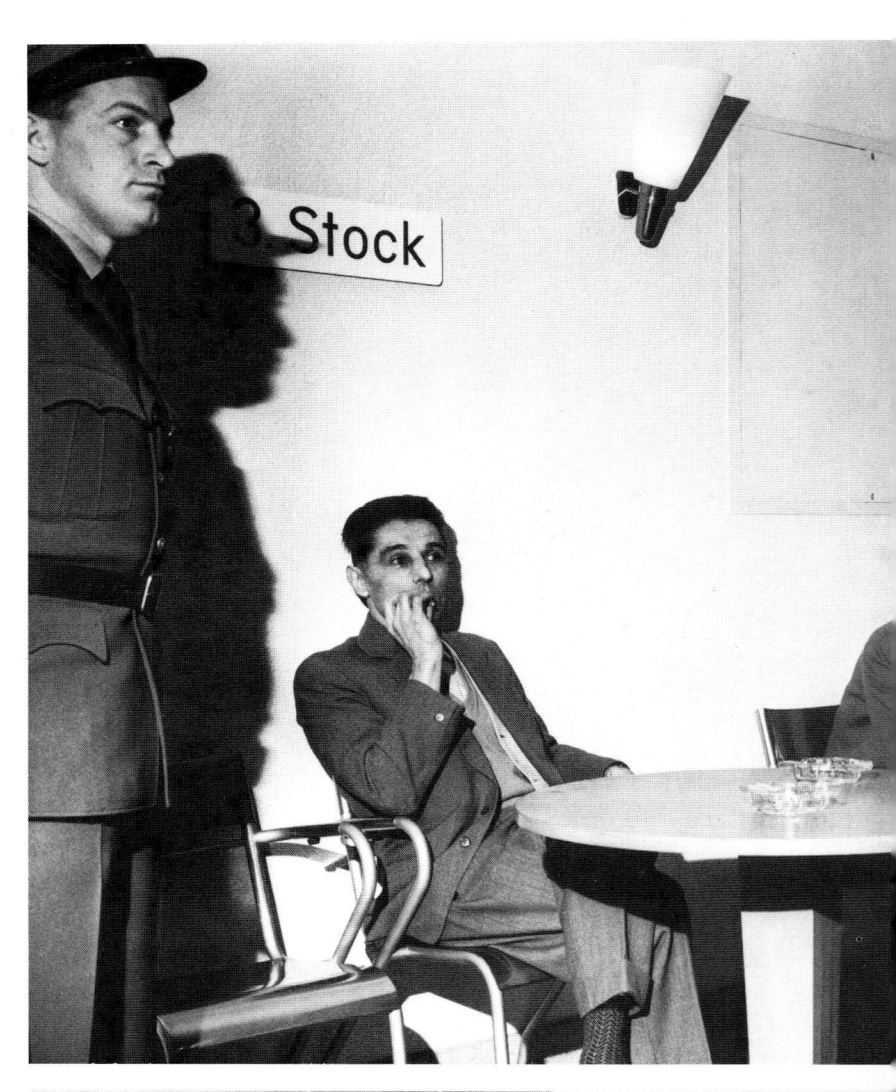

unbekannt war, begannen die Schweizer an diese ungewöhnliche Story zu glauben. In der Tat war diese Frau nach der Tschechoslowakei ausgewandert, aber zeit ihres Lebens kinderlos geblieben: Die Fälscher vom Geheimdienst hatten ihr einfach, als sie schon lange unter der Erde lag, einen unehelichen Sohn untergeschoben, um einen ihrer Agenten in die Schweiz zu schleusen.

Der Trick gelang! Am 19. Januar 1959 reiste die Familie in die Schweiz ein, wurde in Zürich fürsorglich empfangen und auf Kosten der Heimatgemeinde – rund 1600 Franken – vorerst in einem Heim untergebracht. Dann besorgte das Zürcher Sozialamt den falschen Baltenspergers eine Wohnung in Zürich-Schwamendingen. Otto Baltensperger wurde Bürolist in der Schokoladenfabrik Lindt & Sprüngli in Kilchberg. Schon vier Monate nach ihrer Einreise konnte sich die Familie einen Volkswagen leisten, mit dem sie zahlreiche Ausflüge in der neuen Heimat unternahm. Um sich in Zürich besser einzuleben, belegte das Ehepaar Kurse in Schwyzerdütsch.

Am 1. September 1960, anderthalb Jahre nach der erschwindelten Einreise, erreichte Otto Schwarzenberger alias Baltensperger ein erstes Ziel: Nach systematischer Lektüre der Stellenanzeigen in der «Neuen Zürcher Zeitung» wechselte er vom Personalbüro der Schokoladenfabrik in die Betriebsbuchhaltung von Bührle in Zürich, wobei es sicherlich kein Zufall war, daß er sich ausgerechnet diesen stark rüstungsorientierten Betrieb aussuchte.

### Ostagent wird sogar Soldat

Vom ersten Tag an gaben sich Ludmilla und Otto Baltensperger als senkrechte und dankbare Schweizer. Im November 1959 wurde das Oberhaupt der Agentenfamilie, wie das bei zurückkehrenden Auslandschweizern üblich ist, zu einer Nachrekrutierung aufgeboten. Weil er perfekt tschechisch sowie gut russisch und polnisch sprach und die Gesinnungsangaben auf dem Fragebogen («demokratisch», «antitotalitär», «vaterländisch») durch nichts zu widerlegen waren, wurde der Bock gleich zum Gärtner gemacht: Baltensperger wurde als HD in eine geheime Spezialabteilung des Armeestabs eingeteilt. Ein Jahr später, drei Monate vor seiner Verhaftung, absolvierte der Tschechenspion als Dolmetscher und Übersetzer in der Schweizer Militärspionage einen zehntägigen Einführungskurs. Dabei muß er sich freilich durch sein Benehmen verdächtig gemacht haben. Jedenfalls erstatteten zwei mißtrauische Kameraden eine Meldung.

Möglicherweise wäre nach dieser Anzeige noch nicht viel passiert, wenn nicht einen Monat später ein anderer aufmerksamer Bürger den Weg Baltenspergers gekreuzt hätte: Ein Arbeiter fand bei Grabungen in der Nähe des Schießstandes Probstei in Zürich-Nord einen vergrabenen Funkempfänger. Die Kantonspolizei Zürich begann ihre Pendenzen durchzusehen und zu kombinieren. Die Fundstelle lag auffallend nahe bei der Wohnung der Baltenspergers. Beim Funkgerät handelte es sich eindeutig um eine Anlage, wie sie die tschechische Spionage als Reserveausrüstung abgab. Jetzt wurden die Auslandschweizer mit der merkwürdigen Vergangenheit beschattet. Wochenlang geschah nichts. Aber die Fahnder gaben nicht auf.

Erst am 4. Januar 1961 benahm sich Otto Schwarzenberger alias Baltensperger auffällig. Um 18 Uhr kaufte er am Kiosk Ecke Bahnhofstraße/Rennweg in Zürich eine NZZ, klemmte sie unter den Arm und hielt eine Viertelstunde lang Ausschau. Dann spazierte er zum Lindenhof, wartete dort kurz und kam, ständig rückwärts blickend, zurück. Anschließend begab er sich zum Werdmühleplatz, telefonierte dort und stieg direkt vor der Stadtpolizei-Hauptwache in seinen parkierten VW, um nach Hause zu fahren.

Abermals dauerte es fast drei Wochen, bis die inzwischen verstärkte Beschattung Erfolg hatte. Wieder wartete Schwarzenberger um 18 Uhr mit der NZZ unter dem Arm vor dem gleichen Kiosk. Wieder stieg er zum Lindenhof empor. Da tauchte ein Unbekannter mit Schnauz und Tirolerhut auf, der Baltensperger folgte und seinerseits mißtrauisch nach Verfolgern Ausschau hielt. Bei der Pfalzgasse stieß ein zweiter Unbekannter auf das Gespann. Die beiden unterhielten sich kurz. Baltensperger verließ den Lindenhof, gefolgt von den zwei Männern. In scheinbar sinnlosem Zickzackkurs durchstreiften die drei etwa ein Dutzend Straßen und Gassen im Rennwegquartier; offensichtlich sollten allfällige Verfolger abgeschüttelt werden.

Aber die durch Bupo-Inspektoren verstärkten Zürcher Detektive brauchten nicht hinterherzurennen, sie hatten überall ihre Beobachtungsposten, die durch Funk miteinander in Verbindung standen. Die drei Männer wurden verhaftet. Der Verdacht bestätigte sich. Es war ein – freilich recht laienhaft inszenierter – Agententreff gewesen. Vlastimil Glaser und Bohuslav Pavlik besaßen tschechische Diplomatenpässe, ohne aber in Bern ordnungsgemäß akkreditiert zu sein. Otto Schwarzenberger wurde zu zwölf, seine Frau Eva zu sechs Jahren Zuchthaus verurteilt. Glaser wurde trotz der wütenden Proteste aus Prag ebenfalls vor Gericht gestellt und kassierte fünf Jahre. Pavlik, der der gleichen Geheimdienststelle angehört hatte, wurde vor dem Prozeß gegen zwei in der Tschechoslowakei zu Unrecht festgehaltene Schweizer ausgeliefert, zumal er an unheilbarem Krebs litt. Kurz nach seiner Rückkehr nach Prag starb er.

**Ein Fall wie aus dem Büchlein**

Noch heute veranschaulicht der Fall Schwarzenberger ausgezeichnet Taktik, Organisation und Technik des besonders aktiven tschechischen Geheimdienstes. Das Verfahren, das hinter verschlossenen Türen stattfand, gab Aufschluß über die Rekrutierung, Einschleusung und den Aufgabenbereich der Agenten, einschließlich ihrer Einsatzmethoden, bis in alle Einzelheiten. Da waren tote Briefkästen (bei Kloten und an der Geßnerbrücke bei der Zürcher Sihlpost), Mikrofilme, konspirative Treffs und noch vieles andere, das in jeden Spionagefilm passen würde. Der tote Briefkasten war meist eine leere Zigarettenpackung der Marke Parisiennes, die zwischen einer Sandkiste und dem Brückengeländer eingeklemmt sein mußte. Das Vorsignal, mit dem der Spion seinem Führungsoffizier anzeigte, ob etwas abzuholen sei, war ein abgebrochener Nagel an einem Wegweiserpfahl. Zeigte der Nagel nach unten, war nichts da. Als Vorsignal diente auch ein bestimmter Telefonbuchband in einer nahen Telefonkabine. Wenn dort auf dem Vorsatzblatt die Nummer 167 eingekreist war, gab es etwas abzuholen.

Die Nummer 167 steht sinnigerweise für Nachrichtendienst...

**Wölfe im Schafspelz**

Wie zwei frisch Verliebte gingen sie jeden Morgen händchenhaltend aus dem Achtfamilienblock an der Lindenstraße 23 in Effretikon ZH. Die Nachbarn lächelten und freuten sich, denn sie und er waren beide schon an die fünfzig Jahre alt. Ihre Fünfeinhalbzimmerwohnung hatten die beiden Jungverheirateten bürgerlich eingerichtet, und in der Garage stand ein silbergrauer Toyota. Das Schmuckstück aber war die antike Truhe im Wohnzimmer. Als die Bundespolizisten an der richtigen Stelle zogen, erwies sie sich als ein wahres Schatzkästlein, denn darin kam neben einem der insgesamt vier Geheimsender des Ehepaars ein einmaliges Geheimdienstdokument zum Vorschein: der allgemeine Auftrag für den Aufbau der Residentur Schweiz, den die freundlichen Eheleute von Effretikon zu erfüllen hatten. In dem Papier wurden die Spione u.a. zu einer «kontinuierlichen Lieferung von Informationen» über Planung, Organisation und Erprobung der schweizerischen Landesverteidigung, über die Auswirkung neuer Waffentechniken, über das Rüstungswesen, insbesondere über Artillerie und Flab, über die militärische Zusammenarbeit mit anderen neutralen und mit benachbarten Staaten, insbesondere mit der Bundesrepublik Deutschland, aufgefordert. Auf diesem von den Führungsoffizieren in Ostberlin diktierten Wunschzettel standen außerdem Angaben über die Maßnahmen der Schweiz zur Wahrung der Neutralität, über ihre Haltung zur europäischen Sicherheitskonferenz und zur Anerkennung der DDR, ferner über innenpolitische Entwicklungen.

Das stets verliebte Ehepaar in reifen Jahren war der Inbegriff schweizerischer Biederkeit: 61 000 Franken versteuertes Einkommen, ein bißchen Vermögen und eine Lebensführung, die so solid war, daß die Kollegen den Mann manchmal hänselten, weil er nicht einmal zum Feierabendbier mitkommen mochte.

*Links oben: Was von außen wie eine normale alte Truhe in einer bürgerlichen Wohnung aussah, enthielt ein Geheimversteck des Ehepaars Wolf (unten links). Außer Führungsbefehlen fand die Polizei darin auch einen Sender (unten).*

Die beiden Menschen, die im Haus und bei den Nachbarn durch ihre Liebenswürdigkeit geradezu auffielen, nannten sich Kälin, hießen aber Wolf und waren sozusagen Wölfe im Einsiedler Schafspelz.

Im September 1973 wurden sie verhaftet, 1975 erhielten sie vom Bundesstrafgericht je sieben Jahre Zuchthaus. Die für Friedenszeiten ungewöhnliche Höhe dieser Strafe läßt darauf schließen, daß das Gericht die Gefährlichkeit und die Schuld der beiden als ausgesprochen hoch einschätzte.

Hans-Günter Wolf und seine Frau Gisela waren von der «Verwaltung für Koordination» des Ministeriums für Nationale Verteidigung der Deutschen Demokratischen Republik nach Effretikon entsandt worden, um dort eine sogenannte illegale Residentur aufzubauen: den Meldekopf für ein ostdeutsches Spionagenetz! Denn niemand anders als der militärische Geheimdienst der DDR steckt hinter dem nichtssagenden Amtsnamen.

Wie acht Jahre zuvor die Tschechen Eva und Otto Schwarzenberger waren auch die Wolfs als heimwehkranke Auslandschweizer aus dem Ostblock zurück in die liebe alte Heimat gereist. Auch Hans-Günter und Gisela hatten einwandfreie Papiere präsentiert: nicht weniger als 19 perfekt gefälschte Schweizerpässe, Personalurkunden, Zeugnisse, Diplome und Scheidungsurteile.

### Kälins zweites Ich

Die Scheidung der Ehe mußte sein, denn die Wolfs bedienten sich des Namens eines in der DDR lebenden Schweizers na-

*Die bürgerliche Tarnung des Ehepaars Wolf/Kälin war perfekt. Zum Schein heirateten die beiden nochmals (oben). In einem unauffälligen Wohnblock mieteten sie sich ein (Mitte), und im Tennisklub von Effretikon war der falsche Herr Kälin (unten, Spieler links) sehr beliebt.*

mens Hans Kälin (geb. 1922). Dieser Hans Kälin, Bergmann von Beruf, verheiratet und Vater von drei Kindern, wurde mit seiner garantiert echten Einsiedler Biografie unwissentlich zum zweiten Ich des Hans-Günter Wolf, der nach einem Doppelstudium als Maschineningenieur und Wirtschaftswissenschafter einen fünfzehn Monate dauernden Agentenkurs mit Fotografieren, Chiffrieren und konspirativem Verhalten absolviert hatte und Offizier der Nationalen Volksarmee geworden war. Über das Schicksal des richtigen Hans Kälin konnte die diplomatische Vertretung der Schweiz in Ostberlin trotz wiederholter Bemühungen nichts in Erfahrung bringen.

Hans-Günter und Gisela Wolf hatten sich noch in der Hitler-Jugend kennengelernt und 1949 geheiratet – was sie aber nicht hinderte, den Trauungsakt unter dem neuen, biederen Einsiedler Namen in Illnau-Effretikon vor einem nichtsahnenden Standesbeamten nochmals zu vollziehen. Nur sie selber können wissen, ob die allmorgendliche Verliebtheit echt gewesen ist – oder ob sie ebenfalls bloß zur sorgfältig aufgebauten Legende gehörte.

Tatsache ist: Maschineningenieur Wolf wurde schon kurz nach seiner Einreise in die Schweiz bei Sulzer in Winterthur in der Abteilung Arbeitsstudien beschäftigt. Seine Leistungen «entsprachen den Anforderungen», wie die Firma später erklärte.

Ehefrau Gisela, die die DDR getrennt von ihrem Mann verlassen hatte, verdingte sich als angeblicher Flüchtling unter dem falschen Namen Ursula Meissner vorerst bei der «Badischen Zeitung» in Freiburg im Breisgau als Journalistin und Hilfsredaktorin. Das Zeug dazu hatte sie ohne Zweifel, denn zehn Jahre lang war sie eine wichtige Mitarbeiterin einer linientreuen Parteizeitung in Halle gewesen. Von einer echten

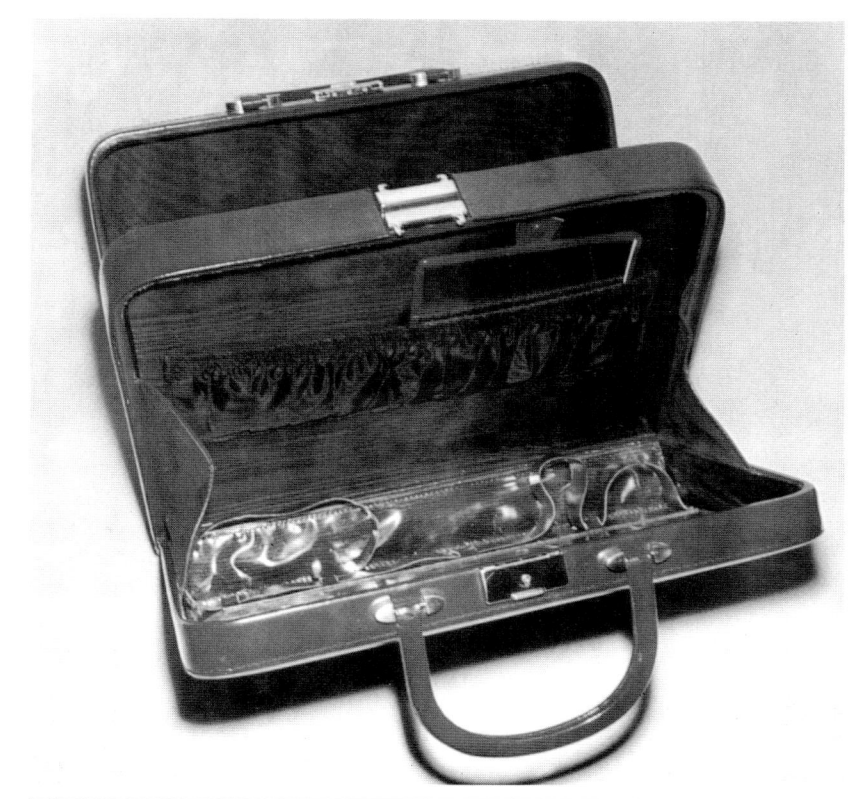

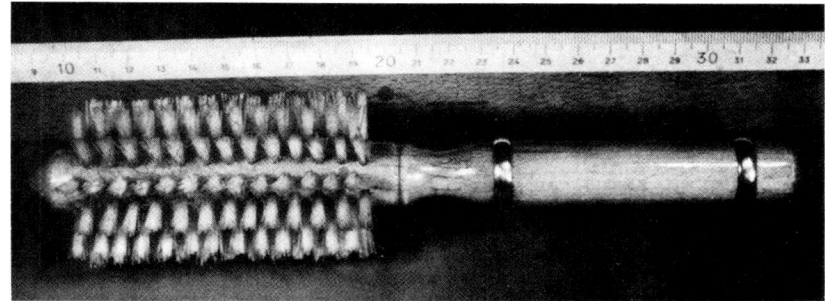

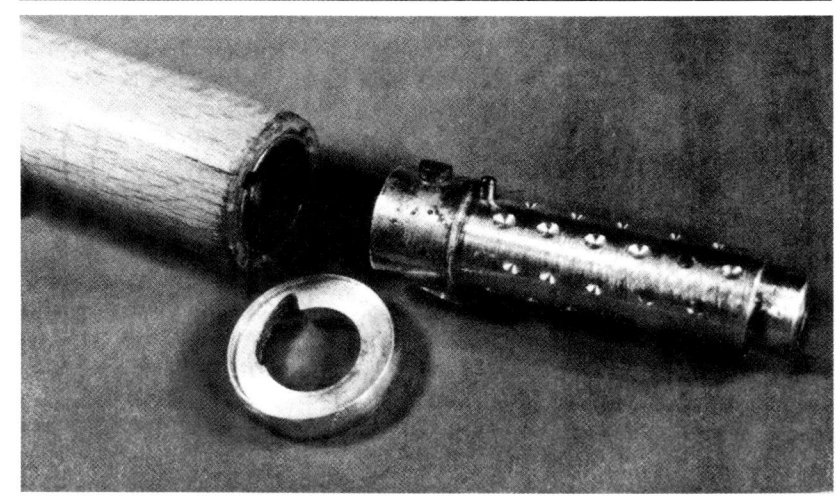

*Was sich hinter den biederen Kälins versteckte, fand die Polizei bei der Hausdurchsuchung heraus. Im Beauty Case von Frau Gisela (oben) waren raffinierte Verstecke eingebaut. In den ausgehöhlten Stielen der Haarbürsten fanden sich geheime Aufzeichnungen, ähnlich wie auf den Musterbildern (Mitte und unten).*

*Beim Prozeß in Lausanne waren die beiden überführten DDR-Spione Gisela und Hans-Günter Wolf, wie es sich für Geheimdienstprofis gehört, krampfhaft bemüht, ihre Gesichter vor den Fotografen zu verbergen. Trotzdem gelangen den Reportern diese beiden Schnappschüsse. Beide Spione wurden zu sieben Jahren Zuchthaus verurteilt.*

Flucht konnte natürlich keine Rede sein; der nahe der Schweiz angesiedelte Alibiposten diente nur dazu, ihren angeblichen «Jugendfreund» Hans-Günter, der in Wirklichkeit ihr Mann war, eines Tages «zufällig» wiederzusehen und ihn vom Fleck weg zu heiraten.

Als die beiden stillen Spione nach fünfjähriger und für die Auftraggeber sicherlich segensreicher Tätigkeit aufflogen, beeilte sich der Winterthurer Maschinenbaukonzern zu versichern, weder Wolf alias Kälin noch seine Gattin hätten Zugang zu irgendwelchen geheimen Projekten, zu Vertrauensunterlagen, zu Forschung und Entwicklung und zu bestimmten vertraulichen Geschäftsentscheiden gehabt.

Im Prozeß war dann freilich zu erfahren, daß die beiden – obwohl in untergeordneter Stellung und ohne Vorgesetztenfunktionen – sich ein Beschlußprotokoll und eine Liste wichtiger Bestellungen zu verschaffen gewußt hatten. Im Beauty Case der Gisela Wolf hatte die Polizei sodann eine von ihrem Mann verfaßte Notiz über hängige Großaufträge gefunden; diese Botschaft hatte offenbar nicht mehr nach Ostberlin gefunkt werden können. Das Paar hatte auch Meldungen über die Sulzer-Forschung im Motorenbau, über die Zusammenarbeit mit der Bundesrepublik und über die Marktstrategie des stark exportorientierten Konzerns weitergegeben.

Im Lichte dieser Dokumente und Beweise glaubte kein Mensch im dunkel getäferten Lausanner Bundesgerichtssaal die Unschuldsbeteuerungen der beiden Agenten, wonach sie ihre Residentur nur für den Kriegsfall aufgebaut und die gesamte nachgewiesene Nachrichtentätigkeit im Frieden nur als Übungen durchgeführt hätten. Dem widersprach auch die Tatsache, daß die Polizei in der Effretiker Wohnung außer den eigens für Geheimdienstzwecke gebauten Sendern auch komplette Chiffrierunterlagen, eine Minox-Kameraausrüstung, Taschenmikroskope, Tabletten für die Herstellung von Lösungen zum Lesen geheimer Tinten usw. gefunden hatte. All diese Dinge waren in raffinierten «Containern» versteckt gewesen, zum Beispiel im Griff eines Tennisrackets, in einer Haarbürste und in Kosmetikabehältern.

## Jeanmaire: Die Chronik einer Tragödie

«Als Angehöriger der Abteilung für Luftschutztruppen, zu deren Chef Jean-Louis Jeanmaire auf den 1. Januar 1969 aufstieg, verfügte er über umfassende Kenntnisse hinsichtlich dieser Truppengattung. Er gab diese in bedeutendem Umfang an seine Auftraggeber weiter. Reglemente und Unterlagen verschiedenster Art, von der geschichtlichen Entwicklung bis zu Schemen über die Gliederung der verschiedenen Einheiten, gelangten so, begleitet von handschriftlichen Aufzeichnungen und mündlichen Informationen, in die Hände der UdSSR. Das Interesse der russischen Agenten galt aber nicht nur diesem Teil unserer Armee, sondern der Gesamtverteidigung schlechthin. Unter anderem machte Jeanmaire Angaben über die Territorialzonen und über die Organisation der Gesamtverteidigung. Auch aus dem Bereich der Kriegsmobilmachung hat Jeanmaire geheimste Unterlagen und Informationen geliefert.»
*Bundesrat Kurt Furgler am 7. Oktober 1976 vor dem Nationalrat*

Die Herren sprachen leise, und die Handschellen klickten unhörbar, als der pensionierte Brigadier Jean-Louis Jeanmaire (geb. 1910) am Morgen des 9. August 1976 unweit des Lausanner Bahnhofs verhaftet wurde. Der Donner, der diesem Blitzschlag folgte,

*14 Jahre lang bewegte sich Brigadier Jean-Louis Jeanmaire als Sowjetspion in den feinsten Kreisen, zum Beispiel inmitten von höchsten Offizieren, Politikern und Chefbeamten an einer Landesverteidigungsübung (oben, Pfeil) oder an gediegenen Cocktail-Empfängen (unten).*

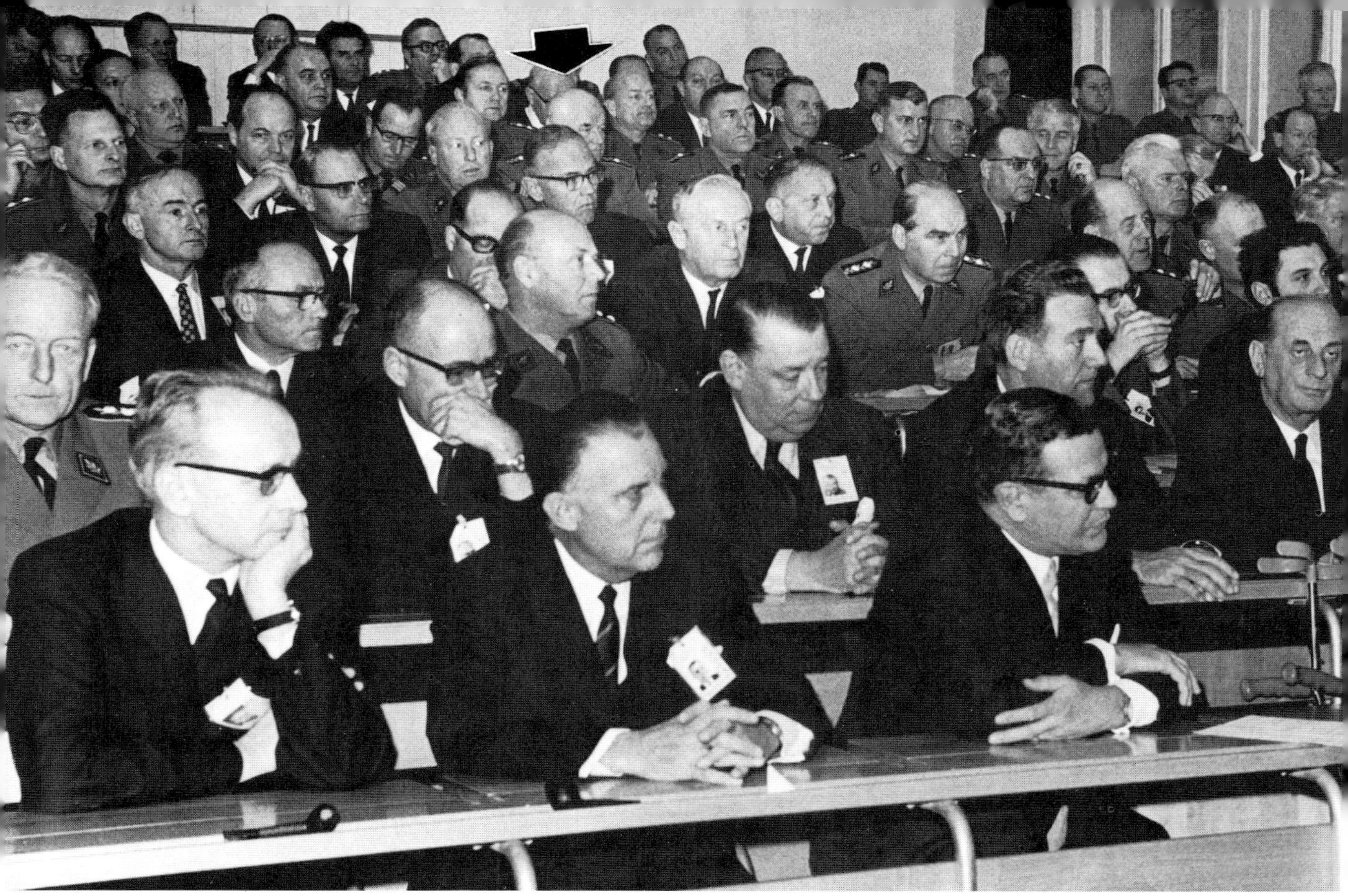

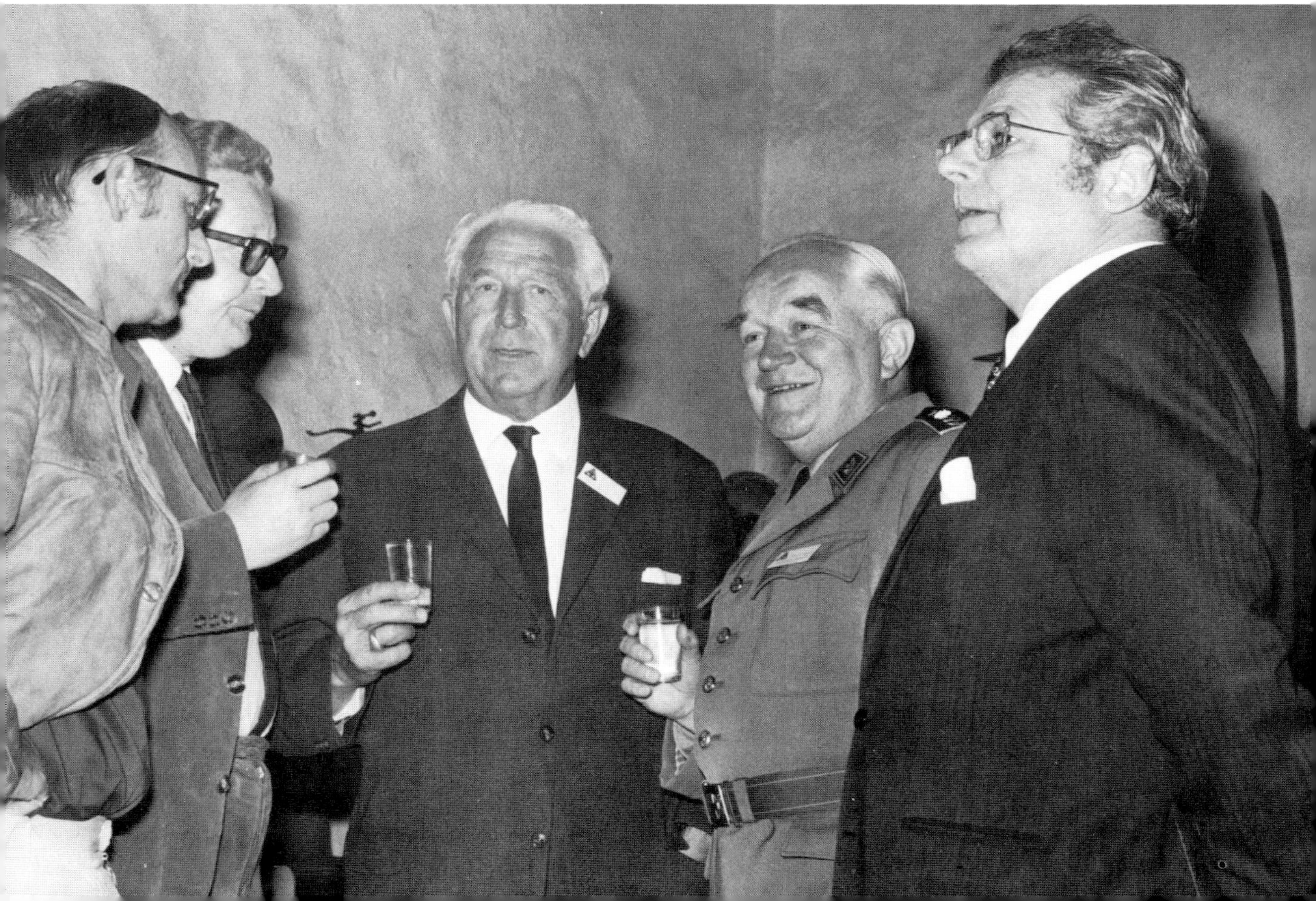

rollte mit fünftägiger Verzögerung durch die Schweiz und halb Europa. Der Fall Jeanmaire erschütterte nachhaltig das Vertrauen vieler Schweizer Bürger und Wehrmänner in die Zuverlässigkeit ihrer höchsten Führer, löste eine anhaltende Diskussion über die Beförderungspraxis in der Armee aus, bewog das Militärdepartement zu bedeutend schärferen Bestimmungen über den Umgang schweizerischer Geheimnisträger mit fremden Diplomaten und führte schließlich – vom 14. bis 17. Juni 1977 – zum umstrittensten Prozeß in der Geschichte der schweizerischen Militärgerichtsbarkeit. Das Verfahren endete mit einer Strafe von 18 Jahren Zuchthaus für den Brigadier und einem Freispruch für seine kranke Ehefrau.

Als der weißhaarige, gedrungene Luftschutzgeneral mit dem Vollmondgesicht hinter den Toren des Lausanner Gefängnisses von Bois-Mermet verschwand, waren im EMD immer noch Dutzende von Beamten damit beschäftigt, die von Jeanmaire verratenen geheimen Dispositionen der Schweizer Armee für den Ernstfall abzuändern, soweit dies möglich ist. Was aber hat der Brigadier wirklich verraten? Der Prozeß, der mit Ausnahme der Vorfragen und des Urteils unter Ausschluß der Öffentlichkeit durchgeführt worden ist, hat diese wichtigste Frage offengelassen. Die vom Gericht bestellten Informationsoffiziere, die am Abend jedes Prozeßtages sorgsam gefilterte Informationen an die Presse weitergaben, schwiegen sich zu diesem Thema aus. Nicht einmal Bundesrat Furglers Aussage im Nationalrat wurde bestätigt. Das Volk muß politisch mit diesem Tiefschlag fertig werden; es muß auch den Preis für Jeanmaires Verrat bezahlen – aber es darf nicht einmal so viel wissen, wie dem sowjetischen militärischen Geheimdienst GRU längst bekannt ist!

*Als Diplomaten getarnte Sowjetspione hat es schon immer gegeben. Vor Wassili Denissenko (oben), der Jeanmaire anwarb, mußte zum Beispiel der Diplomat Savine (unten) die Schweiz verlassen (1970).*

### Ein Haudegen läuft ins Messer

Jean-Louis Jeanmaire, Bürger von Les Brenets und Mont-Tramelan, wuchs, wie Zeugen im Prozeß aussagten, unter dem starken Druck seines autoritären Vaters auf, für den er grenzenlose Hochachtung empfand, was aber nicht ausreichend in Form von väterlicher Liebe erwidert wurde. Mitten in den Krisenjahren schloß Jeanmaire ein Studium als Architekt an der Eidgenössischen Technischen Hochschule ab, ohne diesen Beruf je auszuüben. In den dreißiger Jahren wurde er Instruktionsoffizier der Infanterie und machte eine mittlere Karriere. Sie war keineswegs so unbedeutend, wie dies immer dargestellt wurde! Immerhin brachte es Jeanmaire zum Brigadier mit einem Jahreseinkommen von über 100 000 Franken. 1962 wurde er von der Infanterie zum Luftschutz versetzt, um dessen Auf- und Ausbau er sich unbestrittene Verdienste erwarb. Prominente Entlastungszeugen, darunter der Neuenburger Staatsrat François Jeanneret, hoben seine fachliche Tüchtigkeit und seine Hingabe an den Dienst hervor. Auch die Qualifikationen seiner Vorgesetzten, einschließlich des damaligen Generalstabschefs Johann Jacob Vischer, lauteten durchaus nicht ungünstig, wenngleich nicht besonders begeistert. Jeanmaire war eben ein Polterer und Haudegen, der mit jedermann, ob hoch oder niedrig, per du verkehrte, mit seiner abfälligen Meinung über die Bürogeneräle in Bern nicht hinter dem Berg hielt und als erklärter Freund der gepflegten Tafel und des roten Weines galt.

1962, als er gerade von der Infanterie zum Luftschutz umgeteilt worden war und als Sektionschef zu amten begann, lernte er den damaligen sowjetischen Militärattaché Wassili Denissenko in Bern kennen. Dieser blendend aussehende, hochgewachsene Offizier mit den perfekten Umgangsformen, der in diplomatischen Kreisen der Bundesstadt den Ruf eines hervorragenden Pianisten und erlesenen Salonlöwen genoß, machte dem ungeschliffenen Haudegen einen ungewöhnlichen Eindruck: Denissenko erschien dem Brigadier als «Grand Monsieur», als Verkörperung des alten zaristischen Offizierstyps, der außerdem über Kriegserfahrung verfügte und «für meine Arbeit ein Interesse zeigte, das ich bei meinen Vorge-

**Richter:** Major Georges Corpataux, Ecuvillens
**Richter:** Major Jean-Pierre Rivara, Genf — Wollte nicht fotografiert werden
**Richter:** Oberst Pierre Christe, Delsberg
**Grossrichter:** Oberst Bertrand Houriet, Neuenburg
**Richter:** Adj Uof Bernard Roubaty, Villars s.Glâne
**Richter:** Fourier Bernard Voirol, Chaux-de-Fonds
**Richter:** Gefreiter Jean Guinand, Neuenburg

**Verteidiger:** Maître Roger Courvoisier, Lausanne (für Frau Jeanmaire) — Wollte nicht fotografiert werden
**Verteidiger:** Oberstlt Jean-Félix-Paschoud, Lausanne (für J.L. Jeanmaire)
**Angeklagte:** Marie-Louise Jeanmaire (61)
**Angeklagter:** Alt Brigadier Jean-Louis Jeanmaire (67)
**Auditor (Ankläger):** Oberst Pierre Dinichert, Genf

*Richter, Verteidiger und Gerichtssaal im Jeanmaire-Prozeß. Er wurde so geheimgehalten, daß im Saal während des Verfahrens nicht einmal fotografiert werden durfte...*

setzten vermißte», wie sich Jeanmaire im Prozeß ausdrückte.

Auch Ehefrau Marie-Louise Jeanmaire (geb. 1916) war von Denissenko beeindruckt. Ihre Eltern hatten, als sie ein Jahr alt war, aus der von der Oktoberrevolution erschütterten Sowjetunion in die Schweiz zurückkehren müssen und dabei erheblichen Vermögensschaden erlitten. Marie-Louise Jeanmaire fühlte sich zu diesem Offizier der alten Schule hingezogen, so daß es später zu einem intimen Verhältnis kam.

In der Rückschau erscheint die Anwerbung Jeanmaires als Bilderbuchbeispiel sowjetischer Geheimdiensttaktik. Zuerst schmeichelte sich Denissenko kraft seiner gewinnenden Persönlichkeit in das Vertrauen des sich verkannt fühlenden Schweizer Berufsoffiziers ein. Aus der Bekanntschaft wurde eine private Freundschaft mit Einladungen und gemeinsamen Nachtessen. Unmerklich für den Brigadier entwickelte sich der geduldete und möglicherweise auch für die Schweiz nützliche Meinungs- und Erfahrungsaustausch zum verbotenen Nachrichtendienst. Wenn Jeanmaire zögerte, provozierte ihn Denissenko gekonnt mit der Bemerkung, die Schweiz sei doch in Wirklichkeit gar kein neutrales Land. Zugleich kompromittierte er die Jeanmaires mit Geschenken: Schmuck, Zinngeschirr, Wodka. Als zusätzliche Sicherung diente das Verhältnis mit Frau Jeanmaire. Kaum hatte Jeanmaire die ersten, wahrscheinlich unverfänglichen, aber eben doch als vertraulich oder gar geheim klassifizierten Informationen und Dokumente aus der Hand gegeben, wurde er erpreßt: Wenn du nicht weiter lieferst, bist du selbst geliefert...

1964 verabschiedete sich Denissenko von der Schweiz, nicht ohne seinem Lausanner Freund noch anonym einen Fernsehapparat als

Abschiedsgeschenk zukommen zu lassen. Bargeld, das ihm Denissenko einmal bündelweise angeboten hatte, hatte Jeanmaire empört zurückgewiesen. «Ich verkaufe mein Land nicht», habe er Denissenko damals angeschrien. Spätestens in diesem Augenblick mußte der Brigadier geahnt haben, daß er unrettbar in den Fängen des sowjetischen Geheimdienstes zappelte.

Die Sowjets wußten das natürlich auch. Denissenkos Nachfolger Wladimir Strelbitzki war schon weniger kultiviert. Jeanmaire: «Er machte mir Angst. Er setzte mich unter Druck. Ich lieferte weiter, um die Verbindung aufrechtzuerhalten; denn ich scheute einen fatalen Abbruch der Beziehungen.»

Der zum Verräter gewordene Patriot, der der Truppe gegenüber immer seinen strengen Antikommunismus zur Schau getragen hatte, wurde von Attaché zu Attaché weitergereicht wie ein Wanderpreis. Es folgten Victor Issajew und Wladimir Davidoff. Allein die Liste der von Jeanmaire preisgegebenen Dokumente umfaßte mehrere Schreibmaschinenseiten: «Es waren ganze Pakete», sagte der Presseoffizier im Prozeß. Der Chef der Sektion für Geheimhaltung im Generalstab brauchte mehr als anderthalb Stunden, um mit dem Gericht die Bedeutung dieser Lieferungen Punkt für Punkt durchzugehen.

### Schwere Schuld – harte Strafe

Am späten Nachmittag des 17. Juni 1977 sprach das Divisionsgericht 2 im Palais de Montbenon zu Lausanne nach ganztägiger Be-

*Der Prozeß gegen Jeanmaire stieß trotz Geheimhaltung auf größtes öffentliches Interesse. Oben: Die Richter verlassen das streng überwachte Gebäude (Mitte), in dem das Verfahren stattfand. Unten: Die rund hundert Journalisten mußten sich mit den zensurierten Vorträgen der Informationsoffiziere begnügen. Das Mißtrauen blieb.*

ratung sein Urteil: 18 Jahre Zuchthaus für Jean-Louis Jeanmaire, Degradierung und Ausschluß aus dem Heer. Der 67jährige Soldat nahm den Spruch aufrecht stehend und völlig regungslos entgegen – in einer Haltung und einer Tapferkeit, die, hätte er sie früher an den Tag gelegt, ihn vor diesem Augenblick der Schande hätte bewahren können.

Großrichter Oberst Bertrand Houriet betonte in seiner kurzen Urteilsbegründung, daß ohne die militärischen Verdienste des Brigadiers die Höchststrafe ausgesprochen worden wäre. Aus den Erwägungen des Gerichts ging weiter hervor, daß die von den Verteidigern vorgebrachte Einrede der Verjährung keine Rolle spielte, da alle Handlungen von einem einheitlichen Vorsatz ausgingen und somit der Zeitpunkt der letzten Tat maßgebend war.

Freigesprochen wurde der Brigadier lediglich vom Vorwurf der passiven Bestechung. Trotz ihres erheblichen Wertes betrachtete das Gericht die vom Ehepaar Jeanmaire entgegengenommenen Geschenke nicht als Entschädigungen für den Nachrichtendienst, sondern als noch übliche Gefälligkeiten unter Freunden. Das Gericht anerkannte, daß Jeanmaire weder aus Geldgier noch aus politischen Motiven gehandelt habe; vielmehr seien seine Beweggründe in Charakterschwäche, vermischt mit Geltungssucht, Stolz und Frustration, zu suchen. Entgegen den Annahmen der Zeugen betrachtete es das Gericht als erwiesen, daß Jeanmaire die Versetzung von der Infanterie zum Luftschutz eben doch als Schmach empfunden habe.

Zu seinen Gunsten wurde in die Waagschale geworfen, daß Jeanmaire seinem Land während vieler Jahre wertvolle Dienste geleistet hatte. Daß die Richter trotzdem weit über den Antrag des Anklägers (12 Jahre) und in unmittelbare Nähe der Höchststrafe (20 Jahre) gingen, hing mit dem Rang des Angeklagten und seiner Funktion als Chef von rund 30 000 schweizerischen Wehrmännern zusammen, sodann erklärtermaßen auch mit der Tatsache, daß Jeanmaire als Mitglied eines Divisionsgerichts während Jahren andere Wehrmänner für ungleich leichtere Delikte hatte verurteilen helfen, während er selber fortgesetzt in schwerster Weise Verbrechen beging.

### Wie ist so etwas möglich?

Noch vor dem Prozeß wurde eine unter der Leitung von Nationalrat Dr. Alfons Müller-Marzohl (Luzern) stehende parlamentarische Arbeitsgruppe eingesetzt, die vor allem abklären muß, wie ein

*Auf den Arm ihres Sohnes gestützt, geht die schwerkranke Marie-Louise Jeanmaire ins Gericht. Sie wurde freigesprochen.*

Mann wie Jeanmaire in die Schweizer Generalität aufrücken konnte. Im Anschluß an das Bekanntwerden des Falls wurde von vielen Seiten heftige Kritik an der Beförderungspraxis in der Schweizer Armee geübt: Sie stütze sich zu starr auf Dienstjahre und ungeschriebene Gesetze; charakterliche Eignung und fachliche Qualifikation spielten nur eine untergeordnete Rolle. Im Nationalrat wurde kritisiert, daß Kriecher und Anpasser allemal die besten Chancen hätten und daß Beziehungen sowie das richtige Parteibuch und die passende geographische Herkunft zu stark gewichtet würden. In seiner großen Jeanmaire-Rede vom 7. Oktober 1976 bestritt Bundesrat Furgler nicht das Versagen des Qualifikations- und Beförderungssystems in diesem Einzelfall, wies aber die grundsätzliche Kritik an diesem Verfahren zurück.

## Die Sache mit den NATO-Geheimnissen

Obwohl eine Bestätigung natürlich fehlt, darf als sicher angenommen werden, daß die schweizerische Spionageabwehr nicht von sich aus dem verräterischen Brigadier auf die Spur gekommen ist, sondern von einem ausländischen Geheimdienst – vermutlich den Deutschen oder den Amerikanern oder von beiden – einen Hinweis erhalten hat. An diese ziemlich offenkundige Tatsache wurden in der Öffentlichkeit Spekulationen geknüpft, wonach Jeanmaire auch inoffizielle und neutralitätswidrige Kontakte, eventuell sogar Absprachen zwischen der Schweiz und dem atlantischen Verteidigungsbündnis NATO, verraten haben könnte, was der Vertrauenswürdigkeit der Schweiz schweren Schaden zugefügt hätte. Diese Behauptungen wurden von Bundesrat und EMD wiederholt und kategorisch bestritten, weil es keine solchen Absprachen gebe und folglich auch nichts verraten werden könne.

Daß es Kontakte zwischen der Schweiz und der NATO – in welcher Form auch immer – gegeben hat und weiter geben wird, ist aufgrund der militärischen Praxis anzunehmen. Die Schweiz hat wichtige Waffensysteme in NATO-Ländern gekauft: das Mirage-Kampfflugzeug in Frankreich, die Bloodhound-Raketen in Großbritannien, das Kampfflugzeug Tiger und das Luftüberwachungssystem Florida in den Vereinigten Staaten. Gerade im Kampfflugzeugbereich finden auf der Ebene der technischen und operationellen Chefs regelmäßige internationale Konferenzen der Anwenderstaaten statt, bei denen im Interesse der Flugsicherheit ziemlich rückhaltlos Daten und Erfahrungen ausgetauscht werden. Zwecks Service und Reparaturen haben Beauftragte ausländischer Firmen zwangsläufig auch Zutritt zu geheimsten schweizerischen Verteidigungsanlagen. Mittlere und höhere schweizerische Berufsoffiziere besuchen Lehrgänge an deutschen, französischen und amerikanischen Kriegsschulen. Wer mag angesichts der bis zum Fall Jeanmaire oft sehr breit gestreuten Aktenverteiler im EMD und im Generalstab ausschließen, daß nicht die eine oder andere Information aus solchen Kontakten auch auf dem Schreibtisch Jeanmaires und damit im Briefkasten der Sowjetbotschaft gelandet ist? Die Frage muß offenbleiben, denn wenn es wirklich solche Papiere gegeben hat, war der Bundesrat im Landesinteresse verpflichtet, dies auch gegen besseres Wissen zu bestreiten.

Wie aufmerksam und betreten das westliche Ausland auf die Enttarnung des Sowjetspions in der Generalität reagiert hat, bewiesen Schwierigkeiten bei den laufenden Beschaffungsverhandlungen für das Tiger-Kampfflugzeug und die Panzerabwehr-Lenkwaffe Dragon mit Amerika: Korpskommandant Kurt Bolliger, Kommandant der Flieger- und Flabtruppen, bestätigte schon im November 1976, daß er persönlich im Pentagon Bedenken über die Zuverlässigkeit der schweizerischen Geheimhaltung habe entgegentreten müssen; die Tatsache, daß die Amerikaner infolge eines sprachlichen Mißverständnisses den Luftschutzgeneral Jeanmaire als «Fliegergeneral» bzw. Luftwaffen-Kommandanten betrachteten, hatte sofort zur Frage geführt, ob denn die Sowjetunion über die Schweiz an geheime Einzelheiten des Tiger-Projekts herankommen könnte. Diese Bedenken konnten indessen zerstreut werden.

## Sensationelle Bloßstellung der Sowjets

Daß der Fall Jeanmaire nicht nur in der Schweiz den Rahmen der gewohnten Spionageaffären bei weitem sprengte, ging insbesondere aus den Reaktionen der Sowjetunion hervor, die durch die Aufdeckung des Verrats einmal mehr als Spionage-Auftraggeberin entlarvt wurde. Ein eiserner Grundsatz des Geheimdienstes lautet, daß der auftraggebende Staat, was immer auch geschehen möge,

*Ein historisches Dokument: In strammer Haltung nimmt Brigadier Jeanmaire am frühen Abend des 17. Juni 1977 das unerwartet harte Urteil entgegen: 18 Jahre Zuchthaus! Das Bild wurde mit einer eingeschmuggelten Minox-Kamera gemacht.*

die Kontakte zu seinem Spion bestreitet und diesen gnadenlos fallenläßt. Dieses brutale Branchenprinzip brachen die Sowjets in diesem Fall, woraus man schließen kann, daß die Enttarnung Jeanmaires ihnen ungewöhnlich peinlich gewesen sein muß.

Schon im Februar 1977 ließ sich die «Literaturnaja Gaseta» in einer Stellungnahme vernehmen, die nicht ohne Billigung oder gar Mitwirkung hoher sowjetischer Stellen erschienen sein konnte. In dem Artikel wurde rundweg bestritten, daß Jeanmaire je Beziehungen zum KGB unterhalten habe (was, wörtlich genommen, stimmte, denn er arbeitete ja für den militärischen Geheimdienst GRU). Der Fall Jeanmaire war nach Lesart dieses sowjetischen Blattes «ein Glied in der Kette der von den Friedensfeinden in verschiedenen Ländern inszenierten antisowjetischen Operationen». Ziel dieser Machenschaften sei es, im Hinblick auf die KSZE-Kontrollkonferenz von Belgrad im Herbst 1977 «Schatten auf die friedliebende Politik der UdSSR zu werfen». Als «Drahtzieher» hinter dieser Kampagne bezeichnete die Zeitung den deutschen Bundesnachrichtendienst.

Kurz vor dem Prozeß gewährte der inzwischen pensionierte und mit der Rosenzucht im Kaukasus beschäftigte Ex-Attaché Denissenko einem Vertreter der «Tribune de Lausanne» in Moskau ein Interview, das durch die Vermittlung der Sowjetbotschaft und des Artikelverfassers in der «Literaturnaja Gaseta» zustande

### Privatkrieg unter Schweizer Spionen

Weniger als ein Jahr nach der Aufdeckung der Jeanmaire-Affäre wurde im militärischen Nachrichtendienst der Schweiz ein schwerer Konflikt bekannt: Untergebene von Sektionschefs behaupteten Ende Juli 1977, ihre Vorgesetzten unterhielten unzulässige nachrichtendienstliche Verbindungen zum Ostblock, namentlich zur Deutschen Demokratischen Republik. Generalstabschef Hans Senn bestätigte, daß mehrere Untersuchungen im Gange seien. Gleichzeitig betonte er, die Vorwürfe seien in persönlicher Unverträglichkeit und in enttäuschten Karrierehoffnungen einzelner Beamter begründet.

Der Krach brach genau in der besonders geheimen Abteilung «Spezialdienst» des Nachrichtendienstes aus, in der Brigadier Jeanmaire monatelang mit einem Scheinauftrag beschäftigt worden war, damit man seine Auslandsverbindungen besser unter Kontrolle hatte halten können. Eine der strittigen Fragen lautete: Hat Jeanmaire in dieser Zeit, da er Gespräche, Konferenzen und sogar die Identität schweizerischer Gewährsleute mitbekommen konnte, sein Wissen den Sowjets weitergegeben? Aufgeworfen wurde auch die Frage, ob einer der Sektionschefs, der eine Ostdeutsche zur Frau hat, häufige Reisen in die DDR unternehme und rege Kontakte mit der DDR-Botschaft in Bern pflege. Sein unmittelbarer Vorgesetzter, Divisionär Richard Ochsner, erklärte demgegenüber, es habe sich um eine einzige, einwandfrei begründete Dienstreise nach Ostberlin gehandelt; außerdem verbürge er sich hundertprozentig für die Armee- und Staatstreue dieses Obersten.

Der Konflikt, der Gegenstand von Untersuchungen nach Beamtenrecht, der Militärjustiz und der parlamentarischen Jeanmaire-Kommission bildet, offenbart tiefgreifende Meinungsverschiedenheiten und Unzulänglichkeiten im militärischen Nachrichtendienst der Schweiz. Altgediente, aus der Praxis hervorgegangene Allroundbeamte empfinden sich offensichtlich als unterbewertet: Oben versperren ihnen Instruktionsoffiziere den Karriereweg, von unten drängen ehrgeizige junge Akademiker nach. Seit dem Jeanmaire-Konflikt wird im Nachrichtendienst vermehrt auf die Arbeitsteilung zwischen Nachrichtenbeschaffung und -auswertung geachtet; etliche Beamte fühlen sich dadurch zurückgesetzt. Das hat zu Spannungen, Machtkämpfen und Unzufriedenheit geführt, zumal Nachrichtenleute, wie es ein Kenner der Szene formulierte, «nicht unbedingt sind wie andere Leute, sondern von Berufs wegen mißtrauisch, manchmal übereifrig, für ihre Aufgabe bis zum Fanatismus engagiert — kurzum: ziemlich eigenwillige Typen...»

---

gekommen war. Denissenko war zu dem Interview eigens 2000 Kilometer weit nach Moskau geflogen. Er bestritt rundweg, mit Jeanmaire je über militärische Geheimnisse gesprochen und mit ihm andere als normale gesellschaftliche Kontakte unterhalten zu haben. «Es gibt keinen Fall Jeanmaire», betonte Denissenko, der außerdem lachend zu bedenken gab, das 240-Millionen-Volk der Sowjetunion und seine Rote Armee hätten es, falls wirklich ein Überfall auf die Schweiz geplant wäre, nicht nötig, sich zuerst die schweizerischen Mobilmachungspläne zu beschaffen.

Wenige Tage nach der Veröffentlichung dieses Interviews wurden die Erklärungen Denissenkos im Prozeß Lügen gestraft.

Ein offizieller Kommentar der Nachrichtenagentur TASS oder eines anderen sowjetischen Nachrichtenorgans zum Jeanmaire-Urteil ist nie bekanntgeworden, obwohl der Genfer TASS-Korrespondent Petr Egorov den Prozeß vom ersten bis zum letzten Tag verfolgt und jedes Wort der referierenden Informationsoffiziere auf Tonband aufgenommen hatte.

*Oben: Als gebrochener Mann verläßt Jeanmaire nach der Urteilsverkündung das Gerichtsgebäude. Die Uniform durfte er nur im Saal tragen. Unten links: Der Gefangenenwagen stoppt vor der Lausanner Strafanstalt Bois-Mermet. Von Polizisten bewacht, steigt der Verräter aus und verschwindet im Zuchthaustor.*

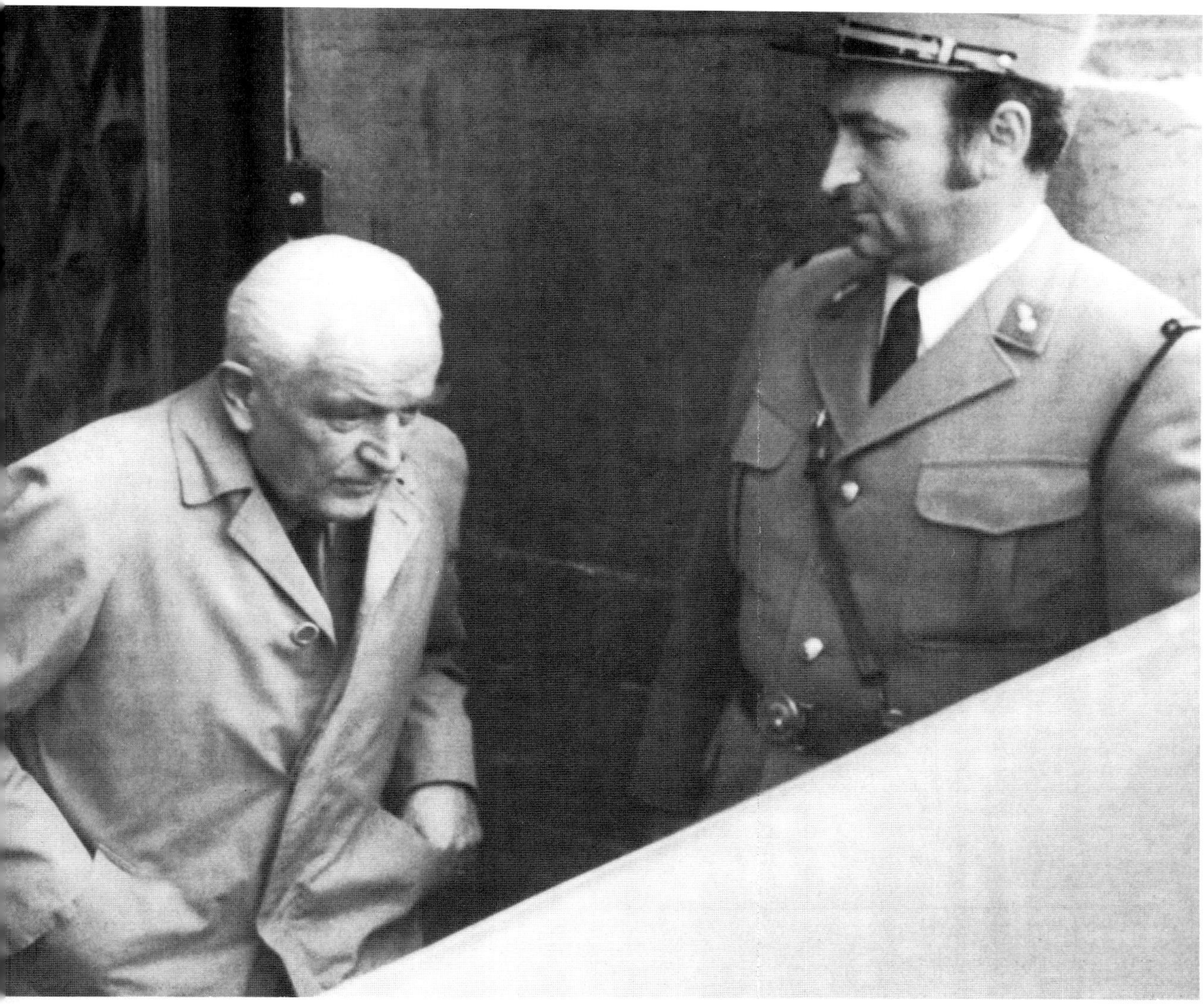

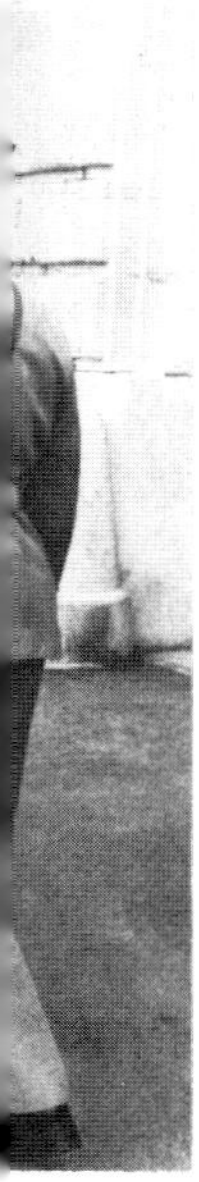

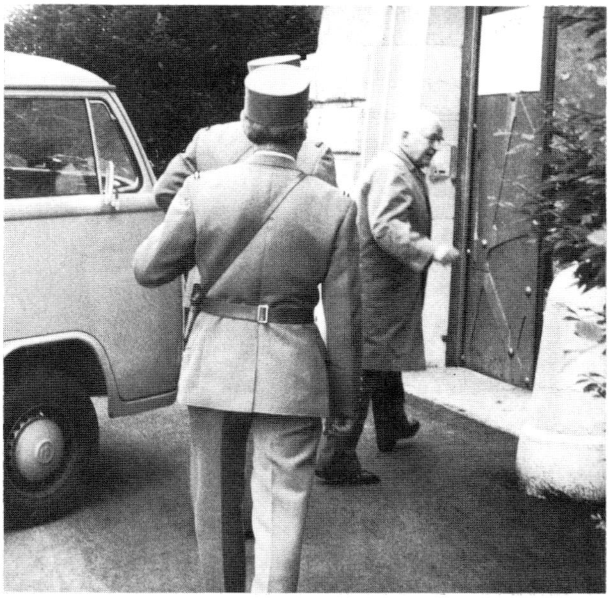

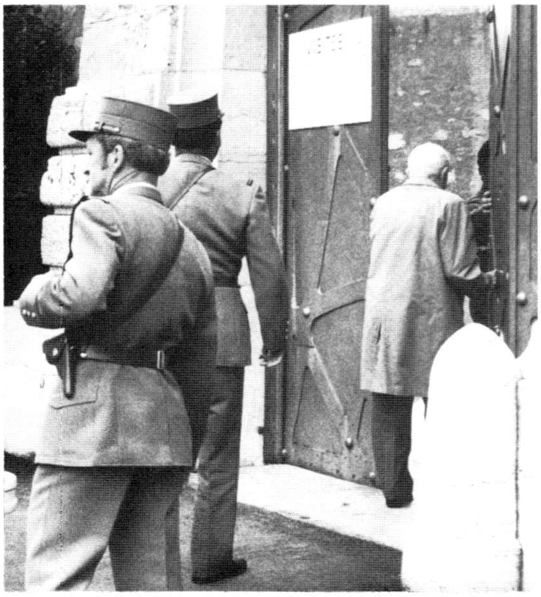

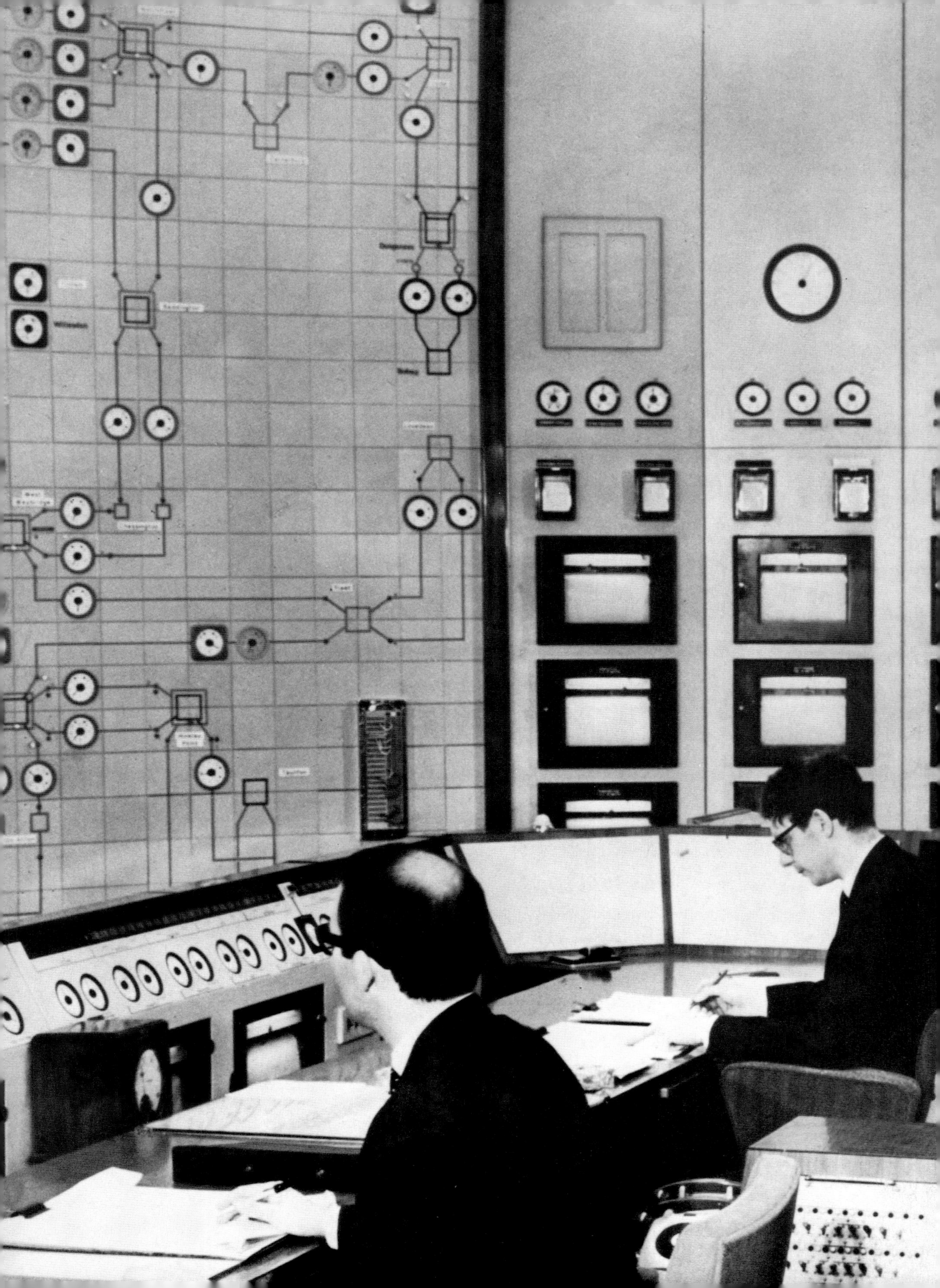

# Die Spionage der Zukunft

## Wirtschaftsspionage und die Allmacht der Computer

Man scheint sich im Kreise der Selbstzufriedenen heutzutage kaum noch dessen bewußt zu sein, daß niemand sicher ist, bevor nicht alle sicher sind – vor dem übereifrigen Polizisten, dem übermäßig ehrgeizigen Ermittler und dem allzusehr schnüffelnden Bürokraten. Totalitarismus beginnt typischerweise, wenn ein Möchtegern-Tyrann – sei es ein Hitler oder ein Castro – die Ängste der Mehrheit eines Volkes benutzt, um gegen weniger geachtete oder unbequeme Minderheiten Zwangsmaßnahmen einzuführen. Mit der Zeit werden die Härtemaßnahmen – vielleicht zwangsläufig – auf immer größere Teile der Bevölkerung ausgedehnt.

*Vance Packard*

*Die Spionage der Zukunft wird vor allem in den klimatisierten Schalträumen der großen Computerzentralen ausgetragen. Der weltweite Wirtschaftskampf hat zu einer gnadenlosen Jagd nach den Erfindungen und Erkenntnissen der Konkurrenz geführt.*

Nachrichtendienst hat längst aufgehört, ein Gewerbe zu sein, das sich auf Hauptquartiere und Chefetagen beschränkt. Die hochspezialisierte arbeitsteilige Wirtschaft ist zu einem der Hauptangriffsziele der permanenten Spionage geworden, und mit der Wirtschaft – direkt oder indirekt, früher oder später – jeder für diese Wirtschaft arbeitende Mensch.

Die auseinanderlaufenden Entwicklungen im leistungs- und wettbewerbsorientierten Wirtschafts- und Zivilisationssystem haben Gefahren für die Rechtsgüter geschaffen, auf denen jedes freiheitliche System beruht: das Recht auf Privatsphäre, die Meinungsfreiheit, den Schutz vor Willkür – kurz, die Freiheit und die Würde des Individuums.

Der Konkurrenzkampf auf den weltweiten Märkten wird mit jedem Tag härter. Für immer mehr Betriebe wird es lebenswichtig, die Absichten der Konkurrenz zu kennen und ihnen zuvorzukommen. Den Konkurrenzkampf aber besteht nur, wer in Forschung, Entwicklung und Vermarktung am weltweiten Informationsaustausch teilnimmt. Von diesem internationalen Erfahrungs- und Nachrichtenaustausch lebt die Weltwirtschaft. Ungezählte Faktoren, zum Beispiel die grenzüberschreitende Forschung, die multinationalen Konzerne, die soziale Mobilität, der rege Kongreßbetrieb, das vielfältig verflochtene und unüberschaubare Patent- und Lizenzwesen sowie die sich ständig weiterentwickelnde Publizistik auf allen Gebieten und Ebenen haben eine Grauzone geschaffen, in der erlaubter Informationsaustausch und verbotener wirtschaftlicher Nachrichtendienst nur noch schwer auseinanderzuhalten sind.

Wirtschaftsspionage! Kein nachrichtendienstliches Gebiet ist undurchschaubarer, keines hat eine größere Dunkelziffer. Amerikanische und deutsche Experten vermuten, daß auf einen aufgedeckten Fall etwa fünfzig kommen, die unbekannt bleiben...

Der Handel mit Informationen aller Art ist zum Geschäft geworden. Die anhaltende und rasend schnell fortschreitende technische Revolution auf dem Gebiet der elektronischen Datenverarbeitung hat reale Möglichkeiten geschaffen, die faszinierend und beängstigend zugleich sind. Es beginnt damit, daß jeder, der dafür bezahlt, von spezialisierten Unternehmen Adressen beziehen kann, die nach verfeinerten kommerziellen Gesichtspunkten aussortiert sind. Dabei handelt es sich zum Beispiel nicht nur um Anschriftenpakete nach Berufs- und Einkommensgruppen, um Jungvermählte, Alleinstehende usw.; wer will, kann sich auch Adressen von Menschen besorgen, die Probleme mit der Figur haben, von Männern, die schon einmal Mittel zur Steigerung ihrer sexuellen Leistungsfähigkeit gekauft haben, von Hausbesitzern, Kinderreichen, jungen Müttern usw. Kreditbanken führen gemeinsame Register von Darlehensnehmern. Handelsauskunfteien notieren Schuldner, die Verlustscheine ausgestellt oder Betreibungen, Nachlaßverträge, Konkurse und dergleichen hinter sich haben. Kreditkartenorganisationen verfügen über das Datenmaterial, das – bei theoretisch denkbarer systematischer Auswertung – detaillierte Auskunft über Konsumgewohnheiten, vom Lieblingsrestaurant bis zum Reiseziel eines beliebigen Kunden, geben kann. Banken, Steueramt, Straßenverkehrsamt, Strafverfolgungsbehörden, Einwohnerkontrolle, Fürsorgeamt, Paßbüro, Sozialversicherung, Krankenkasse, Polizei... alle haben ihre Karteien und Register, die zu einem beträchtlichen Teil in Computern gespeichert sind. Jeder Mensch ist hundertfach registriert, einschließlich der Bücher, die er sich in der Bibliothek holt, der Telefongespräche, die er führt, und der Ratenkäufe, die er tätigt. Die Firmen speichern die Personalakten ihrer Mitarbeiter, viele gehen bei Neueinstellungen zu ausführlichen Fragebogentests über, von privaten Nachrichtenorganisationen mit politischen Zielsetzungen, wie sie im Fall Ernst Cincera/Demokratisches Manifest (1976/77) auch in der Schweiz ins öffentliche Gespräch gekommen sind, ganz zu schweigen.

Es wäre eine Horrorvision, sich vorzustellen, was geschehen könnte, wenn ein paar dieser öffentlichen und privaten Datenbanken durch einen technisch ohne weiteres möglichen Computerverbund gekoppelt und die Informationen unbeschränkt ausgetauscht würden! Die Vorschriften zum Schutze des Bürgers, die solches verhindern sollen, und die Kontrollen, die solche Vorschriften durchsetzen, sind weit davon entfernt, optimal zu sein. Datenschutz ist in der Schweiz kein öffentliches Thema, wiewohl die Gefahren eines systematischen, großtechnisch organisierten Datenmißbrauchs reiner gesellschaftspolitischer Sprengstoff sind.

Dies ist eben die Kehrseite der notwendigen Abwehr nachrichtendienstlicher Umtriebe: die Gefahr für die Persönlichkeitsrechte, die Einengung des individuellen Freiheitsraums. Diese Gefahr zu erkennen und der Erkenntnis gemäß politisch zu handeln, wird für jedermann immer wichtiger.

Nur: Die totale Sicherheit gibt es so wenig wie die totale Freiheit!

## Lange Finger, lange Ohren

Zwischen 1967 und 1976 hat die schweizerische Bundesanwaltschaft 59 Verfahren wegen wirtschaftlichen Nachrichtendienstes gegen insgesamt 94 Beschuldigte eröffnet. Von diesen 94 Verdächtigten wurden aber nicht weniger als 68 freigesprochen, oder das Verfahren gegen sie wurde bereits

*In den Eingeweiden der Elektronenrechner sind die Geheimnisse der Gegenwart gespeichert. Immer häufiger werden die Fälle von unerlaubtem Abzapfen solcher Anlagen.*

im Untersuchungsstadium eingestellt!
Allein diese Angaben weisen schon auf die besondere Schwierigkeit hin, Wirtschaftsspionage zu erkennen und zu verfolgen. Oft trügt der Schein, manchmal werden Firmenintrigen und Konkurrenzkämpfe ausgetragen, indem vermeintlich belastendes Material in Umlauf gesetzt wird – und am häufigsten schweigen die geschädigten Firmen aus Angst vor der Blamage und vor dem Mißtrauen der Kundschaft.
Es war einmal ein Schweizer namens Louis L., 50 Jahre alt und begeisterter Radioamateur. Er arbeitete im Archiv der Computerabteilung der Schweizerischen Bankgesellschaft. Während 13 Jahren spionierte er im Auftrag der Deutschen Demokratischen Republik private Computerprojekte, Einzelheiten der öffentlichen Verwaltung und militärische Geheimnisse der Bundesrepublik Deutschland aus. Am 3. Februar 1977 wurde er verhaftet. Ein Routinefall, der sich nur dadurch von andern unterscheidet, daß er eigentlich sehr klar ist.

### Konkurrenzmanöver und Kriminalität

Viel typischer für die häufige Unklarheit vermuteter Tatbestände des wirtschaftlichen Nachrichtendienstes war der Versuch des japanischen Hattori-Konzerns (Seiko-Uhren), sich Pläne für eine in der Schweiz entwickelte Platinbearbeitungsmaschine zu beschaffen, die in der Uhrenherstellung benötigt wird. Der Fall flog angeblich auf, weil die Ingenieure einer Konkurrenzfirma, die vom Erfolg des Hattori-Manövers erfahren hatten, bei der Grenchener Herstellerfirma vorsprachen und die Pläne ebenfalls kaufen wollten. Der Prozeß vor dem Amtsgericht Biel endete mit Freisprüchen; einzelne Tatbestände waren verjährt, für andere gab es zwar Verdachtsgründe, aber keine Beweise. Wie soll ein Schweizer Amtsgericht schon feststellen, wann welche Pläne und Informationen in Tokio die Hand gewechselt haben?
Im März 1976 konnte der Von-Roll-Konzern mit knapper Not den Verkauf von Plänen für eine Neuentwicklung bei Kehrichtverbrennungsanlagen an eine deutsche Konkurrenzfirma verhindern. Die fraglichen Pläne waren auf der Baustelle eines Unter-

lieferanten heimlicherweise kopiert und zum Kauf angeboten worden. Es handelt sich um eine während Jahren mit hohen Kosten entwickelte Neuheit. Wäre der Plan geglückt, hätte ein Geschäftsbereich mit rund 100 Millionen Franken Umsatz, von denen 80 bis 90 Prozent auf Exportmärkten erzielt werden und die einige hundert Arbeitsplätze bedingen, enormen Schaden gelitten. Der Täter wurde verhaftet.

Schon immer waren die Schweizer Banken bevorzugte Ziele der Wirtschaftsspionage. In der Nazizeit wurden Bankbeamte bestochen, damit sie Auskunft über illegale Konten deutscher Staatsbürger, insbesondere von Juden, preisgäben. Im März 1972 wurde bekannt, das britische Schatzamt unterhalte einen eigentlichen Spitzeldienst, um kapitalflüchtigen Untertanen Ihrer Majestät auf die Schliche zu kommen: Gegen Geld versuchten die Agenten, von zwei Angestellten einer Genfer Finanzgesellschaft Angaben über britische Konteninhaber zu erhalten. In diesem Zusammenhang mußte der Erste Sekretär der britischen Botschaft in Bern, Peter Latham, die Schweiz verlassen. Leiter der Operation war der Chef der Devisenkontrollabteilung des britischen Schatzamtes, der ehemalige Scotland-Yard-Inspektor Stanley Little. Er hatte monatelang in Genf gelebt.

Vorsichtige Bankkunden im Tessin, vor allem, wenn sie aus Italien kommen, vermeiden es, im eigenen Wagen vorzufahren oder den Haupteingang zu benützen: In Lugano und Locarno haben sich über Jahre hinweg Gerüchte und Indizien gehalten, daß der Publikumsverkehr bestimmter Banken von unbekannten Spitzeln im Auftrag des italienischen Fiskus kontrolliert werde. Die Gerüchte scheinen immerhin so begründet zu sein, daß die Bankbeamten ihre einschlägige Kundschaft zur Vorsicht zu mahnen pflegen.

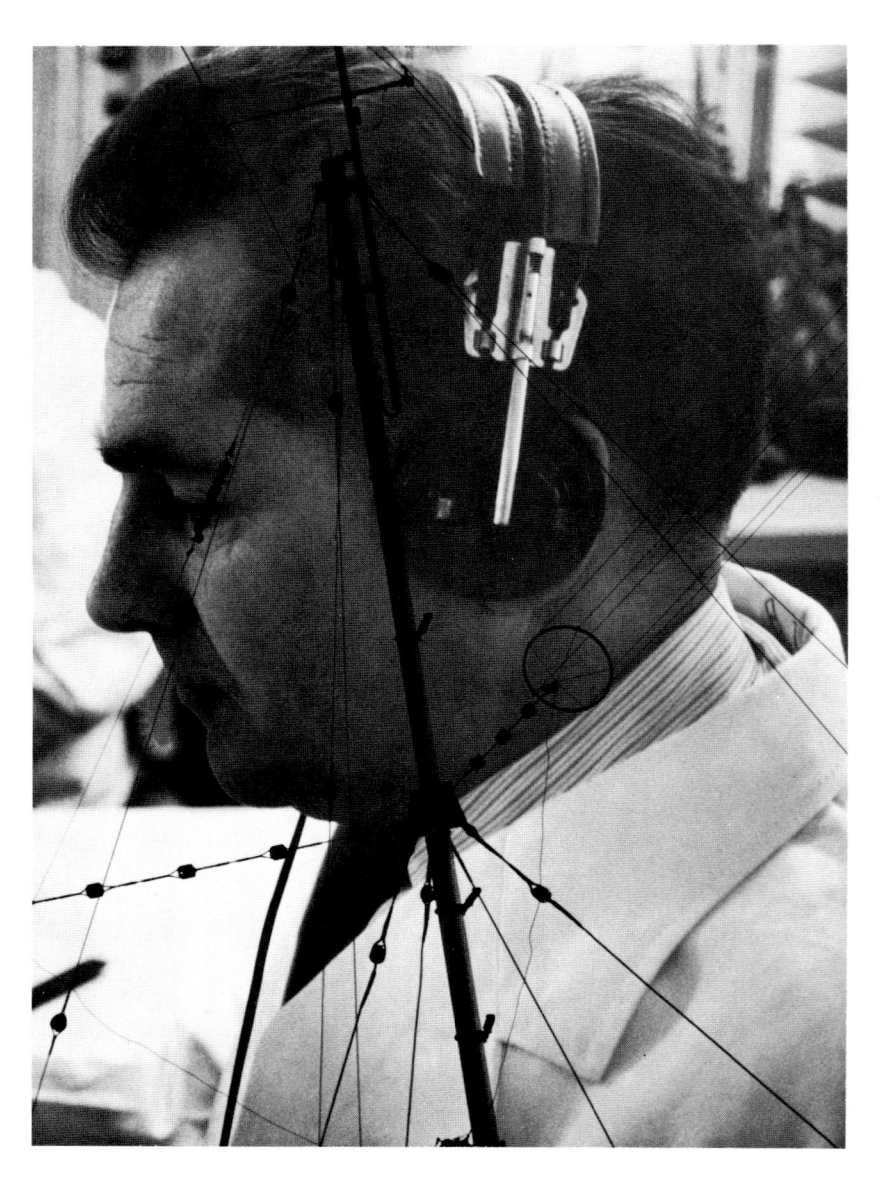

*Der Lauscher im Äther, der Lauscher an der Wand, der Lauscher in der Telefonleitung... Jüngste Spionagefälle beweisen die Allgegenwart der langen Ohren (Fotomontage).*

Nicht immer liegen die Dinge so einfach wie bei dem Schacher um geheime Kalkulationsgrundlagen eines bestbekannten deutschen Versandhauskonzerns, den die Zürcher Kantonspolizei im November 1971 auf dem Flughafen Kloten verhinderte. Ein 27jähriger Angestellter der Firma, der in finanziellen Nöten steckte, wollte die Unterlagen für den neuen Sommerkatalog gegen 75 000 Franken der Konkurrenz verkaufen. Diese tat etwas, was eher selten vorkommt: Statt zuzugreifen, verständigte sie die Polizei.

### Fast nichts ist unmöglich

Nur Laien glauben, daß die Wände von Banken und Büros undurchdringlich und die Schalträume von Telefonzentralen unzugänglich seien. Wie entschlossene, professionelle Agenten vorgehen und wieviel sie erreichen können, wurde im Juni 1974 beim «Prozeß der langen Ohren» in Genf offenkundig.

Vier Privatdetektive, ein Geschäftsmann, zwei Feuerwehrleute und ein Beamter hatten sich zusammengetan, um Material über mögliche Verbindungen von Finanzinstituten, namentlich der berüchtigten IOS, und einiger Genfer Geschäftsleute zur Mafia zu beschaffen: Die internationale Investitionsfirma Gramco hegte den Verdacht, einer ihrer leitenden Angestellten stehe insgeheim mit der IOS in Kontakt und verrate ihr Geschäftsgeheimnisse. Gramco setzte eine spezialisierte Londoner Wirtschaftsdetektei auf den Fall an. Diese nahm mit dem Genfer Privatdetektivbüro Verbindung auf, dessen Mitinhaber früher Polizeidetektiv gewesen war. Die Londoner Firma schickte einen Spezialisten mit Telefonabhörgeräten, Minisendern und entsprechenden Empfängern nach Genf. Nachdem ein Versuch mißlungen war, die zur Wohnung des Verdächtigen führende Telefonfreileitung anzuzapfen, drangen die Schnüffler mit einem Nachschlüssel in die Telefonzentrale von Anières ein und brachten dort ihre Wanze an. Der UKW-Minisender übermittelte die Gespräche auf einen mit einem Tonbandgerät gekoppelten Empfänger in einem Nachbarhaus. Die Praktiken der Genfer Detektive platzten erst, als sie einen ähnlichen Trick bei einer in Scheidung stehenden Frau probierten. Dabei passierte ein Mißgeschick: Die angepeilte Telefonabonnentin hörte, sobald sie den Hörer abhob, ein ständiges starkes Brummen. Der Störungsdienst fand schnell heraus, daß die Leitung bei einem Verteilerkasten im Haus angezapft war: Der Sender samt Antenne befand sich im Dachstock, der Empfänger im Büro der Detektei. Die beiden Inhaber erhielten je anderthalb Jahre Gefängnis bedingt, ebenso ein Genfer Polizeibeamter, der ihnen gegen ein Honorar von 10 000 Franken Material aus den Abhörakten der Polizei und Angaben über amerikanisches Fluchtkapital zweifelhafter Herkunft geliefert hatte, das auf Genfer Banken deponiert war. Gute

*Dies sind die beiden Männer, die Alfred Frauenknecht als Spion für Israel anwarben: Geheimdienstoberst Nehemiah Kain (oben) und Al Shwimmer, Gründer und Leiter der staatlichen israelischen Flugzeugwerke (unten). In Zürich wurde der Handel perfekt.*

Beziehungen hatten die Privatdetektive auch zu fünf Beamten im Genfer Betreibungsamt unterhalten, die ihnen unerlaubterweise Informationen hatten zukommen lassen. Schließlich wurde den beiden Nachrichtenhändlern nachgewiesen, daß sie für ihr Archiv 450 Polizeidossiers über zweifelhafte Genfer Unternehmen, Gold- und Drogenschmuggler sowie Prostituierte kopiert hatten.

## «Die Blumen sind verwelkt» – der Fall Frauenknecht

Der aufsehenerregendste Fall von wirtschaftlichem Nachrichtendienst mit brisantem welt- und militärpolitischem Einschlag war die Operation des israelischen Geheimdienstes zur Beschaffung der Triebwerkpläne für das Mirage-Kampfflugzeug. Hauptpersonen waren der Sulzer-Ingenieur Alfred Frauenknecht (geb. 1926), der israelische Geheimdienstoberst Nehemiah Kain (alias «Abel») und der Direktor der israelischen Luftfahrtindustrie Al Shwimmer (alias «Bader»).

Als der biedere Prokurist aus Aadorf TG an die Tür des komfortablen Appartements im stillen Zürcher Hotel Ambassador klopfte, das die beiden Israeli bewohnten, hoffte er noch, die Herren seien an Generatoren, Turbinen und Pumpen des Hauses Sulzer interessiert. Kain und Shwimmer *wollten* kaufen, aber etwas ganz anderes als das, was Frauenknecht an diesem ganz gewöhnlichen Werktagsvormittag anbot!

17 Monate später, an einem ebenso gewöhnlichen Montagmorgen, stand Alfred Frauenknecht wie immer früh auf. Er duschte und rasierte sich, frühstückte mit seiner Frau und verließ um 7.30 Uhr sein einfaches Haus im Grünen am Steuer seines Opel Rekord in Richtung Winterthur.

Alfred Frauenknecht war der Inbegriff des fleißigen und erfolgreichen Bürgers: zurückgezogen und unpolitisch, vom einfachen Handwerker über das Technikum ins mittlere Kader aufgestiegen, 4500 Franken brutto im Monat, 43 Jahre alt und reelle Aussichten auf eine baldige Beförderung zum Vizedirektor.

Alfred Frauenknecht hatte alles aus eigener Kraft erreicht und durfte mit sich zufrieden sein. Als Prokurist und Leiter des technischen Dienstes der Abteilung Düsentriebwerke der Weltfirma Sulzer in Winterthur war er Experte für Flugzeugantriebe. Er hatte Hunderte von Detailänderungen des Ghost-Triebwerks in den guten alten Venoms entwickeln helfen. Außerdem war er als Mitglied der Untersuchungskommission des ersten Schweizer Mirage-Absturzes bei Buochs gerade stark in Anspruch genommen.

An diesem Montagmorgen klingelte gegen neun Uhr das Telefon auf Frauenknechts Schreibtisch. Auf der direkten Linie des Prokuristen meldete sich grußlos eine englisch sprechende Männerstimme.

«Is that Alfred Frauenknecht?»
«Yes!»
«The flowers have been spoiled.»
Klick!

Die Blumen sind verwelkt: Das war das verabredete Alarmsignal. Es war schiefgegangen! Hau ab, Alfred Frauenknecht! Noch hast du Zeit.

### Gewarnt und nicht geflohen

Aber der Hausbesitzer, Familienvater und Berufsmann Frauenknecht war nicht der Mann, der sich der Verantwortung entzog; er wußte, daß er für etwas geradestehen mußte, was er bisher nicht einmal seiner Frau erzählt hatte.

Am Nachmittag dieses 22. September 1969 rief Frauenknecht vorsichtshalber einen Experten der Gruppe für Rüstungsdienste (GRD) in Bern an, mit dem er seit 15 Jahren eng vertraut war. Als Vorwand für den Anruf lud ihn Frauenknecht für den nächsten Morgen zu einer Besprechung ein. Der Experte, der vor dem Sulzer-Mann längst keine Geheimnisse mehr hatte, erwiderte ganz arglos: «Wissen Sie, morgen geht es nicht. Ich muß dringend nach Kaiseraugst, um Material zu identifizieren. Da ist etwas Teuflisches passiert...»

Jetzt wußte Frauenknecht genug! Er entschloß sich, zu seinem Generaldirektor und zu einem maßgebenden Mann in der GRD zu gehen und alles zu erzählen; vielleicht ließ sich die Affäre wenigstens ohne Skandal aus der Welt schaffen. Der Prokurist wußte, daß es um seine Stelle und all die schönen Zukunftsaussichten geschehen war. Aber seine beiden Vertrauensleute waren im Ausland. Da fuhr Frauenknecht nach Bern und weihte einen untergeordneten Beamten in der GRD ein. Dieser versprach, am nächsten Morgen sofort seinen Chef zu informieren. Er kam zu spät! Als er sich im Vorzimmer meldete, saß im Büro des Chefs bereits Bundesanwalt Hans Walder.

An diesem Morgen fuhr Frauenknecht zu einer Besprechung in die Eidgenössische Materialprüfungsanstalt nach Dübendorf. Es ging um die Analyse eines Details aus dem Mirage-Absturz von Buochs. Schon zwanzig Minuten nach dem Beginn der Sitzung reichte ihm eine Sekretärin einen Zettel über die Schultern: «Sie werden draußen verlangt!» Mit einer gemurmelten Entschuldigung verließ der Ingenieur den Raum. Vor der Tür warteten fünf Herren mit steinernen Mienen. Frauenknecht brauchte nicht erst zu fragen: Kantonspolizei! Bundespolizei!

«Herr Frauenknecht, Sie sind verhaftet!»

Die Blumen waren in der Tat verwelkt. Vier Tage später schrien es die Schlagzeilen von allen Titelseiten:

Spionage bei Sulzer! Mirage ver-

---

### Schweizer Spionage — Schweizer Abwehr

In den zwei obersten Stockwerken des neuen Verwaltungshochhauses an der Taubenstraße in Bern residiert eine der verschwiegensten und mächtigsten Behörden der Eidgenossenschaft: die Bundesanwaltschaft mit der Bundespolizei.

Nachrichtendienst und Spionageabwehr sind aber bei weitem nicht die einzigen Aufgaben dieser dem Eidgenössischen Justiz- und Polizeidepartement unterstellten Dienstabteilung. Als Staatsanwalt der Eidgenossenschaft hat der Bundesanwalt in Bundesstrafverfahren die Anklage zu vertreten und nötigenfalls Rechtsmittel gegen die Urteile kantonaler und eidgenössischer Gerichte einzulegen, in Auslieferungsverfahren vor Bundesgericht Anträge zu stellen und in Verwaltungsstrafprozessen (z. B. Zoll- und Steuersachen) zu intervenieren. Dem Bundesanwalt ist ein Polizeidienst unterstellt, die Bundespolizei. Sie hat gerichtspolizeiliche Aufgaben und amtet als politische Polizei. In enger Zusammenarbeit mit den entsprechenden Spezialisten in den Polizeikorps der Kantone und der Städte führt sie als Koordinationsorgan die Ermittlungen bei einschlägigen Tatbeständen. Außerdem sind ihr Nachforschungen über politische Flüchtlinge, Einbürgerungskandidaten usw. anvertraut.

Der Bundesanwaltschaft obliegen schließlich das Schweizer Sekretariat der Interpol, verschiedene Zentralstellen zur Bekämpfung des Drogenhandels, der unzüchtigen Veröffentlichungen und des illegalen Waffenhandels, schließlich das Zentralstrafregister, die Gefangenenkartei und der Erkennungsdienst des Schweizerischen Zentralpolizeibüros.

Dieser Fülle von Pflichten stehen reichlich wenig Mitarbeiter gegenüber. Die geringe personelle Dotierung der Bundesanwaltschaft und ihres Polizeidienstes wird bei jedem großen Spionagefall wieder aufgerollt.

Analoge Aufgaben im militärischen Bereich nimmt die Untergruppe Nachrichtendienst in der Generalstabsabteilung wahr. Und bei der Nachrichtenbeschaffung schöpft diese Dienststelle zu 80 bis 90 Prozent aus offenen Quellen: Publikationen, diplomatischen Berichten, zugänglichen Dokumenten, die erst in der Kombination und der kundigen Auswertung besonderen Wert gewinnen. Regelmäßig findet ein Informationsaustausch mit den Nachrichtendiensten der anderen Neutralen in Europa, namentlich mit Schweden und Österreich, statt.

raten! Ingenieur verkaufte den Israeli geheime Pläne!
«Der größte Spionagefall seit dem Zweiten Weltkrieg», sagte der damalige Bundesanwalt Walder vor der Presse.

### Der Trick mit dem Abfall

Um rund 10 000 Franken zu sparen, hatte Ingenieur Frauenknecht bei Sulzer durchgesetzt, daß die rund 140 000 Werkzeugmaschinen- und Herstellungspläne für das begehrte Mirage-Triebwerk, das in Winterthur in Lizenz gebaut wurde, auf Mikrofilme aufgenommen und die Originale vernichtet wurden. Das wenigstens war der Vorwand, um die zum Teil leintuchgroßen Originalpläne überhaupt freizubekommen. Doppelt zu filmen wäre nicht gegangen; Sulzer hatte ein zu gutes Sicherheitssystem. Jede Aufnahme mußte genau identifiziert und begründet werden.

Es war die Zeit, als General de Gaulle aus Wut über einen israelischen Vergeltungsschlag auf den Flughafen Beirut das Waffenembargo gegen Israel verhängt hatte. Nicht einmal die bereits bezahlten, aber noch nicht ausgelieferten Mirages, auch nicht die dringend benötigten Ersatzteile durften Frankreich verlassen. Bewaffnete Truppen blockierten die bereits beladenen Schiffe und Frachtflugzeuge.

In dieser für sie verzweifelten Lage erinnerten sich die israelischen Kampfflugzeugexperten an den kleinen freundlichen Schweizer, den sie bei den regelmäßigen Zusammenkünften aller Mirage-Lizenznehmer in Paris kennengelernt hatten. Dabei wurden in stundenlangen Fachgesprächen Erfahrungen bis in alle Ein-

*Oben: Mirage-Spion Alfred Frauenknecht vor der gemieteten Garage, in der die geheimen Pläne gegen Makulatur ausgetauscht wurden. Unten: In der Kehrichtverbrennungsanstalt von Winterthur wurden die falschen Pläne vernichtet.*

135

zelheiten ausgetauscht. Die Israeli merkten bald, daß Frauenknecht lebhafte Sympathien für ihr Land empfand. Jetzt gaben sie ihrem Geheimdienst den Hinweis auf diesen Mann. So geschah es, daß Nehemiah Kain, Geheimdienstchef für Westeuropa mit Sitz in Rom, und Al Shwimmer, Gründer und Generaldirektor der staatlichen israelischen Flugzeugwerke, eilends zu einer Begegnung nach Zürich flogen.

Frauenknecht versuchte nach dem ersten Treffen im Hotel Ambassador zunächst, «den Israeli auf legalem Weg zu den Plänen zu verhelfen», wie er sagte. Seine Überlegung ging dahin, daß die Schweiz im Gegenzug die besonderen Informationen der Israeli über den Ernstfalleinsatz der Mirage erhalten könnte; immerhin hatte bisher kein anderes Land das neue Schweizer Kampfflugzeug im Kriegseinsatz und unter Extrembedingungen erprobt. Natürlich winkte das Eidgenössische Militärdepartement aus Neutralitätsgründen sofort ab. Dann, nach langer Bedenkzeit, entschied sich Alfred Frauenknecht für das gewagte illegale Manöver.

Zuerst schaffte er die rund 2000 Pläne für die einzelnen Triebwerkteile aus dem Haus. Das ging problemlos: Frauenknecht entlieh sie einfach aus der Planbibliothek und trug sie in der Aktentasche weg. In regelmäßigen Abständen flog Nehemiah Kain aus Rom ein. Die beiden Herren träfen sich jeweils in Zürich zum Nachtessen, mal in der «Kronenhalle», mal im Zunfthaus Rüden. Ohne jedes konspirative Geheimdiensttheater wechselten die Planpakete den Besitzer. Frauenknecht gab Kain die neuen Pläne, Kain gab das Paket mit den fotokopierten Unterlagen vom letztenmal zurück. Insgesamt fanden etwa zwanzig solcher Treffen statt.

Schwieriger war es mit den rund 140 000 Zeichnungen von Werkzeugen und Vorrichtungen zur Herstellung dieser Triebwerkteile: Das waren zum Teil «Leintücher» im Format 3×2 Meter, zusammen wohl an die zwei Tonnen Papier! Frauenknecht ließ sie mikrofilmen und nahm die Originale an sich, um sie, wie er im Betrieb sagte, unter höchstpersönlicher Aufsicht und Verantwortung zu vernichten.

Alle paar Wochen beförderte er an Bord eines von seinem nichtsahnenden Cousin Josef Frauenknecht gesteuerten VW-Busses diese Pläne paketweise aus dem Winterthurer Werkgelände – angeblich zur städtischen Kehrichtverbrennungsanlage. Unterwegs, in einer eigens gemieteten Garage, vertauschte Frauenknecht diese

### Was tun, wenn Sie betroffen sind?

Jeder kann mit Spionage in Berührung kommen oder in eine Nachrichtenaffäre verwickelt werden. Hier sagt ein Spezialist der schweizerischen Bundesanwaltschaft, worauf es ankommt und wie man sich verhalten soll.

«Der Staatsschutz hat die Erhaltung der demokratischen Einrichtungen und die Gewährleistung der persönlichen Freiheit des einzelnen zum Ziel und soll Gewähr dafür bieten, daß dem Bürger in unserem Staat ein Leben in ruhigen und geordneten Verhältnissen möglich sei. Dieser Staatsschutz obliegt von Gesetzes wegen grundsätzlich dem Staat und seinen Organen, was jedoch nicht besagen will, daß sich nicht auch der verantwortungsbewußte Staatsbürger damit befassen soll. Die Polizei ist nicht nur bei der Verbrechensbekämpfung, sondern weit mehr noch im Bereich der Abwehr von Spionage und andern staatsfeindlichen Bestrebungen auf eine Mitarbeit der Bevölkerung angewiesen. Der einzelne Bürger soll daher wachsam sein und ernst zu nehmende verdächtige Wahrnehmungen den zuständigen Polizeistellen zur Kenntnis bringen.

Die Erfahrung zeigt sodann, daß die Nachrichtendienste der Oststaaten beträchtliche Anstrengungen unternehmen, um sowohl in der Schweiz als auch im Ausland Agenten anzuwerben. So wird einerseits versucht, Geheimnisträger in Industrie, Wirtschaft und Verwaltung zu rekrutieren; anderseits geht es den fremden Diensten darum, in unserem Land Stützpunkte zu errichten etwa mit der Vermittlung von Unterschlüpfen für einreisende Führungsoffiziere oder mit der Gewinnung von Personen für die Weiterleitung von Nachrichten an Deckadressen im Ausland. Ziel der Bestrebungen dieser Nachrichtendienste ist es vor allem, Besucher aus der Schweiz im kommunistischen Machtbereich anzusprechen und für eine nachrichtendienstliche Mitarbeit zu verpflichten. Nicht selten werden dabei Charakterschwächen oder fehlerhaftes Verhalten in der Vergangenheit ausgenützt und die anzuwerbenden Personen unter Druck gesetzt. Sehr oft finden nun angesprochene Personen aus Furcht vor Sanktionen nicht den Mut, sich in der Schweiz den Polizeiorganen anzuvertrauen, obschon sie hier die nötige Hilfe finden würden, um sich aus einer Zwangslage zu befreien. Wer also selber von einem fremden Dienst angegangen worden ist oder weiß, daß Personen aus dem Bekanntenkreis mit Blick auf eine eventuelle nachrichtendienstliche Tätigkeit angesprochen worden sind, möge sich der Polizei anvertrauen, welche in derartigen Fällen nicht zuerst ans Strafen, sondern an eine Hilfe für die Betroffenen denkt und unter Umständen wertvolle Erkenntnisse gewinnen kann. Schließlich ist auch darauf hinzuweisen, daß in zahlreichen Betrieben von Industrie, Privatwirtschaft und Verwaltung den Agenten die Arbeit durch bedenkliche Sorglosigkeit sehr leicht gemacht wird. Wer sich mit geheimen oder vertraulichen Unterlagen zu befassen hat, sollte stets darauf achten, daß solches Material Unbefugten und Nichteingeweihten nicht zugänglich gemacht wird. Dies bedeutet, daß klassifizierte Dokumente – sei es in der Endfassung oder in Entwürfen, in Originalen oder Kopien – stets unter Verschluß zu halten sind und bei Vernichtung nicht einfach in den Papierkorb gehören; es ist vielmehr eine Vernichtungsmethode angezeigt, welche Drittpersonen keine Möglichkeit der Einsichtnahme bietet.»

Pakete mit genau gleich aussehenden anderen Paketen, die belanglose Makulaturpläne enthielten. Die wanderten ins Feuer. Die Mirage-Pläne dagegen kamen jeweils am Samstagmorgen nach Kaiseraugst. Dort übernahm sie der israelische Agent Hans Strecker, Angestellter der Maschinenfabrik Rotzinger. In seinem Mercedes brachte er das wertvolle Papier problemlos über die Grenze nach Deutschland. Als täglicher Grenzgänger wurde er nie kontrolliert; die Grenzbeamten wußten ja, daß die Firma Rotzinger auf der deutschen Seite ein Zweigwerk besaß, so daß täglich Pläne hin- und hergeschoben werden mußten. In der Nähe von Stuttgart startete jeweils unverzüglich eine Cessna-Sportmaschine nach Brindisi, wo schon ein Extraflugzeug der El-Al wartete.

Bei einem der letzten Transporte flog das perfekt eingefädelte Unternehmen auf. Einer der Betriebsinhaber wunderte sich, daß Strecker am arbeitsfreien Samstag auf dem Werkgelände war und, als er seines Chefs ansichtig wurde, plötzlich grußlos und überstürzt davonfuhr. Der mißtrauisch gewordene Chef fand das Versteck. Da Strecker ein Flüchtling aus Ostdeutschland war, argwöhnte er, es könnte sich um ein Geheimdienstunternehmen zugunsten des Ostblocks handeln, und verständigte die Polizei.

Frauenknecht wurde vom Bundesstrafgericht im April 1971 zu viereinhalb Jahren Zuchthaus verurteilt. Hans Strecker verschwand. Niemand weiß, wohin.

**Frauenknecht: «Ich glaube, ich bin ein guter Schweizer!»**

Angeblich wegen Fluchtgefahr mußte Mirage-Spion Alfred Frauenknecht seine Zuchthausstrafe in der Rückfälligenanstalt Regensdorf ZH verbüßen. Als er 1972 entlassen wurde, mußte er, 46 Jahre alt, nochmals ganz von vorn

*Alfred Frauenknecht, flankiert von einem Bewacher, vor dem Bundesstrafgericht in Lausanne. Hier erhielt er 4½ Jahre Zuchthaus.*

beginnen. In diesem Exklusiv-Interview vom April 1977 berichtet Alfred Frauenknecht, wie er das schaffte und wie er in genügender zeitlicher Distanz über seine Tat denkt.

Fühlen Sie sich als Spion?

*Frauenknecht:* Juristisch ja, moralisch nein. Was ich tat, tat ich für Israel, aber nicht gegen die Schweiz.

Würden Sie dasselbe nochmals tun?

*Frauenknecht:* Das kann ich weder mit Ja noch mit Nein beantworten. Sehen Sie: Damals haben mich die Israeli fast auf den Knien beschworen, ihnen die Pläne zu geben. Sie haben gesagt, ich sei der einzige, der ihnen helfen könne. Heute weiß ich, daß das nicht wahr gewesen ist. Aber bei mir hatten sie es eben am leichtesten.

Warum denn? Sind Sie Jude?

*Frauenknecht:* Nein, ich bin Katholik.

Oder haben Sie längere Zeit in Israel gelebt?

*Frauenknecht:* Auch nicht. Erst nach der Strafverbüßung bin ich überhaupt zum erstenmal nach Israel gekommen, auf Einladung von Privatleuten. Schon in meiner Jugend und während der Studienzeit, als ich mit Kommilitonen aus Israel in Berührung kam, war ich von diesem mutigen kleinen Staat tief beeindruckt. Außerdem wußte ich: Wir Schweizer haben uns während des Zweiten Weltkriegs den jüdischen Flüchtlingen gegenüber schlecht benommen. Wir haben an der Grenze Tausende in den sicheren Tod zurückgeschickt. Wir haben an den Juden viel gutzumachen.

Die Israeli haben Sie aber, als Sie verhaftet wurden und vor Gericht kamen, gnadenlos fallenlassen. Haben sich Ihre Gefühle für sie inzwischen geändert?

*Frauenknecht:* Vom israelischen Volk bin ich in keiner Weise enttäuscht. Weniger begeistert bin ich natürlich vom Verhalten der Stellen, mit denen ich damals direkt zu tun hatte. Aber ich weiß, daß ich mich nicht beklagen darf; wer sich in geheimdienstliche Aufträge einläßt und auffliegt, wird fallengelassen wie eine heiße Kartoffel.

Blenden wir zurück in die Zeit, als Sie noch niemand im Verdacht hatte. Der Plan war so perfekt; wie in aller Welt konnten Sie oder Ihre Verbindungsleute einen so schweren Fehler machen, die Pläne in Kaiseraugst in einer Firma zu lagern, deren Inhaber von nichts wußten?

*Frauenknecht:* Die gleiche Frage habe ich mir auch schon hundertmal gestellt. Eine Antwort habe ich bis heute nicht gefunden. Damals wußte ich nichts von diesem Sicherheitsrisiko. Kain und ein anderer Israeli fuhren eines Tages mit mir nach Kaiseraugst. Sie stellten mir Strecker vor und rieten mir: Fragen Sie nichts. Je weniger Sie wissen, desto besser. Na-

137

türlich glaubte ich, Rotzinger gehöre auch zu unserem Verein.

Über ein Jahr lang ging alles gut. Sie und Ihr Cousin müssen ja unheimlich genau und vorsichtig gearbeitet haben...

*Frauenknecht:* Allerdings! Ich kaufte einen VW-Bus, um nicht mit einer Dauermiete aufzufallen. Ich ließ am Wagen Fensterabdeckungen anbringen, damit niemand hineingucken konnte. Als Chauffeur engagierte ich meinen Cousin, dem ich unbedingt vertrauen konnte. Dann suchten wir das genau gleiche Packpapier und die genau gleichen Schnüre, wie sie bei Sulzer zum Einpacken verwendet werden. Schließlich mußte mein Cousin bei Altstoffhändlern im ganzen Land herumreisen und alte Pläne, die als Makulatur abgeliefert wurden, zusammenkau-

*April 1975: Israels damaliger Premier Rabin weiht den ersten «Kfir» ein. Er ist stark der Mirage nachempfunden.*

fen. Es war gar nicht so leicht, das unauffällig zu tun. Aber ich wollte nicht riskieren, daß, wenn in der Verbrennungsanstalt zufällig einmal ein Paket platzen sollte, etwas anderes als wirkliche Pläne zum Vorschein kämen. Nach den ersten paar Malen war zwar meist kein Arbeiter der Verbrennungsanstalt mehr dabei; mein Cousin und ich erklärten uns bereit, das Papier selber in den Ofenschacht zu werfen. Das sah wie eine freundliche Geste aus, hielt uns aber in Wirklichkeit Zeugen vom Leib. Wenn am Samstagvormittag wieder Pläne zu transportieren waren, ließ ich meinen Cousin, der ja keine Ahnung hatte, mit dem VW-Bus nach Rheinfelden fahren. Ich fuhr mit meinem Opel dorthin. Auf dem Parkplatz vor dem Bahnhof übernahm ich den VW-Bus und fuhr zu Strecker nach Kaiseraugst. Von Winterthur aus selber mit dem VW-Bus wegzufahren, konnte ich nicht ris-

kieren; ein Sulzer-Prokurist in einem Lieferwagen, das wäre aufgefallen!

Warum haben Sie eigentlich diese rund zwei Tonnen schweren und voluminösen Pläne ausgeliefert und nicht einfach einen zweiten Mikrofilm herstellen lassen?

*Frauenknecht:* Weil dies nicht möglich gewesen wäre. Es ist im Anschluß an meinen Fall immer wieder gesagt worden, die Sicherheitsvorkehren bei Sulzer seien ungenügend. Das ist nicht wahr. Daß mein Cousin und ich am Portier vorbei ungehindert das Werkareal verlassen konnten, hing nur mit meiner Stellung als Abteilungsleiter zusammen. Der Pförtner wußte eben: Das ist Herr Frauenknecht, also ist die Sache in Ordnung. Erstens konnte man überhaupt nicht ohne Ausweis in die Mikrofilmabteilung; zweitens wurde eine genaue Kontrolle über alle hergestellten Kopien geführt:

Jeder Mikrofilm mußte vom Empfänger quittiert werden. Wenn ich Mikrofilme von 132 000 Plänen doppelt hätte anfertigen lassen, hätte das – von diesen Kontrollen abgesehen – fünf Leute während Monaten zusätzlich beschäftigt, und das wäre aufgefallen. Daher verfiel ich auf die Idee, wenigstens die Mikroverfilmung durchzusetzen; Sulzer konnte damit übrigens rund 10 000 Franken Aufbewahrungskosten sparen. So wurden die Originale entbehrlich.

Inzwischen haben die Israeli ihren Abfangjäger «Kfir» fertiggestellt, aber es ist kein Snecma-Atar-Triebwerk drin, sondern ein amerikanisches. War Ihre ganze Arbeit für die Katze?

*Frauenknecht:* Keineswegs! Aus meinen Unterlagen konnten die Israeli teures und zeitraubendes Know-how ziehen. Sie wurden im Bereich der Ersatzteile für ihre Mirages unabhängig. Außerdem hatten sie in den politischen Verhandlungen über die amerikanischen Triebwerklieferungen ein starkes Argument: Gut, wenn ihr uns keine Triebwerke liefert, bauen wir sie selber, die Pläne haben wir ja...

Sie haben 200 000 Dollar verlangt und erhalten, zum damaligen Kurs waren das rund 860 000 Franken. Sie sagen, das sei die «Rückversicherung» für Ihre Existenz, für Ihre Familie gewesen für den Fall, daß Sie auffliegen. Aber warum um alles in der Welt haben Sie das Geld auf der Bank Leu in Zürich angelegt, wo es auch prompt beschlagnahmt wurde, und nicht auf einem sicheren Konto im Ausland, zum Beispiel in Liechtenstein?

*Frauenknecht:* Nachher ist man immer gescheiter. Damals aber war ich völlig ahnungslos. Ich war Techniker, kein Finanzexperte. Ich hatte doch nie mit solchen Problemen zu tun gehabt. In meiner Ahnungslosigkeit glaubte ich,

*In keinem Abenteuerfilm wohnt der Meisterspion so bürgerlich: Alfred Frauenknechts bescheidenes Reihenhaus in Aadorf TG.*

das Schweizer Bankgeheimnis sei in jedem Fall undurchdringlich. Liechtenstein wäre übrigens auch falsch gewesen: Die Bundesanwaltschaft hat nach meiner Verhaftung nicht nur sämtliche Banken in der Schweiz, sondern auch in Liechtenstein mit Zirkular angefragt, ob ich bei ihnen ein Konto unterhalte. Und die Liechtensteiner haben – Souveränität hin oder her – brav Auskunft erteilt.

Wie geht es Ihnen heute?

*Frauenknecht:* Wirtschaftlich mußte ich natürlich wieder völlig von vorne anfangen. Ich bin jetzt als selbständiger beratender Ingenieur tätig und habe ein paar recht erfolgreiche Erfindungen gemacht, zum Beispiel einen Papierbinder für den Haushalt, ein Bürolesegerät, einen gewerblichen Autokühlschrank und einen hydraulisch verstellbaren Präzisionswerktisch. Es geht mir finanziell anständig. Aber ich darf nicht mehr daran denken, daß ich heute gut und gerne Vizedirektor bei Sulzer mit 100 000 Franken im Jahr sein könnte.

Und wie reagieren die Leute, die Nachbarn, die Geschäftspartner?

*Frauenknecht:* Ich war immer überrascht und bin es heute noch, wie nett und anständig die allermeisten Leute zu meiner Familie und zu mir sind. Die Nachbarn hier in Aadorf waren von der ersten Stunde der Verhaftung an großartig: Sie haben meiner Frau beigestanden, haben mich im Gefängnis besucht. Heute ist das Verhältnis wieder wie früher. Aber auch geschäftlich habe ich eigentlich wenig Nachteiliges erlebt. Natürlich wissen alle Bescheid, ich heiße halt Frauenknecht und nicht Müller...

Fühlen Sie sich sicher?

*Frauenknecht:* Ja, durchaus. Ich selber bin nie bedroht worden. Aber nach der Verhaftung haben meine Eltern anonyme Anrufe erhalten, in denen eine angebliche «Palästinensische Befreiungsfront» drohte, ihr Haus in die Luft zu sprengen. Die Polizei nahm das ernst und bewachte das Haus. An den Kellerfenstern wurden Gitter montiert. Doch passiert ist nichts. Ich habe zur Sicherheit eine Pistole im Haus. Aber ich habe keine Angst.

Was hat Sie bei der ganzen Affäre am meisten getroffen?

*Frauenknecht:* Daß mich das Bundesstrafgericht auch des militärischen, nicht nur des wirtschaftlichen Nachrichtendienstes schuldig befunden hat. Ich wollte meinem Land, der Schweiz, nie schaden, Ehrenwort! Ich wußte, daß ich gegenüber der Firma, der ich viel zu verdanken hatte, einen schweren Vertrauensbruch beging; angesichts der Not, in der sich die Israeli befanden, glaubte ich dies indes verantworten zu können. Meine Überlegung war: Wer wird eigentlich geschädigt? Meine Firma? Nein. Die Schweiz? Eigentlich auch nicht. Warum also soll ich es nicht tun? Es war ein Gewissensentscheid, von dem nicht einmal meine Frau eine Ahnung hatte. Gut, ich habe einen Fehler begangen. Aber trotzdem glaube ich, daß ich ein guter Schweizer bin!

*Überblick über die Sulzer-Werke in Winterthur. Zweimal stand diese Weltfirma im Mittelpunkt großer Spionageaffären: in den Fällen Kälin/Wolf und Frauenknecht.*

## Das Spiel geht weiter

> «Die geheime Nachrichtenermittlung ist selbst im Fall von befreundeten Ländern weder zu tadeln noch außergewöhnlich.»
> *William E. Colby, Chef des amerikanischen Geheimdienstes CIA (1974)*

Einige werden erwischt, die meisten schlüpfen durch die Maschen und spionieren weiter. 1976, als der amerikanische Geheimdienst Central Intelligence Agency (CIA) weltweit wegen seiner fragwürdigen Praktiken ins Gerede kam, veröffentlichte das Nachrichtenmagazin «L'Espresso» die Namen von dreißig amerikanischen Diplomaten in Bern und bei internationalen Organisationen in Genf, die nach zuverlässig scheinenden Auskünften dem CIA angehören. Die Nachricht wurde nie dementiert, von Ausweisungen wurde nichts bekannt.

Ebenfalls 1976 stellte sich heraus, daß die Geheimpolizei Savak des Schahs von Persien ihr europäisches Hauptquartier in Genf aufgeschlagen hatte. Von dort aus wurden u.a. in Europa studierende junge Iraner sowie im Exil lebende Oppositionelle überwacht und zum Teil bedroht. Der Bürochef mußte die Schweiz verlassen; aber das Büro existiert weiter.

Alle paar Monate werden Jugoslawen enttarnt, die ihre in der Schweiz lebenden Landsleute bespitzeln. Und so sicher, wie das Amen in der Kirche ist, so sicher ist, daß auch in Zukunft Diplomaten des Ostblocks wie deren illegale Residenten in der Schweiz der Spionage überführt werden.

### Diplomatie im Brennpunkt

General Richard Gehlen, der frühere Chef des deutschen Bundesnachrichtendienstes, hat einmal erklärt: «Mindestens 40 Prozent des Personals der Botschaften, Handelsmissionen oder sonstigen Vertretungen kommunistischer Staaten gehören dem sowjetischen Komitee für Staatssicherheit (KGB) bzw. den anderen Geheimdiensten der betreffenden kommunistischen Staaten an.» Amerikanische Schätzungen lauten sogar auf 60 Prozent.

In der Tat ist es kaum anders als durch nachrichtendienstliche Obliegenheiten zu erklären, weshalb viele Staaten in Bern und Genf so viele Diplomaten stationiert haben. Im ersten Halbjahr 1977 waren am Berner Kalcheggweg nicht weniger als 17 Diplomaten Tag für Tag, von früh bis spät, um gute Beziehungen zwischen der Schweiz und der Volksrepublik China bemüht. Dabei handelte es sich nur um die im Verzeichnis des Eidgenössischen Politischen Departements aufgeführten Diplomaten Erster Klasse. Insgesamt dürften in der Berner Chinesenbotschaft ständig zwischen 50 und 100 Mitarbeiter tätig sein, denn nach einer Faustregel kann man die Zahl der Erstklaßdiplomaten mit drei bis fünf multiplizieren, um auf den tatsächlichen Personalbestand zu kommen.

So ergeben sich auch für andere Länder Belegschaftszahlen, die mit der Größe dieser Nationen und der Intensität ihrer Beziehungen zur Schweiz nur schwer zu erklären sind: Im ersten Halbjahr 1977 waren in Bern je zwölf Ostdeutsche, Polen und Südafrikaner, 18 Amerikaner, neun Ungarn, sechs Bulgaren und 23 Sowjetrussen akkreditiert.

Dazu kommen erfahrungsgemäß geheimdienstlich geschulte Leute in den Handelsmissionen, staatlichen Reisebüros, Fluggesellschaften, Presseagenturen, Banken und Firmenniederlassungen. Immer wieder blitzen in der Weltpolitik Schlaglichter auf, die auf die intensive geheimdienstliche Tätigkeit in Berner und Genfer Diplomatenkreisen hindeuten. Im Sommer 1958 meldeten amerikanische Zeitungen unter Berufung auf Geheimdienstkreise, der Staatsstreich im Irak sei von kommunistischen Agenten in Bern ausgebrütet worden. Im November 1964 wurde in Oslo der Kapitän der norwegischen Luftwaffe Kristen Gjöen als Sowjetspion verhaftet. Im Verhör erkärte er, er hätte gerade an einem Spionagekurs teilnehmen sollen, den die Sowjetbotschaften in Wien und Bern regelmäßig, mit Vorliebe über die Weihnachtstage, durchführten.

Unklar ist, ob ein Gastland wie die Schweiz rechtliche Möglichkeiten hat, die Zahl der ausländischen Diplomaten zu beschränken. Selbst wenn es diese Möglichkeit aber gäbe, würde nach der Meinung des Eidgenössischen Politischen Departements eine Bestandsverminderung mit Sicherheit die Falschen treffen und nur unnötige Vergeltungsmaßnahmen der betroffenen Staaten gegen die Schweiz auslösen, die im Ausland ohnehin nur mit einem Minimum von Diplomaten arbeitet. Nach Ansicht des Bundesrates, der im Anschluß an den Fall Jeanmaire entsprechende parlamentarische Anfragen zu beantworten hatte, sind die gegenwärtigen Personalbestände in den ausländischen Botschaften nicht übersetzt.

So oder so: Das Spiel wird weitergehen...

---

### Scharf auf Ausweise

Daß die Geheimdienste aus aller Welt, insbesondere die östlichen, die Schweiz auch in Zukunft als Operationsbasis zu benützen gedenken, geht aus zwei recht ähnlichen Fällen hervor, in denen es den Russen gelang, Blankoformulare von schweizerischen Ausweispapieren zu beschaffen; diese waren offensichtlich für neue Agenten bestimmt. Immer wieder fällt auch auf, daß ertappte Spione ausführliche Berichte über die Einzelheiten des Lebens in der Schweiz liefern mußten: über die Funktion der Einwohnerkontrolle, des Steuerwesens, der Post und der öffentlichen Verkehrsbetriebe, der Sozialversicherung usw. Bei den Tschechenspionen Schwarzenberger zum Beispiel wurde eine Auftragsliste gefunden, laut der u. a. zu erkunden waren: die Sprache und die Verschiedenheit der Mundarten, Gebräuche beim Mieten von Zimmern und Wohnungen, Straßenverkehr und Autokontrolle, Warenhäuser, Migros, Speiserestaurants, Vereinsleben, Nachtleben, Funktionsweise des Telefons usw.

Im Februar 1970 griff sich die Bundespolizei in Verbindung mit den kantonalen Spezialabteilungen zwei Beamte in Zürich und Lausanne, die dem als Leiter der Konsularabteilung bei der Sowjetbotschaft in Bern auftretenden KGB-Offizier Alexej Sterlikov ins Garn gegangen waren.

Der städtische Beamte Marcel Buttex (geb. 1914) in Lausanne, Mitglied verschiedener kommunistischer Organisationen und Parteien seit 1945, lieferte in 70 Begegnungen zwischen 1962 und 1970 nicht nur zahlreiche Berichte (auch über Ungarnflüchtinge und ehemalige Spanienkämpfer), sondern auch Blanko-Identitätskarten. Außerdem arbeitete er als Kurier und leerte regelmäßig tote Briefkästen in Freiburg im Breisgau, Sitten und Lugano. Der überzeugte Marxist bezog für diese langjährige Tätigkeit total bloß 1900 Franken, was ihm im Prozeß angerechnet wurde: Er kam mit 15 Monaten Gefängnis bedingt überraschend günstig davon.

Buttex fiel der Bupo auf, als diese — wie sie das regelmäßig tut — sich an die Fersen bestimmter Beamter der sowjetrussischen Botschaft in Bern heftete, die sich mit dem treuen Mitarbeiter trafen. Monatelang wurden Buttex und seine Führungsoffiziere beobachtet. In der gleichen Fahndung fiel auch die Zürcher Beamtin Lilly Selmair (geb. 1924) auf. Sie arbeitete von 1962 bis zu ihrer Verhaftung in verschiedenen Kreisbüros der städtischen Einwohnerkontrolle Zürich, wo sie ungehinderten Zugang zu Ausweispapieren und Formularen hatte. Diese lieferte sie zuerst dem sowjetischen und später auch dem rumänischen Geheimdienst.

Den Russen lief die alleinstehende Frau, die mit ihrer Mutter häufig weite Reisen unternahm, ins Garn, als sie sich wegen eines Gelddiebstahls in einem Bus bei Taschkent beschwerte. Sterlikov brachte Frau Selmair dazu, Fotos vom Militärflugplatz Dübendorf und von der Schöllenenschlucht anzufertigen; damit bekam er sie in die Hand. Der als Zweiter Sekretär beim Handelsdienst der rumänischen Botschaft in Bern tätige Ian Croitoru wurde der Geliebte der vom Leben hart gebeutelten Frau und erreichte so seine nachrichtendienstlichen Ziele. Lilly Selmair wurde zu drei Jahren Gefängnis verurteilt.

# Personenverzeichnis

Accoce Pierre, I/93
Airey Terence S. II/95
Albert Fritz, I/76ff
Alexander Harold, I/113, II/95
Allgöwer Walter, I/119
Ammann Hektor, II/64
Amstein André, II/104ff
Antos Jaroslav, II/107ff
Ashton Georg, I/77, II/57

Baldwin Stanley, I/86
Balleng Karl, I/54, 58
Baltensperger Emma, II/112
Barbey Bernard, II/68
Barth Karl, I/119
Barwirsch Josef Franz, II/59ff, 87
Baumann Johannes, II/48
Baumann Werner, II/68, 75ff
Baumer Emil, I/26ff
Bechtel William, II/109ff
Benz Paul, II/58ff
Berdjajew Nikolai, I/86
Berli Hans-Ulrich, II/107ff, 111
Bibra Hans Sigismund von, I/63
Biedermann Ernst, I/45
Bini Livio, I/34ff
Bismarck Otto von, I/23, 25ff
Blomberg Werner von, II/53
Blum Paul, II/92
Boettcher Paul, I/88ff, 96
Bögemann Josef, I/77, II/19
Bohle Ernst Wilhelm, I/76
Bolli Margrit, I/82, 96ff
Bolliger Kurt, II/124
Bonjour Edgar, I/24, 40, 58ff, 123, II/64, 69, 74ff
Bonny Paul, II/65
Bormann Martin, I/94, II/48
Böswald Josef, II/32ff, 37
Bovet George, II/48
Bretscher Walter, II/64
Briand Aristide, I/110
Bringolf Walter, I/119, II/18
Bronzin Remigio, I/35
Brünker Thias, I/85ff
Brunner Ernst, I/113
Brunner Gustav, II/74
Brunschvig Georges, II/106
Bubenberg Adrian von, I/10
Büeler Heinrich, II/56ff
Bülow Bernhard Wilhelm von, I/58
Bülow Otto von, I/26, 28
Burkhard Max, II/100ff
Burri Franz, I/46ff, II/46, 48ff, 56, 60, 62ff, 69, 72
Buttex Marcel, II/141

Canaris Wilhelm, I/68, 74ff, 78, II/16, 18, 39
Canevascini Giuglielmo, I/49
Castro Fidel, II/129
Christlein Hans, II/132ff
Churchill Winston S., II/95

Cincera Ernst, II/130
Claudel Paul, I/86
Colby William E., II/140
Croitoru Ian, II/141

Danner Martin, I/50ff
Davidoff Wladimir, II/122
Denissenko Wassili, II/120ff, 125ff
Dick Fritz, II/104ff
Dickmann Fritz, I/102
Diederichs Günther, I/77
Dietl Eduard, II/71
Dindo Richard, II/20
Dinichert Paul, I/58
Dollfus Roger, II/16
Dollmann Eugen, II/92
Dreyfus Alfred, I/21
Droz Numa, I/26, 28
Dübendorfer Rahel, I/88ff, 96ff, 99
Dubois René, II/97ff, 101ff
Dulles Allan W., I/72, 103ff, 112, II/72, 89ff, 92, 95
Dulles John F., I/104
Dürrenmatt Peter, I/38

Eggen Hans W., I/128, II/69, 72
Egli Karl, I/39ff
Egorov Petr, II/126
Eichmann Adolf, I/21
Eisele Helmut, I/77
Eisenhower Dwight D., I/104
Emmenegger Kurt, II/86
Ernst Alfred, I/108, 111, 118, 125ff
Ernst August, II/64, 72ff
Eugster Jakob, II/17, 22

Feldmann Markus, I/52, II/103ff
Fischer Jakob, I/25ff
Fischer Theodor, I/46
Fonjallaz Arthur, I/46, 49, 51, II/42, 65
Fonjallaz René, II/65
Foote Alexander Allan, I/87, 94, 96, 99
Fouché Joseph, I/21
Franco Francisco, I/82
Frankfurter David, I/59, II/59
Frauenknecht Alfred, II/133ff
Frauenknecht Josef, II/136
Frei Hans Emil, II/53
Frick Heinrich, II/64
Friedrich Ernst, II/64
Frolov Boris, II/111
Fromm Friedrich, I/95
Furgler Kurt, II/97, 118, 120, 123
Fürst Hans, II/51, 86, 106

von Gaevernitz Gero, II/89, 92
Ganz Anton Roy, I/58
Gaulle Charles de, I/73, 79, II/135
Gehlen Reinhard, I/94, II/140
Gerber Willi, II/100ff, 111
Giraud Henri, I/110, II/72
Gisevius Hans Bernd, I/101
Gjöen Kirsten, II/141
Glaser Vlastimil, II/114
Goebbels Joseph, I/52
Göring Hermann, I/52, 86, II/87, 89
Grob Rudolf, II/64
Gröbl Wilhelm, II/23, 57
Guisan Henri (General), I/72, 105, 108, 110ff, 118, 124, 127, II/38, 42, 46, 48ff, 68ff, 72

Guisan Henri (Oberst), II/69
Gustloff Wilhelm, I/59, 63, II/59
Gut Theodor, I/119
Gutzwiller Richard, I/119

Häberli Emil, I/57ff, II/80
Hagen Ulrich, I/68ff
Haller Karl Ludwig von, I/12
Hamel Edmond-Charles, I/96ff, 100
Hamel Olga, I/96ff, 100
Harrison Benjamin, I/104
Haupt Christian, I/25
Hausamann Hans, I/65, 85ff, 90ff, 108ff, 110, 116ff, 121, 124ff, 128, II/72, 85
Hedin Sven, I/83
Heilig Gottlob, I/77
Henlein Konrad, II/27
Henne Rolf, I/45, 48
Hess Gerhard, II/52
Hess Rudolf, I/48, II/48, 62ff
Heydrich Reinhard, I/51ff, II/51ff, 60
Hilty Carl, I/24
Himmler Heinrich, I/75, 105, II/46, 48, 51, 53, 56ff, 60, 69, 73, 90, 95
Hinkel Hans, I/86
Hitler Adolf, I/43ff, 52, 59, 65, 67, 72, 74ff, 80, 82, 90, 117, 124ff, 128, II/26, 32, 48, 50, 53ff, 59, 61ff, 64ff, 71, 85ff, 90, 92, 95, 129
Hoffmann Ernst, II/60, 62
Hofmann Ernst, I/47ff, II/63
Holzach Paul, I/128, II/72
Houriet Bertrand, II/123
Huber Jakob, I/50, 74, 76, 107, 124, II/24, 34ff, 37, 39
Huber Max, I/40
Hügel Klaus, I/48, 76, II/50, 52, 60, 63
Hungerbühler Werner, II/68, 79ff, 84ff
Hurter Friedrich, I/13
Husmann Max, II/89, 95

Ilsemann Ivan, II/31ff
Issajew Victor, II/122

Jacob Berthold Salomon, I/54, 57ff, 64
Jaquillard Robert, II/34, 36, 38
Jeanmaire Jean-Louis, II/97ff, 111, 118, 120ff, 141
Jeanmaire Marie-Louise, II/120ff, 123
Jeanneret François, II/120
Jenny Caspar, II/64
Joset Camille, I/40
Jung Edgar, I/86

Kain Nehemiah, II/133, 136ff
Kalenbach Peter Adam, I/28
Kälin Hans, II/117
Kaltenbrunner Ernst, I/76, II/51, 60
Kaufmann Friedrich, II/52ff
Keller Augustin, II/62
Keller Max Leo, I/48, II/57, 62ff
Knecht Charles, I/96
Knüttel Emil, I/77
Kobelt Karl, I/110, II/10, 70
Köcher Otto Carl, II/74
Könitz Hans von, II/31
Krause Gustav, I/54
Kurz Hans Rudolf, I/71, 90ff, 94, 123, II/71

Labhart Jakob, I/65, II/70
Lang Hellmuth, I/77
Langie André, I/37, 39
Lansing Robert, I/104
Lehmann Albin, II/42ff
Lemberger Erwin, II/32
Lemmer Ernst, II/86
Lemnitzer Lyman L., II/95
Leonhard Jakob, II/67ff, 77ff
Leonhardt Ernst, I/46, 49, II/46ff, 50, 52
Levy Abraham, I/28
Lienhard Otto Alfred, II/53
Lindt August, I/119
Little Stanley, II/132
Ludwig Carl, I/58
Lüthi Werner, I/31, II/53
Lutz Balthasar Anton, I/25ff
Lützelschwab Willy, II/46

Maag Othmar, II/56ff
Mann Erika, I/49
Mann Thomas, I/85
Manz Joachim, I/54, 57
Mao Tse-tung, I/17
Masson Roger, I/64ff, 105, 108ff, 113, 117ff, 124, 127ff, II/68ff, 85
Matt Alphons, I/128
Mayer Rudolph, I/33, 36
Mayr von Baldegg Bernhard, I/87, 90ff, II/72, 85
Meienberg Niklaus, II/20
Melani Aldo, I/36
Melani Giuseppe, I/36
Mercier Joachim, II/64
Mercier Marcel, II/103ff
Messen Gregori, II/103ff
Metternich Klemens Wenzel Lothar von, I/13, 28
Meyer Carl, II/16
Meyer Johann Conrad, I/124ff, II/81, 85ff
Meyer-Schwertenbach Paul, I/127, II/68ff, 72ff
Minelli Ludwig A., I/88
Minger Rudolf, I/65, 117
Modin Nicolai, II/111
Molden Fritz, I/100ff
Mörgeli Ernst, I/110, II/68, 72ff
Morstadt Max W., I/77
Motta Giuseppe, I/58ff
Moumié Felix, II/108ff
Mühlen von und zur Walrat, I/76
Müller-Marzohl Alfons, II/123
Müller Werner, II/34ff
Mürner Igor, II/98
Mussolini Benito, I/46, 104, II/48
Musy Jean-Marie, II/56

Nasser Gamal Abdel, II/102
Nietzsche Friedrich, II/16, 54
Nikles Alfred, II/54

Ochsner Richard, II/126
Oehler Hans, I/47ff, II/53, 58
Oeri Albert, II/64
Oltramare Georges, II/65
Oprecht Hans, I/119

Packard Vance, II/129
Pagnutti Evaristo, I/32
Papen Franz von, I/86, II/48
Papini Natale, I/35ff
Paris Anselmo, I/32
Parri Ferrucio, II/92

Parrilli Luigi, II/89ff, 92
Pavlik Bohuslav, II/114
Pehr Emerich, II/100
Peresypkin Iwan Terentjewitsch, I/73, 89, 99ff
Pestalozzi Heinrich, I/12
Pétain Philippe, I/103
Pilet-Golaz Marcel, I/48, II/20, 63
Profumo John, I/21
Pünter Otto, I/51ff, 73, 78ff, 87, 98ff, 121

Quet Pierre, I/93
Quisling Vidkun, II/59

Rado Helene, I/96
Rado Sandor, I/73, 82, 87ff, 92, 94, 96ff, II/86
Redl Alfred, I/21
Reiss Ignaz, I/63
Reynold Gonzague de, I/86
Ribas Fabra, I/52
Ribbentrop Joachim von, II/48
Richter Walter, I/54, 58ff
Riedweg Franz, I/48, II/53, 56ff, 63
Rieter Fritz, II/64
Roessler Rudolf, I/73, 82, 85ff, 99, 110, 121ff, 124, 127, II/86
Ronge Max, I/31, 36
Roosevelt Franklin D., I/86, 104
Rosenberg Alfred, I/85, II/54
Rothmund Heinrich, II/24
Rothschild Nathan, I/21
Ruland Bernd, I/91ff

Sauckel Fritz, II/46
Savoy Emile, I/40
Schaad Johann, I/64
Schaeppi Benno, I/47, II/58
Schaffner Jakob, II/63
Schaufelberger Paul, I/128
Schaufelberger Walter, II/39ff, 42
Scheidt Wilhelm, I/93
Schellenberg Walter, I/75, 105, 110ff, 119, 127ff, II/60, 68ff
Schenck Ernst von, I/119
Schildbach Gertrud, I/63
Schmid August, I/77, II/20
Schneider Christian, I/87ff, 96
Schneider Elisabeth, I/88
Schnieper Xaver, I/87, 92ff, 96
Schoch Jürg, I/39
Schramm Percy E., I/93
Schröder Karl, I/25
Schulze-Boysen Harro, I/94
Schürch Ernst, II/64
Schwarzenberger Eva und Otto, II/111ff, 141

Sedlacek Karel, I/92
Selmair Lilly, II/141
Senn Hans, II/126
Seyss-Inquart Arthur, II/59ff, 62
Shwimmer Al, II/133, 136
Singer Paul, I/25ff
Sonderegger Emil, I/46
Sonderegger Hans Konrad, I/46
Sonderegger René, I/46
Sprecher Andreas von, II/64
Sprecher von Bernegg Theophil, I/31
Staiger Wilhelm, II/23
Steiger Eduard von, II/42
Sterlikov Alexej, II/141
Stieberova Ilse, II/107
Stinnes Edmund H., II/95

Stöckli Albert, II/87ff
Stotz Gustav, II/27
Strecker Hans, II/137ff
Strelbitzki Wladimir, II/122
Strenkert Friedrich, I/78, II/23

Tanner Alfred, II/54
Tanner Karl, II/74
Thalberg Hans, I/103
Thalmann Paul, I/64
Todt Fritz, I/124
Tollardo Peter, I/39
Tolstoi Leo, I/21
Torti Joseph, II/89
Tschiang Kai-schek, I/86

Ulrich Max, II/103ff
Urner Klaus, I/86
Usmiani Antonio, II/92

Vegh Mate, II/100
Viola Ettore, I/36
Vischer Johann Jacob, II/120

Wacker Alfred, II/86
Waeger Gerhart, II/64
Waibel Max, I/85, 91, 101ff, 105, 108, 111ff, 118, 122, 124, 128, II/68, 70, 72, 85, 89ff, 92, 95
Walder Hans, II/134ff
Wallner Franz, I/90
Walsingham Francis, I/21
Wattenwyl Moritz von, I/37, 40ff
Weber Karl, I/45
Wechlin Heinrich, I/48, II/53, 57
Weizsäcker Ernst von, I/54
Wesemann Hans, I/54, 57ff
Wey Max, II/13
Wilhelm II., I/23, 29, 40
Wille Ulrich (General), I/38, 40ff
Wille Ulrich (Oberstkorpskommandant), II/20, 43, 50, 86
Willi Jost Niklaus, I/59
Wilson Woodrow, I/104
Wirth Werner, II/58ff
Wirz Wolf, I/47
Wit Ferdinand Johannes, I/28
Wohler Paul W., I/78
Wohlgemut August, I/23ff
Wolf Gisela und Hans-Günter, II/116ff
Wolf Walter, I/45
Wolff Karl, II/51, 90, 92, 95

Zander Alfred, I/47ff, II/51, 53, 57
Zimmer Guido, II/89ff

# Literaturverzeichnis

Drago Arsenijevic: «Genève appelle Moscou», Paris, 1969
Bernard Barbey: «Fünf Jahre auf dem Kommandoposten des Generals», Bern, 1948
Bernard Barbey: «Von Hauptquartier zu Hauptquartier», Frauenfeld/Stuttgart, 1967
Edgar Bonjour: «Geschichte der schweizerischen Neutralität», Bände I–VII, Basel, 1970–1975
Hermann Böschenstein: «Bedrohte Heimat», Bern, 1963
Margret Boveri: «Der Verrat im 20. Jahrhundert», Reinbek, 1956, 1957 und 1960
Walther Bringolf: «Mein Leben», Bern, 1965
Raymond Cartier: «Der Zweite Weltkrieg», München/Zürich, 1967
Winston S. Churchill: «Der Zweite Weltkrieg», Bern, 1954
«Die 40er Jahre», Zürich, 1976
«Dokumente aus der Zeit der Obersten-Affäre», Zürich, 1916
Eric Dreifuss: «Die Schweiz und das Dritte Reich», Frauenfeld/Stuttgart, 1971
Allan Dulles/Gero von Gaevernitz: «Unternehmen Sunrise», Düsseldorf/Wien, 1967
Allan Dulles: «Im Geheimdienst», Düsseldorf/Wien, 1963
Peter Dürrenmatt: «Schweizer Geschichte», Zürich, 1963
Kurt Emmenegger: «QN wußte Bescheid», Zürich, 1965
Joachim C. Fest: «Hitler», Frankfurt, 1973
W. F. Flicke: «Agenten funken nach Moskau», Kreuzlingen, 1957
Alexander Foote: «Handbuch für Spione», Darmstadt, 1954
Hans Bernd Gisevius: «Bis zum bitteren Ende», Zürich, 1946
Beat Glaus: «Die Nationale Front», Zürich, 1969
Bruno Grimm: «Gau Schweiz», Dokumente über die nationalsozialistischen Umtriebe in der Schweiz, Bern, 1939
Alfred A. Häsler: «Das Boot ist voll», Zürich, 1967
Carl Hilty: «Politisches Jahrbuch der Schweizerischen Eidgenossenschaft», Band IV, Bern, 1889
Heinz Höhne: «Kennwort: Direktor», Frankfurt/Main, 1970
Max Huber: «Denkwürdigkeiten 1907–1924», Zürich, 1974
Robert Jaquillard: «La chasse aux espions en Suisse», Lausanne, 1947
Jon Kimche: «General Guisans Zweifrontenkrieg», Berlin, 1962
Ferdinand Kugler: «Sie suchten den Frieden – und fanden ihn nicht», Zürich, 1967
Hans Rudolf Kurz: «Dokumente der Grenzbesetzung 1914–1918», Frauenfeld/Stuttgart, 1970
Hans Rudolf Kurz: «Nachrichtenzentrum Schweiz», Frauenfeld, 1972
Hans Rudolf Kurz (Herausgeber): «Die Schweiz im Zweiten Weltkrieg», Thun, 1959
Günter Lachmann: «Der Nationalsozialismus in der Schweiz 1931–1945», Berlin, 1962

J. Langhard: «Die politische Polizei der Schweizerischen Eidgenossenschaft», Bern, 1909
Werner Lüthi: «Die Schweizerische Bundesanwaltschaft», Bern, 1923
Golo Mann/Alfred Heuss (Herausgeber): «Propyläen-Weltgeschichte», Frankfurt/Berlin, 1961
Alphons Matt: «Zwischen allen Fronten», Frauenfeld, 1969
Niklaus Meienberg: «Die Erschießung des Landesverräters Ernst S.», Darmstadt und Neuwied, 1977
Esther Modena-Burkhardt: «Von ‹Giustizia e Libertà› zum ‹Partito d'Azione›», Zürich, 1974
Fritz Molden: «Fepolinski und Waschlapski auf dem berstenden Stern», Wien/München/Zürich, 1976
A. Müller: «Bezirksamtmann Emil Baumer und die Verhaftung des kaiserlichen Polizei-Inspektors August Wohlgemuth in Rheinfelden 1889», Rheinfelder Neujahrsblätter, 1972
Guido Müller: «Erinnerungen, Reden, Schriften», Bern, 1970
«Neutrale Kleinstaaten im Zweiten Weltkrieg», Münsingen, 1973
Vance Packard: «Die wehrlose Gesellschaft», Düsseldorf/Wien, 1964
Alan Palmer: «Bismarck. Eine Biographie», Düsseldorf, 1976
Otto Pünter: «Der Anschluß fand nicht statt», Bern, 1967
Sandor Rado: «Deckname Dora», Stuttgart, 1972
Hansjörg Renk: «Bismarcks Konflikt mit der Schweiz», Basel/Stuttgart, 1972
Max Ronge: «Meister der Spionage», Leipzig/Wien, 1935
Max Ronge: «Kriegs- und Industriespionage», Zürich, 1930
Bernd Ruland: «Die Augen Moskaus», Schweizer Verlagshaus Zürich, 1973
Nino Sales: «Il colpo di Zurigo», Triest, 1951
Otto Schaufelberger: «Die braune Brandung», Wetzikon/Rüti, 1945
Jürg Schoch: «Die Oberstenaffäre. Eine innenpolitische Krise (1915/1916)», Bern, 1972
Hans O. Staub: «Frankreich zwischen gestern und morgen», Olten, 1963
Emilio Thilo: «La repression de l'espionnage en Suisse», Lausanne, 1918
Christian Vetsch: «Aufmarsch gegen die Schweiz», Olten, 1973
«Warnung vor Geschäftsspionage», Zürich, 1973
Jost Niklaus Willi: «Der Fall Jacob – Wesemann (1935/1936)», Bern, 1972
Horst Zimmermann: «Die Schweiz und Österreich während der Zwischenkriegszeit», Wiesbaden, 1973

# Bildquellen

ASL, Lausanne I 106/107, 118, 123, II 122, 123, 127; Drago Arsenijevic, Genf I 97, 98, 99; Jacqueline Aubry, Zürich II 43; Baugeschichtliches Archiv der Stadt Zürich I 33, II 23; Paul W. Bonnot, Gerzensee I 85, 94, II 89, 132; Bundesanwaltschaft, Bern II 114; Bundesarchiv, Koblenz (D) II 74; Bundesarchiv/Militärarchiv, Freiburg i. Br. (D) II 41; Comet-Photo, Zürich II 73; Donsby, Basel I 89; Ehapa-Verlag, Stuttgart (D) II 117; Kurt Emmenegger, Zürich II 84/86; Nachlaß Hans Hausamann I 116/117, 118; Victor O. Hauser, Luzern I 112; Werner Hungerbühler, Basel II 27, 66/67, 75, 80, 81, 84, 94; IBA Internationale Bildagentur, Oberengstringen I 11, 12, 22/23, 29, 30, 31, 37, 38; Institut für Politologische Zeitfragen (IPZ), Zürich II 99, 115, 117; Rolf Jeck, Basel II 26, 29; Kantonsbibliothek Aarau I 24, 25, 27; Kantonspolizei Zürich I 32; Keystone Press, Zürich II 121; Noldi Köng/Blick II 81; Karl Lüönd, Zürich II 42, 124/125; Emil Lüthard, Zürich I 70/71, 122, II 77, 79, 82, 83, 87, 88; Otto Mang/Blick I 101; Ludwig A. Minelli, Scheuren II 37; Fritz Molden, Wien I 102/103; Roberto Nappi, Livorno (I) I 32; Nebelspalter-Verlag Rorschach I 52, 69; Walter Nydegger, Bern II 101; Greti Oechsli, Bern II 119; Photopress, Zürich I 48, 61, II 25, 35, 44/45, 48, 63, 73, 90, 96/97, 110, 112, 113, 118, 120, 122, 126/127; Otto Pünter, Bern I 80, 82; RIA-Photo Zürich I 43, 44, 46/47, 51; Ringier-Bilderdienst, Zürich I 35, 39, 45, 48, 49, 57, 58, 72, 73, 74, 75, 79, 81, 91, 93, 95, 105, 109, 111, 119, 121, 125, 127, II 6/7, 17, 33, 35, 59, 60, 61, 65, 71, 76, 85, 91, 92, 93, 102, 104, 106, 107, 112/113, 128/129, 131, 133, 135, 137, 138, 139, 140; Werner Rings, Brissago I 44, 49, 55, 56, II 31, 56; Josef Ritler/Blick I 113; Alexander Roth, Zürich I 19; J. Roubaix, Genf II 110; Sator Film GmbH, Hamburg I 55, II 111; Ernst Saxer †, Adligenswil I 114/115; Othmar Schmid, Zürich II 116; Schweizer Illustrierte, Zürich I 44, 49, II 116; Schweizerische Landesbibliothek, Bern I 39, 40, 41, 46/47, 53, 66, 74, 75, II 9, 33, 47; Schweizer Verlagshaus, Zürich I 94; Jean Sprecher/Blick II 109; Staatsarchiv Basel I 54; Stadtpolizei Zürich II 50, 51; Ullstein Bilderdienst, Berlin I 60/61, 62/63, II 52, 55; Ernst Vetsch, Zürich II 13; Dr. Jost Willi, Hausen AG I 54, 55; Albert Winkler, Bern II 103, 104, 105; Zentralbibliothek Zürich I 8/9, 14, 15, 19, 20, 21, 87.

Umschläge und Vorsatzblätter entstanden unter Verwendung von Bildern aus folgenden Quellen: ASL, Lausanne; Blick-Archiv; Ehapa-Verlag, Stuttgart; IBA Internationale Bildagentur, Oberengstringen; Dr. Hans Rudolf Kurz, Bern; Photopress, Zürich; Ringier-Bilderdienst, Zürich; Schweizerische Landesbibliothek, Bern.

Bei den nicht aufgeführten Bildern handelt es sich um Privataufnahmen.

WEIT-HÖLZER